Johannes Ludewig
Unternehmen Wiedervereinigung
Von Planern, Machern, Visionären

Johannes Ludewig

Unternehmen Wiedervereinigung

Von Planern, Machern, Visionären

OSBURG
MURMANN PUBLISHERS

Abbildungsnachweis:
© sämtlicher Abbildungen: Bundesregierung
S. 262 unten links: ullstein bild - vario images
S. 262 unten rechts: ullstein bild – Schraps

Erste Auflage 2015
© Osburg Verlag Hamburg 2015
www.osburg-verlag.de

Lektorat: Clemens Brunn, Hirschberg
Satz: G&U Language and Publishing Services GmbH, Flensburg
Druck und Bindung: CPI books GmbH, Leck
Printed in Germany
ISBN: 978-3-95510-076-6

Meiner geliebten Frau Dorothea
sowie meinen Kindern
Anna-Dorothea, Katharina und Gottfried

Inhalt

Vorwort

Sieben Jahre lang haben Wiedervereinigung und Aufbau Ost im Mittelpunkt meines Lebens gestanden, zunächst als verantwortlicher Koordinator im Bundeskanzleramt und Berater des Bundeskanzlers in Wirtschafts- und Finanzfragen, später als Staatssekretär und Beauftragter der Bundesregierung für die neuen Länder. Diese Zeit war für mich aufregender, spannender, motivierender und fordernder als jede andere meines Lebens, weil wir über Nacht vor einer noch nie dagewesenen Herausforderung standen, deren Bewältigung ebenfalls noch nie dagewesene Arbeitsweisen und Arbeitszeiten verlangte.

Bundeskanzler Helmut Kohl erkannte früher als andere die in jeder Hinsicht außergewöhnliche Dimension dieser geschichtlichen Stunde. Er sorgte für neue Gestaltungsräume für „Planer, Macher und Visionäre", das heißt für mit ihm arbeitende und handelnde Akteure, so dass das „Unternehmen Wiedervereinigung" – in enger Zusammenarbeit mit DDR-Ministerpräsident Lothar de Maizière und seinen Mitstreitern – in weniger als einem Jahr Realität werden konnte. Der sich anschließende Aufbau Ost hatte zu jeder Zeit die persönliche Unterstützung und Rückendeckung des Kanzlers. Das Leitmotiv dieser historisch-dramatischen Komposition lautete: „Im Zweifel für Ostdeutschland."

25 Jahre sind eine gute Zeitspanne, um zurückzuschauen und zu sehen, was aus dem „Unternehmen Wiedervereinigung" geworden ist. Ich möchte zeigen, welche Überlegungen im Bundeskanzleramt

auf dem Weg zur Wiedervereinigung und in den Jahren tiefgreifender Veränderungen in Ostdeutschland eine Rolle gespielt haben, welche Akteure aus meiner Sicht Einfluss auf wichtige Weichenstellungen genommen haben und wie wir versucht haben, dieses „Unternehmen" zu organisieren und zu steuern. Dazu gehört natürlich auch das Zusammenwirken mit der Treuhandanstalt, die den mit Abstand schwierigsten Teil des Aufbaus Ost zu bewältigen hatte. Bei alledem gebe ich meine persönliche Sicht wieder. Ich schreibe also auf, wie ich selbst die Ereignisse und Entwicklungen erlebt habe, womit sich selbstverständlich kein Anspruch auf Vollständigkeit in der Darstellung der historischen Abläufe verbindet.

Ein besonderes Anliegen ist es mir, die dramatischen Um- und Einbrüche in Ostdeutschland, vor allem in der Industrie, in Erinnerung zu rufen. Solch tiefgreifende Veränderungen in kürzester Zeit – von Unternehmens- und Wirtschaftsstrukturen, von Städten und Regionen – hat es im Deutschland der Nachkriegszeit weder vorher noch nachher gegeben. Den betroffenen Menschen ist an vielen Brennpunkten des Aufbaus Ost mehr abverlangt worden, als eigentlich zugemutet werden darf. Wenn es dennoch gelungen ist, auf nahezu allen Baustellen dieses Aufbaus Chancen für Umstrukturierungen, für neue Lösungen, für Arbeitsplätze mit Zukunft aufzutun und möglich zu machen, dann hat das entscheidend mit den Betriebsräten der ostdeutschen Industriebetriebe zu tun. Dass sie sich angesichts des dramatischen Wegbrechens von Arbeitsplätzen an nahezu allen Industriestandorten nicht verweigert haben, sondern zu gewinnen waren, wenn Zukunftsperspektiven für *ihr* Unternehmen glaubwürdig waren, war alles andere als selbstverständlich. Ihr nicht zu erwartendes Mittun war und ist ein Eckpfeiler des Aufbaus Ost – eine wenig beachtete Realität, deren Bedeutung für das, was wir heute in Ostdeutschland sehen und erleben, kaum überschätzt werden kann.

Antworten auf Ausnahmesituationen wie Wiedervereinigung und Aufbau Ost lassen sich nicht aus Rechenformeln oder Verwaltungsabläufen ableiten. Entscheidend sind immer Menschen und Persönlichkeiten – diejenigen, die in dem Augenblick, in dem gehandelt werden muss, in der Verantwortung stehen, und diejenigen, die irgendwo in unserer Gesellschaft in sich selbst die Verantwortung spüren, dass auch sie jetzt in der Pflicht stehen, mit anzupacken und mitzuhelfen, die große, gemeinsame Herausforderung zu bestehen. Das war auch 1990 und danach nicht anders. Viele in unserer Gesellschaft haben sich selbst in diese Pflicht genommen, viele, vielleicht zu viele, haben es nicht getan. Wieder andere, die wir dringend gebraucht hätten, wurden ermordet. Auch davon berichtet dieses Buch. Das Bild wäre unvollständig ohne den Blick auf Ziffern und Zahlen. Über Geld und Finanzierungen, Investitionen und Beschäftigtenzahlen, Fördermittel und Arbeitsbeschaffungsmaßnahmen wird berichtet, vor allem auch darüber, dass Deutschland seine Jahrhundertaufgabe von Wiedervereinigung und Aufbau Ost finanzieren konnte, ohne irgendjemanden zu fragen oder jemanden um finanzielle Unterstützung angehen zu müssen. Und am Ende stehen Ergebnisse, die weit über unsere Grenzen hinaus Beachtung und Anerkennung finden.

Das „Unternehmen Wiedervereinigung" hat eine große Wegstrecke zurückgelegt. Umbau und Neubeginn haben viele an die Grenze der Belastbarkeit geführt, einige auch darüber hinaus. Es ist viel, ja sehr viel erreicht worden, Deutschland ist Schritt für Schritt immer mehr zusammengewachsen, zugleich größer und stärker geworden. Sehr viel spricht dafür, dass dieses größere, vereinte Land in der Mitte Europas gut gerüstet ist für die Zukunft.

1. Kapitel

Woche der Entscheidungen: 13.–18. Mai 1990

Sonntag, 13. Mai 1990, 0.30 Uhr

Es ist eine Nacht mit angenehmen frühsommerlichen Temperaturen, als im Kleinen Kabinettsaal des Bonner Kanzleramtes die fünfte und letzte Verhandlungsrunde zur Währungs-, Wirtschafts- und Sozialunion zu Ende geht. Beide Verhandlungsführer, Günther Krause für die DDR und Hans Tietmeyer für die westdeutsche Seite, haben mit ihren Teams seit dem 25. April in vier Etappen und in dieser letzten Runde in weiteren 30 Stunden bis zur Erschöpfung um Lösungen für alle Fragen gerungen. Nach komplizierten Verhandlungen, zahlreichen Unterbrechungen, vielen Einzelgesprächen und immer wieder neuer Kompromisssuche steht am Ende nun ein tragfähiges Einvernehmen: ein abgeschlossenes Vertragswerk, mit dem flächendeckend politisches, wirtschaftliches und rechtliches Neuland betreten wird, entworfen und ausgehandelt in weniger als 18 Tagen! Jetzt steht der Unterzeichnung dieser Weltneuheit, des Vertrags über die deutschdeutsche Währungs-, Wirtschafts- und Sozialunion, am kommenden Freitag und ihrem Kernstück – der Einführung der D-Mark in der DDR zum 1. Juli 1990 – nichts mehr im Weg.

Diese Währungsunion ist zweifellos der zentrale Punkt des Vertragswerks, denn es gilt, das zur Realität werden zu lassen, was die große Mehrheit der DDR-Bürger in der ersten freien Wahl zur DDR-Volkskammer am 18. März klipp und klar zum Ausdruck gebracht hat: keine Zwischenlösungen, kein „dritter Weg", kein schrittweises Aufeinanderzubewegen beider deutschen Staaten – nein, man will das alte, abgewirtschaftete System mit seinen verlässlich unrealistischen Plänen, seinen selbstbetrügerischen Erfolgsmeldungen und seiner überall spürbaren Bevormundung endgültig loswerden, man will das Erfolgskonzept von freiheitlicher Gesellschaft, Sozialer Marktwirtschaft und Rechtsstaat übernehmen, und dies so schnell wie möglich. Wie nichts anderes steht dafür die D-Mark – das herausragende Symbol westdeutscher Nachkriegserfolge und bald, zum Greifen nahe, die gemeinsame Währung für ganz Deutschland.

Trotz dieser klaren politischen Willensbekundung zwischen Ostsee und Erzgebirge ist der Weg zur Währungsunion kein Selbstläufer. Denn nie zuvor ist eine Währung allein Vorreiter staatlicher Einheit gewesen, und dies aus guten Gründen. Eine gemeinsame Währung setzt gemeinsame Spielregeln für Wirtschaft und Gesellschaft voraus, die sich üblicherweise über viele Jahre hinweg entwickeln und auf das engste mit der Leistungsfähigkeit von Unternehmen und Mitarbeitern verknüpft sind – ein dynamischer Prozess, in dem eine Währung und die sie tragende Wirtschaft, in dem Geldwertstabilität und Wirtschaftskraft immer stärker zusammenwachsen. Die Stärke des einen macht den Wert des anderen aus. Im Sommer 1990 steht die D-Mark für eine über Jahrzehnte hinweg wettbewerbserprobte, weltoffene, starke Wirtschaft; beide sind untrennbar miteinander verbunden.

Es gilt also, diese D-Mark auf Ostdeutschland zu übertragen und gleichzeitig die dortige Wirtschaft in die Lage zu versetzen, die dazugehörige Leistungsfähigkeit herzustellen. Das Erstere lässt sich mit wenigen Monaten Vorbereitung bewerkstelligen, das Zweite benötigt, je nach Ausgangslage, Jahre oder Jahrzehnte. Und das ist die große Herausforderung: So viel Zeit ist nicht vorhanden. Denn viele Tausende, Zehntausende, vielleicht Hunderttausende DDR-Bürger wollen nicht weiter auf bessere Zeiten warten. Die in den Wochen bis zur Volkskammerwahl am 18. März täglich über 2.000 Übersiedler von Ost nach West zeigen mehr als deutlich, wie viele Bürger in der DDR auf gepackten Koffern sitzen oder schon auf dem Weg sind, in Westdeutschland einen neuen Anfang zu machen. Dieser Druck tatsächlicher und möglicherweise noch wachsender Übersiedlerströ-

13

me hat die Diskussionen der letzten Wochen in Kanzleramt und Koalition wesentlich bestimmt. Allen in der Bundesregierung ist klar, dass es jetzt darauf ankommt, die Hoffnungen der Wähler vom 18. März nicht zu enttäuschen. Die Bürger in Ostdeutschland erwarten ein unmissverständliches Signal, dass es sich lohnt zu bleiben und mitzuhelfen, den Aufbau Ost vor Ort selbst in Gang zu bringen. Für uns, die westdeutsche Seite, geht es in den Vertragsverhandlungen also um nichts Geringeres, als das „Hoffnungssignal" der D-Mark-Einführung in der DDR möglich zu machen, es aber so zu tun, dass Wert und Stabilität dieser D-Mark auch für die Zukunft erhalten bleiben. Angesichts von 16 Millionen neuen Nutznießern, über deren Kauf- und Sparverhalten ab dem 1. Juli 1990 mit seinen möglichen Rückwirkungen vor allem auf die Preisstabilität naturgemäß keinerlei Informationen verfügbar sind, keine leichte Aufgabe.

Darüber hinaus müssen Regeln und Bedingungen geschaffen werden, die den Umbau der staatlichen Plan- und Kommandowirtschaft in eine funktionierende soziale Marktwirtschaft konkret ermöglichen – mit anderen Worten: Rechtssicherheit für Investitionen, Schaffung wettbewerbsfähiger Arbeitsplätze, neue Rechtsgrundlagen für Privateigentum in Industrie und Handel, freie Gewerkschaften und Arbeitgeberverbände mit dem dazugehörenden Arbeits- und Tarifrecht, um nur einige Eckpunkte zu nennen. In diesem Zusammenhang gibt es in der westdeutschen Delegation die Idee, in der zu erwartenden schwierigen Übergangszeit neben Tarifverträgen auch Betriebsvereinbarungen zur Lohnfestlegung zu ermöglichen, damit Unternehmen flexibler auf die neuen, schwierigen Wettbewerbssituationen reagieren können, wie sie nach der Währungsumstellung zu erwarten sind. Kaum ist diese Idee intern andiskutiert, spricht sie sich sehr schnell auch schon bis zur westdeutschen Gewerkschaftsführung herum, die ihrerseits über den Bundesarbeitsminister und das Bundeskanzleramt interveniert, damit es zukünftig in ganz Deutschland auf jeden Fall dabei bleibt, dass Lohnvereinbarungen nur mit Tarifverträgen zwischen Gewerkschaften und Arbeitgeberverbänden (und nicht zwischen Unternehmensleitung und Betriebsrat) ausgehandelt werden dürfen – eine Festlegung, die sich später als gravierendes Problem für den Aufbau Ost herausstellen sollte. Schon in diesem frühen Stadium der Wiedervereinigung zeigte sich also, dass bei nicht wenigen im Westen die Furcht vor Rückwirkungen neuer Wege im Osten auf den Status quo größer war als das Interesse, in Ostdeutschland erfolgversprechende Voraussetzungen für einen Neustart zu schaffen.

Hinzu kommen weitere Themen: Wie kann in Ostdeutschland ein wirksamer Umweltschutz aufgebaut werden – und dies ohne zu hohe Kostenbelastungen für die neu in Marktwirtschaft und Wettbewerb startenden Unternehmen, aber doch mit ausreichendem Schutz für Bevölkerung und Natur? Und wie muss etwa die Agrar- und Ernährungswirtschaft an die Verhältnisse im europäischen Agrarmarkt angepasst werden, ohne dass das Preissystem durcheinandergerät und die Bevölkerung mit unzumutbaren Härten konfrontiert wird? Im Bereich der Sozialversicherung geht es um Fragen wie das Konzept der dynamischen Rente, die allgemeine Sozialversicherungspflicht, eventuelle Befreiungsmöglichkeiten, Zulassung und Aufbau berufsständischer Versorgungswerke, Beibehaltung von Mindestrenten und die Zulassung privater Krankenkassen. Für jede dieser Fragen wird in Arbeitsgruppen, Fachgesprächen und Diskussionen um Lösungen gerungen. Ein anspruchsvolles Unternehmen, denn es gibt zwar eine umfangreiche Literatur über den von manchen Intellektuellen und einigen Sozialismus-Enthusiasten immer wieder neu erwarteten Übergang von der Marktwirtschaft in den Sozialismus, doch an den umgekehrten Fall – den Übergang von der sozialistischen Planwirtschaft in eine freiheitliche Marktwirtschaft – hat offensichtlich noch niemand gedacht. Und genau damit haben wir es jetzt zu tun.

Noch etwas anderes ist beiden Verhandlungsteams sehr bewusst: Übergänge und Veränderungen, selbst wenn sie schnell kommen müssen und sehr wahrscheinlich mit sich selbst verstärkender Dynamik bruchartig verlaufen werden, benötigen immer Zeit. Neben jedem Arbeitsplatz, der wegen zu hoher Kosten und mangelnder Wettbewerbsfähigkeit wegfällt, steht eben nicht sofort ein neuer Job. Die Sanierung und Neuausrichtung von Betrieben benötigt Führungspersonal, Konzepte, Finanzierungmöglichkeiten und vor allem Entscheidungen Entscheidungen schlimmstenfalls über Stilllegung, Abwicklung und mögliche Auffanglösungen, nach Möglichkeit über Neugründungen und Neuausrichtung bestehender Betriebe mit Investitionen in neue Produkte und Maschinen, in jedem Fall aber Entscheidungen über Geld. Das alles kommt und entsteht nicht in wenigen Tagen oder Wochen. Hier muss buchstäblich „Zeit gekauft werden", das heißt, die Sozialpolitik – der zweite Eckpfeiler der Sozialen Marktwirtschaft – muss ihre helfende, stabilisierende Rolle spielen. Arbeitslosen- und Kurzarbeitergeld, Arbeitsbeschaffungs- und Qualifizierungsmaßnahmen, Umschulung und Einarbeitungshilfen haben sich in der alten Bundesrepublik bewährt und werden jetzt von der DDR-Regierung in ostdeutsches Recht übernommen.

Überhaupt verdient es festgehalten zu werden: Der Vertrag über die deutsch-deutsche Wirtschafts-, Währungs- und Sozialunion ist nicht die einfache Übernahme westdeutschen Rechts durch die erste frei gewählte DDR-Regierung. Ganz im Gegenteil. Dieser Vertrag enthält Vereinbarungen zu zentralen Punkten der Rechts-, Wirtschafts- und Sozialordnung, die nach schwierigen, zum Teil sehr kontroversen Verhandlungen erreicht wurden und die nach der Vertragsunterzeichnung am 18. Mai von DDR-Regierung und frei gewählter Volkskammer durch eigene Gesetzgebung und in eigener Souveränität als Recht der DDR verabschiedet werden. Es sind Verhandlungen, bei denen beide Seiten nach Jahrzehnten der Trennung naturgemäß von unterschiedlichen Erfahrungen und Gegebenheiten ausgehen. Der Respekt für diese Unterschiede ist in den Verhandlungstagen immer präsent und sorgt dafür, dass auf Augenhöhe verhandelt wird, tragfähige Kompromisse erreicht werden und diese in Ostdeutschland in selbst geschaffenes, ostdeutsches Recht umgesetzt werden können.

Die letzte Verhandlungsrunde hat sich länger als erwartet hingezogen. Doch trotz der nächtlichen Stunde ist der Service des Kanzleramts auf der Höhe des Augenblicks: Sektflaschen werden geöffnet, ohne dass die Korken knallen, die Gläser klirren beim Anstoßen über dem Verhandlungstisch, ohne dass Scherben entstehen. Hans Tietmeyer dankt allen „Mitstreitern" auf beiden Seiten des Tisches für ihren Einsatz und für ihr persönliches Engagement, damit dieses historische „Gemeinschaftswerk" in so kurzer Zeit entstehen konnte. Günther Krause hat – in der ihm eigenen prägnanten Art – zwei abschließende Botschaften für alle: „Wir im Osten freuen uns auf die D-Mark." Und: „Wir garantieren, dass wir alles tun werden, damit die Stabilität der D-Mark durch die Währungs-, Wirtschafts- und Sozialunion nicht gefährdet wird." Was nicht ausgesprochen wird, was aber alle, die mitverhandelt haben, wissen: Der Grundstein für die Wiedervereinigung ist gelegt. Mit der D-Mark als gemeinsamer Währung in ganz Deutschland ist jetzt ein so hohes Maß an Gemeinsamkeit vereinbart, dass der „point of no return" überschritten ist. Ich schaue noch einmal durch die geöffnete Glastür in den weiten Park des Kanzleramtes mit seinen wunderbaren alten Bäumen, die noch ganz andere Zeiten gesehen haben. Ein bisher nicht erfahrenes Gefühl erfasst mich: Ich bin mit dabei, wenn das, was vor 45 Jahren gewaltsam getrennt wurde, friedlich wieder zusammengefügt wird!

Am späten Sonntagvormittag informiere ich den Bundeskanzler über Abschluss und Ergebnis der Verhandlungen. Er ist sehr zufrieden.

*

Montag, 14. Mai 1990
Im CDU-Bundesvorstand in Bonn ist die Stimmung gedrückt. Die Landtagswahlen in Nordrhein-Westfalen und in Niedersachsen am Tag zuvor sind für die CDU verloren gegangen. Im ersten Fall bedeutet dies, dass die SPD-geführte Landesregierung unter Ministerpräsident Johannes Rau weiter im Amt bleibt, im zweiten, dass Ministerpräsident Ernst Albrecht und seine niedersächsische CDU einer rot-grünen Regierung unter Gerhard Schröder Platz machen müssen – und dies zu einem Zeitpunkt, an dem unter Führung der CDU die Wiedervereinigung Deutschlands in beiden Teilen Deutschlands zum ersten Mal in den Bereich des Möglichen und damit an die Spitze der politischen Tagesordnung gerückt ist. Mehr noch, mit dem Regierungswechsel in Niedersachsen hat die CDU zum ersten Mal seit Amtsantritt von Bundeskanzler Helmut Kohl 1982 die Mehrheit im Bundesrat verloren; ein Umstand, der die Ratifizierung der Verträge mit der DDR und die damit zusammenhängenden Verhandlungen mit den westdeutschen Ländern sicher nicht erleichtern wird.

Helmut Kohl bringt es gleich zu Beginn der Sitzung des CDU-Bundesvorstandes auf den Punkt: „Niedersachsen ist für uns eine bittere Niederlage. Da hilft kein Drumherumreden. Es sind rund 9.000 Stimmen, die uns trennen", das heißt, die zur Regierungsmehrheit fehlen. Interessant ist die nachfolgende Analyse des Bundeskanzlers und CDU-Parteivorsitzenden in Hinblick auf Ursachen und Umstände dieser Niederlage: „Wahr ist aber auch, dass wir eine ambivalente Situation hinsichtlich des Themas ‚Deutsche Einheit' haben …, dass man einerseits die deutsche Einheit will, jedenfalls eine klare Mehrheit von weit mehr als zwei Dritteln, andererseits sie aber wie eine milde Gabe des Himmels haben will, ohne dass man sich sonderlich engagiert und aufregt, so eben, dass einen nichts dabei stört."

In diesem Zusammenhang kommt insbesondere die Evangelische Kirche schlecht weg: „Die Evangelische Kirche in Deutschland tut sich in diesem Prozess außerordentlich schwer, ein klares Wort zu sprechen. Es ist viel leichter, in Kirchen und kirchlichen Organisationen eine Grußadresse für Nicaragua zu bekommen als für die Deutschen, das muss man sagen." Auch die SPD sieht der Bundeskanzler eher mit wahltaktischen Überlegungen als mit der Wahrnehmung nationaler Verantwortung beschäftigt: „Die SPD wird in dem ganzen Prozess auf Baisse spielen. Sie setzt auf einen wirtschaftlichen Niedergang in der Übergangssituation. Sie setzt auf die Unzufriedenheit der Bauern in den LPGs, auf die Leute, die in den Betrieben freigesetzt werden, bevor neue Arbeitsplätze geschaffen werden, und will in diesem Augenblick wählen. Das ist ein klares Konzept, das ist deutlich erkennbar. Ich muss auch davon ausgehen, dass sie die neu gewonnene Mehrheit im Bundesrat in diesem Sinn nutzen wollen; sie werden in nahezu jedem wichtigen Punkt auf eine Verzögerungstaktik gehen."

Etwas anderes beschäftigt den Bundeskanzler zu diesem Zeitpunkt offensichtlich aber stärker: die einmalig günstige Konstellation für eine Wiedervereinigung. Seiner gesamtpolitischen Sicht und Verantwortung zufolge gilt es, diese Chance, national wie international, beherzt zu nutzen. Er kleidet diesen Eindruck in den Vergleich mit einem „Bauern, der sein Heu gemäht hat, und es liegt noch draußen. Dann entdeckt er auf den Abend zu, dass ein Gewitter aufzieht, und als ein gescheiter Bauer rennt er hinaus und holt mit Kind und Kegel das Heu herein. Wenn das Gewitter vorüberzieht, schadet es nichts. Wenn das Gewitter aber kommt, ist das Heu in der Scheune. ... Ich werde in diesem Sinne in den nächsten Wochen sehr viel tun, um das Heu hereinzuholen, weil ich – ich sage es auch mit Pathos – der festen Überzeugung bin, dass der Zug der deutschen Einheit jetzt durch den Bahnhof der deutschen Geschichte fährt. Wenn wir aufsteigen, ist das okay. Wenn wir nicht aufsteigen, wird er über längere Zeit nicht wiederkommen, vielleicht sogar über eine sehr lange Zeit."

Die praktische Schlussfolgerung, die Helmut Kohl aus dieser „Bildbetrachtung" zieht, kann nicht überraschen: „Ich bin fest entschlossen, das Menschenmögliche zu tun, damit wir auf der Straße des Sieges sein werden."

⁂

Dienstag, 15. Mai 1990, 10 Uhr
Koalitionsgespräch im Kleinen Kabinettsaal. Teilnehmer sind die Partei- und Fraktionsvorsitzenden von CDU, CSU und FDP sowie einige der engsten Mitarbeiter. Wie schon in der gestrigen Sitzung des CDU-Parteivorstands betont der Bundeskanzler eingangs die historisch günstige Chance zur Überwindung der deutschen Teilung, die sich gegenwärtig biete. Er nimmt dabei Bezug auf ein Telefonat mit der britischen Premierministerin Margaret Thatcher, die ihm den Rat gegeben habe, in Sachen Wiedervereinigung jetzt „schnell zu machen" – ein aus meiner Sicht unerwarteter Rat, denn die Regierungschefin des Vereinigten Königreichs war bisher nicht als begeisterte Befürworterin eines vereinten Deutschlands aufgefallen. Auch bei ihr hatte Helmut Kohl offensichtlich erfolgreich „nachgearbeitet".

Die Verhandlungsergebnisse vom letzten Wochenende zum Staatsvertrag über die deutsch-deutsche Wirtschafts-, Währungs- und Sozialunion werden einmütig gebilligt. In diesem Zusammenhang drängt der FDP-Vorsitzende Otto Graf Lambsdorff auf eine Festlegung des Datums für den Beitritt der DDR zur Bundesrepublik Deutschland nach Artikel 23 des Grundgesetzes, und zwar bereits im Zusammenhang mit der für den kommenden Freitag vorgesehenen

Unterzeichnung des Staatsvertrags. Er begründet sein Drängen damit, dass dieser Staatsvertrag mit der Schaffung einer Währungsunion nur zu verantworten sei in Verbindung mit einer klaren zeitlichen Perspektive auch der staatlichen Vereinigung beider Teile Deutschlands. Der Bundeskanzler stimmt dem grundsätzlich zu, weist aber darauf hin, dass hier auch die nicht immer einfache Diskussion innerhalb der ostdeutschen Regierung und der sie tragenden Koalitionspartner (insbesondere Ost-CDU und Ost-SPD) zu berücksichtigen sei. Er sei im Übrigen sicher, dass die dortige Beitrittsdiskussion so viel an Eigendynamik gewonnen habe, dass man den Schritt in die Währungsunion verantworten könne. Darüber hinaus werden Fragen hinsichtlich der Erneuerung der ostdeutschen Infrastruktur, der Treuhandanstalt, der Strukturanpassung der ostdeutschen Wirtschaft, der Höhe notwendiger staatlicher Zulagen für private Investitionen in Ostdeutschland, der Kreditfähigkeit der ostdeutschen Betriebe sowie die damit verbundene Frage des rechtlichen und wirtschaftlichen Eigentums an dem zu diesen Betrieben gehörenden Grund und Boden erörtert.

Dann trägt Bundesminister Theo Waigel seine Einschätzung zur Finanzlage des DDR-Haushalts vor. Er rechnet mit einem Gesamtdefizit von 33 Milliarden DM im zweiten Halbjahr 1990 und von 53 Milliarden DM im Gesamtjahr 1991. Er sehe es so, dass die Bundesrepublik zwei Drittel dieser Defizite übernehmen könne, und zwar über den „Fonds Deutsche Einheit", an dem neben der Bundesregierung auch die westdeutschen Länder beteiligt sind. In meinen Notizen halte ich fest, dass ich den Bundesfinanzminister selten so großzügig erlebt habe. Ich hätte allenfalls die hälftige Übernahme der Defizite erwartet. Die Erklärung hierfür liegt sicher in der derzeit konjunkturbedingt ungewöhnlich guten Lage der öffentlichen Haushalte in Deutschland. Beim Thema „spätere Übernahme der DDR-Schulden" schlägt Theo Waigel die Teilung zwischen der Bundesregierung (eines vereinigten Deutschlands) und den zukünftigen ostdeutschen Ländern vor.

Aus der anschließenden Diskussion ist mir in Erinnerung geblieben, dass der bayerische Finanzminister Gerold Tandler vorrechnet, dass sich die Einheit gewissermaßen selbst finanziere: Ein Prozent zusätzliches Wachstum in Deutschland führe zu Steuermehreinnahmen von 8 Milliarden DM, was für die Deckung der Zinsen und die Tilgung der aufgenommenen Kredite ausreichend sei. Die erstaunte Skepsis bei den anderen Teilnehmern dieser Runde gegenüber dieser allzu gefälligen „Wunschrechnung" ist mit Händen zu greifen.

Am Ende wird von allen Teilnehmern noch einmal die Notwendigkeit betont, allen Missbrauchsmöglichkeiten beim kommenden Umtausch von DDR-Mark in D-Mark von Anfang an einen wirksamen Riegel vorzuschieben. Der Bundesfinanzminister wird gebeten, die entsprechenden Einzelheiten mit der Bundesbank zu regeln.

*

Mittwoch, 16. Mai 1990, 10 Uhr

Gespräch des Bundeskanzlers mit den Ministerpräsidenten der altbundesrepublikanischen Länder im Großen Kabinettsaal. In einer eher geschäftsmäßigen Atmosphäre werden die Ergebnisse des Gesprächs zum „Fonds Deutsche Einheit", das am Vortag zwischen den Finanzministern von Bund und Ländern stattgefunden hat, einvernehmlich bestätigt. Dieser Fonds zur Finanzierung der zusätzlichen Ausgaben im Gefolge der Währungs-, Wirtschafts- und Sozialunion soll ein Gesamtvolumen von immerhin 115 Milliarden DM haben. Hierzu trägt die Bundesregierung allein 20 Milliarden DM bei, für die sie eine Gegenfinanzierung durch eine Reihe von Einsparungsmöglichkeiten im Bundeshaushalt vorsieht. Die übrigen 95 Milliarden DM sollen je zur Hälfte von Bund und (westdeutschen) Ländern über Kredite aufgebracht werden.

Am Ende des kurzen Treffens meldet sich Ministerpräsident Johannes Rau zu Wort und fragt den Bundeskanzler nach dem Abstimmungsverhalten Niedersachsens bei der im Juni zu erwartenden Ratifizierung des Staatsvertrags zur Währungs-, Wirtschafts- und Sozialunion im Bundesrat. Hintergrund der Frage ist offensichtlich die Befürchtung, dass sich die Bildung der neuen rot-grünen Landesregierung in Niedersachsen verzögern könnte, so dass in diesem Fall die noch geschäftsführende CDU/FDP-Landesregierung eine Mehrheit der CDU-geführten Länder im Bundesrat sichern könnte.

Der Bundeskanzler schaut Ministerpräsident Rau daraufhin direkt an und erwidert knapp: „Glauben Sie wirklich, Herr Rau, dass ich in solch einer wichtigen Sache mit Tricks arbeite?" Betretenes Schweigen, die Teilnehmer der Sitzung verlassen wortlos den Kabinettsaal.

*

Donnerstag, 17. Mai 1990, 14 Uhr

Im Bonner Bundesfinanzministerium abschließendes Gespräch zwischen den beiden Finanzministern Ost und West, Theo Waigel und Walter Romberg, zur Klärung der noch offenen Finanz- und Haushaltsfragen. Als Vertreter der Bundesländer, die über den „Fonds Deutsche Einheit" an der Finanzierung der ostdeutschen Defizite mit beteiligt sind, ebenfalls dabei sind die Finanzminister von Nordrhein-Westfalen und Bayern, Heinz Schleußer und Gerold Tandler. Nachdem Einzelheiten in einem Vorgespräch zwischen den Staatssekretären Peter Klemm und Walter Siegert bereits abgestimmt worden sind, werden die entsprechenden Vorschläge zur Deckung der zu erwartenden Haushaltsdefizite von 33 Milliarden DM im zweiten Halbjahr 1990 und 53 Milliarden DM im Jahr 1991 beiderseitig akzeptiert. Ferner werden Anschubfinanzierungen für die Rentenversicherung (750 Millionen DM) und die Arbeitslosenversicherung (5 Milliarden DM) in Ostdeutschland verabredet.

Diskutiert wird zudem eine neue Fassung der sogenannten Missbrauchsregelung im Blick auf den bevorstehenden Umtausch von DDR-Mark in D-Mark. Bei der Missbrauchsregelung geht es ganz generell darum sicherzustellen, dass nur solche DDR-Mark-Geldbestände, vor allem auch Bargeld, in D-Mark umgestellt werden, deren legale Herkunft eindeutig nachvollziehbar ist. NRW-Finanzminister Schleußer will – neben der SED und mit ihr verbundenen Organisationen – auch „andere Organisationen" in diese Überprüfungsregelung mit einbeziehen. Gemeint, wenn auch nicht ausdrücklich genannt, sind nach meiner Einschätzung damit unter anderem auch die Blockparteien des alten DDR-Systems, wie etwa die Ost-CDU. Das wäre aus meiner Sicht brisant, denn es könnte möglicherweise in Ost-Berlin den Eindruck erwecken, dass auf westlicher Seite bei der Ost-CDU illegale Vermögens- oder Geldbestände vermutet würden.

Hans Tietmeyer und ich fahren nach dieser Gesprächsrunde vom Bundesfinanzministerium in der Graurheindorfer Straße im Bonner Norden zurück ins Bundeskanzleramt, um mit dem Chef des Bundeskanzleramts, Rudolf (Rudi) Seiters, jetzt, am Vorabend der Vertragsunterzeichnung, noch einmal den Stand des Vertragstextes durchzugehen. Dort angekommen stellen wir fest, dass die Telefondrähte zwischen Bonn und Ost-Berlin heiß laufen. Grund hierfür ist, dass Informationen über das vorangegangene Gespräch im Bundesfinanzministerium bereits ihren Weg nach Ost-Berlin gefunden haben – genauer: zu Verhandlungsführer Günther Krause und Ministerpräsident Lothar de Maizière. Die in Bonn zwischen den Finanzministern diskutierte abgeänderte Version der Missbrauchsregelung hat in Ost-Berlin offensichtlich bei einigen den von mir schon erahnten Eindruck erweckt, dass die Ost CDU – aus westlicher Sicht – eventuell ebenfalls über Vermögenswerte verfügen könnte, deren legale Herkunft nicht vollständig zweifelsfrei nachvollziehbar sei. Außerdem wurde in den Telefonaten zwischen Bonn und Ost-Berlin offenbar auch über das Thema „offene Vermögensfragen" gesprochen, bei dem die beiderseitigen Positionen, insbesondere hinsichtlich der Frage der Rückgängigmachung oder Nicht-Rückgängigmachung der Enteignungen durch die sowjetische Besatzung in den Jahren 1945 bis 1949, sehr weit auseinanderliegen. Späteren Äußerungen Lothar de Maizières mir gegenüber zufolge sind dabei die unterschiedlichen Auffassungen zum Thema der Enteignungen 1945–49 mit großer Deutlichkeit und ohne Annäherung in der Sache ausgetauscht worden. Zum Thema Missbrauchsregelung hat der frühere DDR-Ministerpräsident in diesen Telefonaten unterstrichen, dass er selbst als Vorsitzender der Ost-CDU eine unabhängige Kommission zur Überprüfung des Vermögens seiner Partei eingesetzt habe, dass also für Befürchtungen im Westen hinsichtlich der legalen Herkunft dieses Vermögens kein Anlass bestehe. Damit liegt plötzlich so etwas wie eine politische Verstimmung in letzter Minute in der Luft, woran am Vorabend der Unterzeichnung des Währungsunionsvertrags naturgemäß niemand ein Interesse hat.

Nach weiteren Telefonaten zwischen Bonn und Ost-Berlin müssen wir feststellen, dass Lothar de Maizière und Günther Krause auf ihrer Sicht der Dinge bestehen. Im Blick auf die für den nächsten Tag vorgesehene Vertragsunterzeichnung unterrichten wir den Bundeskanzler entsprechend, der an diesem Tag – 6.000 Kilometer entfernt – mit Präsident George Bush in Washington über die außenpolitischen Aspekte der deutschen Wiedervereinigung spricht. Er ist „not amused", stimmt aber zu, den Verstimmungen in Ost-Berlin Rechnung zu tragen, da sich diese wohl nicht in wenigen Stunden per Telefon ausräumen lassen. Die Unterzeichnung des Vertrags über die Währungs-, Wirtschafts- und Sozialunion am nächsten Tag soll selbstverständlich nicht in Frage gestellt werden. Wir einigen uns mit Ost-Berlin darauf, die Vertragstexte unverändert zu lassen, die Missbrauchsregelung also in ihrer ursprünglichen Formulierung zu belassen, und die Gespräche zur Klärung der offenen Vermögensfragen fortzusetzen.

Fazit: An dieser Stelle haben wir auf westdeutscher Seite die Sensibilität unserer Partner in Ost-Berlin offensichtlich nicht ausreichend erkannt. Es ist nur ein kleiner Trost, dass dies die einzige nennenswerte Panne bei den bisherigen Verhandlungen ist.

*

Freitag, 18. Mai 1990, 8.30 Uhr
Sitzung der CDU/CSU-Bundestagsfraktion. Der Fraktionsvorsitzende Alfred Dregger und der Chef des Bundeskanzleramtes Rudi Seiters tragen die Eckpunkte des ausgehandelten Vertrags über die deutsch-deutsche Währungs-, Wirtschafts- und Sozialunion vor. Nur wenige Redner melden sich, allseits herrscht Zufriedenheit und Zustimmung. Gestört wird diese erwartungsvoll-gespannte Harmonie nur durch die Bemerkungen des Abgeordneten Herbert Czaja, Präsident des Bundes der Vertriebenen, der mit der Bezeichnung „DDR und Ost-Berlin" im Vertragstext unzufrieden ist und das Festhalten an „Deutschland in den Grenzen von 1937" vermisst. Dafür gibt es keine Unterstützung. Allen ist bewusst, dass jetzt ein neues Kapitel deutscher Geschichte aufgeschlagen wird – für ein Deutsch-

land mitten in Europa, dessen Grenze im Osten dort verläuft, wo Polen beginnt.

*

Freitag, 18. Mai 1990, 10 Uhr
Das Bundeskabinett tritt unter Vorsitz des Bundeskanzlers zusammen, der erst vor einer Stunde aus Washington zurückgekehrt ist. Eingeladen sind ferner der Präsident der Deutschen Bundesbank, Karl Otto Pöhl, sowie die Partei- und Fraktionsvorsitzenden der Koalitionsparteien, das heißt neben dem ohnehin als Bundesfinanzminister anwesenden CSU-Chef Theo Waigel der FDP-Chef Otto Graf Lambsdorff sowie Wolfgang Mischnick als Vorsitzender der FDP-Bundestagsfraktion und Alfred Dregger, sein Pendant bei der CDU/CSU.

Nach grundsätzlichen Würdigungen des Vertragswerks durch den Bundeskanzler sowie den Bundesfinanzminister bittet der Bundesbankpräsident ums Wort. Im Gefolge der Ereignisse der letzten Wochen – gemeint waren wohl in erster Linie die durch Indiskretion bekanntgewordenen Empfehlungen des Bundesbank-Zentralbankrates von Ende März für eine 2:1-Umstellung DDR-Mark zu D-Mark – konstatiert Karl Otto Pöhl den Eindruck eines angeschlagenen Ansehens der Bundesbank im In- und Ausland, um gleich hinzuzufügen: „Ich sage nur, dass der Eindruck besteht …", und zu ergänzen: „Ich bitte, das ernst zu nehmen." Er verweist darauf, dass die Unabhängigkeit der Bundesbank in Zweifel gezogen worden sei, und beanstandet fehlende Konsultationen seines Hauses bei der Einrichtung des „Fonds Deutsche Einheit". Die von Bundesregierung und DDR-Regierung ausgehandelten Umtauschmodalitäten von DDR-Mark in D-Mark – 1:1-Umstellung für laufende Zahlungen wie Löhne und Mieten ebenso wie für nach Lebensalter gestaffelte Guthaben-Sockelbeträge (2.000, 4.000 und 6.000 Mark), 1:2-Umstellung für alle sonstigen Geldbestände – bezeichnet der Bundesbankpräsident als „für uns akzeptabel"; er erhebt für die Bundesbank keinen Widerspruch!

Anschließend plädiert Otto Graf Lambsdorff in der ihm eigenen direkten Art dafür, nicht durch öffentliche Reden eine internationale „Sündenbock-Diskussion" herbeizuführen, für die er als wesentlichen Auslöser die Indiskretion hinsichtlich der Zentralbankratsempfehlungen der Bundesbank zu den Umstellungsmodalitäten sehe. Diese Bemerkung löst bei Karl Otto Pöhl heftige Reaktionen aus: „Wir brauchen kein Nachkarten." Konter von Otto Graf Lambsdorff: „Wir brauchen keine Steuererhöhungsdiskussion." Unter Bezugnahme auf „Ratschläge", auch aus dem Umfeld der Bundesbank, unterstreicht er, dass eine solche Diskussion die wirtschaftliche Leistungskraft Deutschlands schwächen würde.

Was den Vertrag selbst angeht, fordert der FDP-Vorsitzende die Fertigstellung der „Gemeinsamen Erklärung zur Regelung offener Vermögensfragen" sowie einen Briefwechsel zwischen Bundesregierung und DDR-Regierung, in dem der Beitritt der DDR nach Artikel 23 des Grundgesetzes formuliert und ein Termin für gesamtdeutsche Wahlen anvisiert wird. Beides – die Klärung der offenen Vermögensfragen und der Briefwechsel – soll spätestens zum Zeitpunkt der Ratifizierung des heute vorliegenden Staatsvertrags durch Bundestag und Bundesrat vorliegen. Der Weg zu Artikel 23 müsse schnell weitergegangen werden, auch im Blick auf die wirtschaftliche Lage, für die die anhaltende Unsicherheit über die weitere Entwicklung nicht förderlich sei.

Der Bundeskanzler fasst zusammen: Nach seiner Wahrnehmung habe das Ansehen der Bundesbank nicht gelitten, weder national noch international – und er komme ja gerade aus Washington –, aber es gebe in dieser besonderen Situation Deutschlands eben viel Missgunst, was auch in manchen Äußerungen über die Bundesbank zum Ausdruck komme. Auf drei Punkte wolle er besonders hinweisen: Erstens die Missbrauchsregelung im Zusammenhang mit der bevorstehenden Umstellung von DDR-Mark auf D-Mark. Hierüber müsse mit allen Beteiligten gesprochen werden, auch mit der Opposition. Es sei sehr hilfreich, wenn ein breites Einvernehmen erreicht werden könne. Zweitens der Termin für gesamtdeutsche Wahlen. Hier müsse man der DDR-Regierung Spielraum geben, schließlich habe sie es bei dieser Frage mit vielen unterschiedlichen Meinungen zu tun, die erst einmal zusammengeführt werden müssten. Im Übrigen könne man dieses Thema mit einer gewissen Gelassenheit sehen, da die Entwicklung offensichtlich ohnehin ihren Lauf nehme. Dies gelte in gewisser

Weise auch drittens für den Beitritt der DDR nach Artikel 23, der natürlich die Voraussetzung für die Festlegung des Wahltermins sei. Auch hier rechne er mit einer Beschleunigung durch die nicht einfacher werdende wirtschaftliche Entwicklung in der DDR. Was die offenen Vermögensfragen angehe, müsse dieses Thema gleich am kommenden Montag mit Ministerpräsident de Maizière wieder aufgenommen werden. Im Übrigen wolle er abschließend darüber informieren, dass die für 14.30 Uhr im Palais Schaumburg vorgesehene Unterzeichnung des Vertrags über die Währungs-, Wirtschafts- und Sozialunion im dortigen alten Kabinettsaal stattfinden werde, und zwar am Schreibtisch Konrad Adenauers, der zu diesem Zweck aus seinem ein Stockwerk höher gelegenen ehemaligen Büro in den Kabinettsaal gebracht werde. Er freue sich, dort alle Anwesenden zu diesem historischen Ereignis wiederzusehen.

*

Freitag, 18. Mai 1990, 14.30 Uhr
Unterzeichnung des Staatsvertrags über die Wirtschafts-, Währungs-und Sozialunion zwischen der Bundesrepublik Deutschland und der DDR im Palais Schaumburg des Bonner Bundeskanzleramts.

Eine völlig neuartige gesamtdeutsche Versammlung hat sich im Kabinettsaal des alten Kanzleramtes zusammengefunden. Alles, was in der Politik in Bonn ebenso wie in Ost-Berlin Rang und Namen hat, will dabei sein, wenn – und das hat sich inzwischen herumgesprochen – nach 45 Jahren der wohl entscheidende Schritt zur Überwindung der deutschen Teilung getan wird. Adenauers Schreibtisch ist aus seinem Büro im ersten Stock heruntergetragen worden und steht jetzt für die formelle Besiegelung eines vor wenigen Wochen noch für unmöglich gehaltenen deutsch-deutschen Staatsvertrags bereit. Kein Zweifel, der Gründungskanzler der Bundesrepublik Deutschland stellt seinen Schreibtisch liebend gern für diese Ouvertüre zur deutschen Wiedervereinigung zur Verfügung.

Alle Augen richten sich auf die beiden Hauptpersonen – Bundeskanzler Helmut Kohl und Ministerpräsident Lothar de Maizière.

27

Als Hausherr ergreift der Bundeskanzler zuerst das Wort und spricht vom „ersten bedeutsamen Schritt zur Wiederherstellung der staatlichen Einheit Deutschlands". Dann wird er deutlicher: „Was wir hier erleben, ist die Geburtsstunde des freien und einigen Deutschlands: Vor den Augen der Welt bekunden die Vertreter der frei gewählten Regierungen beider Teile Deutschlands ihren Willen, als ein Volk, als eine Nation gemeinsam ihre Zukunft in einem freiheitlichen und demokratischen Staat zu gestalten." Dabei macht der Bundeskanzler klar, dass der Weg des „Übergangs von der sozialistischen Kommandowirtschaft zur Sozialen Marktwirtschaft" nicht einfach wird. „Ich bin mir bewusst, dass der Weg schwierig sein wird." Aber er sieht gleichzeitig, „nach einer sicher nicht einfachen Zeit des Übergangs", die „Chance auf eine rasche, durchgreifende Besserung" der Lebensbedingungen der Ostdeutschen, ja die Chance für „bald wieder blühende Landschaften". Beide Partner bringen dabei in diesen Prozess des Zusammengehens und Zusammenwachsens etwas ein: „Die Deutschen in der Bundesrepublik außer ihrer harten Währung und ihrer erfolgreichen Wirtschaftsordnung ... vor allem eine bewährte freiheitliche Verfassung und die Ideale einer Demokratie, mit der wir vierzig Jahre Erfahrungen sammeln durften. Die DDR wiederum bringt den Fleiß, die Ideen und die Hoffnung ihrer Menschen ein, nicht zuletzt auch das Selbstbewusstsein jener, die sich in einer friedlichen Revolution mutig gegen eine Diktatur durchgesetzt haben." Sein Fazit: Die Unterzeichnung des Staatsvertrags ist ein „starkes Zeichen der Solidarität unter den Deutschen: Die Geschicke der Deutschen in der Bundesrepublik und in der DDR werden dadurch unauflöslich miteinander verwoben. Von nun ab ist klar: Wir gehen in eine gemeinsame Zukunft, in einem vereinten und freien Deutschland."

Lothar de Maizière bringt es gleich zu Beginn auf den Punkt: „Dies ist heute ein wichtiger Tag. Es beginnt die tatsächliche Verwirklichung der Einheit Deutschlands. Die Währungs-, Wirtschafts- und Sozialunion macht den Einigungsprozess unumkehrbar." Ebenso wie zuvor Helmut Kohl dankt er den Verhandlungsführern Günther Krause und Hans Tietmeyer und fügt hinzu: „Hier haben nicht fremde Staaten miteinander verhandelt, sondern Landsleute und Freunde, die sich nicht länger entfremden lassen wollen" – eine Feststellung, die mir als Mitglied der westdeutschen Delegation aus dem Herzen spricht. Dann wendet sich der Mann aus Ost-Berlin an die Bürger der DDR und stellt nüchtern fest: „Die Einführung der D-Mark, die Einführung der dynamischen Rente und einer Arbeitslosenversicherung sowie die Hilfen für den Staatshaushalt der DDR sind eine großzügige politische Geste der Bundesrepublik Deutschland. Niemand soll vergessen, was die Mark der DDR heute auf dem freien Markt wirklich wert ist. Und niemand soll sich über die Krise der DDR-Wirtschaft Illusionen machen. Wir konnten und können nicht so weitermachen wie bisher." Und er macht gleichzeitig deutlich: „Nicht alle Blütenträume, die manche mit dem Staatsvertrag verbunden haben, werden in Erfüllung gehen. Aber niemandem wird es schlechter gehen als bisher. Im Gegenteil. Welches Land bekommt eine solch gute Startposition wie wir mit diesem Vertrag? Jetzt sind wir in der DDR am Zuge, das Beste daraus zu machen." Den Westdeutschen ruft er zu: „Ihre Hilfe verstehen wir als Hilfe zur Selbsthilfe. Auf Dauer wollen wir nichts geschenkt haben. Wir wollen unsere Zukunft selbst erarbeiten." Am Ende fasst er prägnant zusammen: „Das Ergebnis der Verhandlungen zum Staatsvertrag ist mutig, einmalig und hoffnungsstiftend. Es ist mutig, weil in nur vier Wochen nach vierzig Jahren sozialistischer Planwirtschaft dieser Vertrag ausgehandelt wurde. ... Es ist einmalig, weil es diese Art der Umstellung einer Kommandowirtschaft auf eine soziale Marktwirtschaft an einem Stichtag noch nie gegeben hat. Und es ist hoffnungsstiftend. ... Die Geschichte bietet ihre guten Chancen in der Regel nicht mehrfach an. Wir wollen die Chance zu Freiheit, Frieden und sozialer Gerechtigkeit im Dienste Europas entschlossen nutzen, um unseren Kindern eine bessere Welt zu bauen."

Jetzt ist der Augenblick gekommen, auf den die Anstrengungen der letzten Wochen und Monate gerichtet waren. An Adenauers Schreibtisch nehmen die Finanzminister Platz, Walter Romberg für die DDR und Theo Waigel für die Bundesrepublik, und unterschreiben den „Vertrag über die Schaffung einer Währungs-, Wirtschafts- und Sozialunion zwischen der Bundesrepublik Deutschland und der Deutschen Demokratischen Republik". Alle im Raum haben das Gefühl, dass sich mit diesen Unterschriften Grundlegendes verändert. Aus vielen Diskussionen, Reden, einseitigen Erklärungen, runden Tischen, Prognosen und Einschätzungen ist jetzt ein Vertrag geworden, der die beiden Teile Deutschlands zum ersten Mal seit dem Zweiten Weltkrieg wieder eng zusammenführt, ja sie mit einer gemeinsamen Währung so fest zusammenfügt, dass der Weg zur Wiedervereinigung seine eigene Dynamik findet und unumkehrbar wird. Die Wiedervereinigung Deutschlands rückt an diesem Freitagnachmittag – genau zwei Monate nach der freien Volkskammerwahl am 18. März – in greifbare politische Nähe.

Die Zeugen dieses historischen Augenblicks treten langsam auf die Terrasse des alten Kanzleramtes hinaus, wo die frühsommerliche Nachmittagssonne für einen freundlichen, angenehmen Empfang sorgt. Ich treffe Regine Hildebrandt, Ministerin für Arbeit und Soziales in der Ost-Berliner Regierung und spätere Sozialministerin in Brandenburg. Wir sind uns einig, dass die Vereinigung der beiden Teile Deutschlands bald Realität sein wird. In meiner Euphorie des Augenblicks füge ich mutig hinzu, dass wir die damit einhergehenden Herausforderungen, vor allem in wirtschaftlicher und sozialer Hinsicht, werden bewältigen können. Sie schaut mich nachdenklich an und sagt: „Das wird schwieriger, Herr Ludewig, als Sie denken." Und ich spüre auf einmal, dass sie Recht behalten könnte.

In meinem Notizbuch habe ich im Übrigen für diesen Nachmittag festgehalten: „Die Bewirtung war mangelhaft, Protokoll nicht auf der Höhe des historischen Augenblicks."

2. Kapitel

Günther Krause:
der Mann aus dem Nowhere

Ostersamstag, 14. April 1990. Hans Tietmeyer und ich fliegen nach Berlin, um dort Lothar de Maizière, den Vorsitzenden der Ost-CDU und Gewinner der Volkskammerwahl vom 18. März zu treffen, der erst zwei Tage zuvor zum neuen Ministerpräsidenten der DDR gewählt worden ist. Im Auftrag des Bundeskanzlers wollen wir mit ihm darüber sprechen, wie die Verhandlungen über eine Währungsunion praktisch auf den Weg gebracht werden können, nachdem die Einführung der D-Mark in der DDR das große Thema des Wahlkampfes im März gewesen ist.

Wir treffen Lothar de Maizière im Haus der Ost-CDU am Gendarmenmarkt. Wir wissen, dass er zur Zeit alle Hände voll zu tun hat, um seine nach langen Verhandlungen gebildete Koalitionsregierung, getragen von den Parteien der Wahlkampf-Allianz für Deutschland (CDU, Deutsche Soziale Union, Demokratischer Aufbruch, Bund Freier Demokraten) und der SPD, jetzt arbeits- und handlungsfähig zu machen. Auf seiner Agenda steht das Wahlkampfthema „Währungsunion" ganz oben auf der Tagesordnung. Von daher dreht sich unser Gespräch um die Frage, wie die deutsch-deutschen Verhandlungen hierzu in Gang gebracht werden können. Ausgangspunkt ist der sogenannte Zwischenbericht der Expertenkommission, der vor der Volkskammerwahl unter Leitung von Staatssekretär Horst Köhler aus dem Bundesfinanzministerium und DDR-Finanzminister Walter

31

Romberg erarbeitet wurde. Er enthält eine gute Übersicht über die im Zusammenhang mit einer Währungsunion zu lösenden Fragen. Wir verständigen uns darauf, dass sehr schnell nach Bildung der neuen DDR-Regierung nach Ostern ein Fahrplan für entsprechende Verhandlungen festgelegt werden müsse. Denn Einigkeit besteht auch darüber, dass Eile geboten ist. Die Erwartungen in der DDR-Bevölkerung sind hoch, und niemand hat Interesse daran, dass die Übersiedlerzahlen von Ost nach West wieder nach oben schnellen.

Als Tietmeyer und ich uns verabschieden, schlägt uns Lothar de Maizière vor, in einem der benachbarten Büros noch zwei Herren kennenzulernen, die ihn in den nächsten Wochen unmittelbar unterstützen würden – die Herren Klaus Reichenbach und Günther Krause, der erstere als Minister beim Ministerpräsidenten (vergleichbar mit dem Chef des Bonner Bundeskanzleramtes), der zweite als Parlamentarischer Staatssekretär beim Ministerpräsidenten mit der Zuständigkeit für deutsch-deutsche Angelegenheiten. Er fügt hinzu, Günther Krause sei darüber hinaus noch Vorsitzender der CDU-Fraktion in der Volkskammer – eine Information, die bei uns Erstaunen auslöst, weil die gleichzeitige Wahrnehmung derartig wichtiger Funktionen sowohl in Regierung wie auch im Parlament durch ein und dieselbe Person in der Bundesrepublik kaum vorstellbar wäre.

Wir verlassen das Büro de Maizières und finden Reichenbach und Krause am Ende des Ganges in einem noch etwas spärlich eingerichteten Büro. Wir machen uns bekannt, erfahren von beiden Herren etwas über die auf Hochtouren laufenden Vorbereitungen für den Arbeitsbeginn der neuen De-Maizière-Regierung und kommen dann sehr schnell zu den geplanten Verhandlungen über die deutsch-deutsche Währungsunion. Zu diesem Zeitpunkt interessiert uns natürlich insbesondere, wer auf ostdeutscher Seite diese Verhandlungen führen und somit unser Ansprechpartner sein wird. Hans Tietmeyer stellt diese Frage – wohl in der Erwartung, dass er es, als Verhandlungsführer auf westdeutscher Seite, wahrscheinlich ähnlich wie bei der vorangegangenen deutsch-deutschen Expertenkommission mit dem Finanzminister der DDR zu tun haben werde. Er hat seine Frage noch nicht ganz zu Ende gesprochen, als Günther Krause mit nachhaltiger Deutlichkeit in den Raum stellt: „Das mache ich!"

Hans Tietmeyer und ich sind uns sicher, dass es zu diesem Zeitpunkt eine solche Festlegung auf Günther Krause als ostdeutschen Verhandlungsführer auf DDR-Seite noch gar nicht geben könne, da die neue Regierung in Ost-Berlin ihre Arbeit noch nicht aufgenommen hat. Im Übrigen ist Günther Krause für uns ein unbeschriebenes Blatt – jemand, von dem uns nichts bekannt wäre, was ihn für diese mehr als anspruchsvolle Aufgabe empfehlen würde. Insofern nehmen wir Günther Krauses „Selbstbestellung" interessiert zur Kenntnis – mit der gefühlten Gewissheit, dass darüber in Ost-Berlin das letzte Wort wohl noch nicht gesprochen sei und wir es am Ende wahrscheinlich mit einem anderen Verhandlungsführer zu tun haben würden. Wir sollten uns irren – wie übrigens später noch häufiger.

Günther Krause war zwar der Wirklichkeit in der Tat vorausgeeilt, aber er hatte offensichtlich die herausragende Bedeutung dieses noch auszuhandelnden Vertrages früher als andere erkannt und seine tatsächliche Bestellung zum Verhandlungsführer dann auch durchgesetzt, sicher nicht zuletzt dank seiner einflussreichen Doppelfunktion in Regierung und Volkskammer.

Und so, wie ich ihn an diesem Ostersamstag kennengelernt habe, hat es sich später viele Male wiederholt: Günther Krause hatte immer eine klare Vorstellung von dem, was er wollte und was er für richtig hielt. Um diese Vorstellung Wirklichkeit werden zu lassen, bezog er klare Positionen, ging in Vorlage, wenn nötig auch ohne Rückkopplung und Sicherheitsnetz. Und anschließend gelang es ihm eigentlich immer, diejenigen zu überzeugen und ins Boot zu holen, die er zunächst einmal nicht einbezogen und um ihre Meinung gefragt hatte, die er aber für die Umsetzung seiner Vorstellungen brauchte. Er kam mir immer vor wie ein Schnellläufer, der bereits beim Start und früher als andere das Ziel fest im Auge hat, dazu Fähigkeit und Entschlossenheit besitzt, alle Hindernisse auf dem Weg zum früh erkannten Ziel beiseitezuräumen. Im Rückblick bin ich mir sicher: Ohne Günther Krause wäre das Jahr 1990 anders verlaufen!

33

*

Günther Krause wird am 13. September 1953 in Halle an der Saale geboren. Sein Elternhaus ist christlich geprägt. Der Vater ist Diplomkaufmann, seine Mutter widmet sich ganz der Familie und insbesondere den Kindern. Günther Krause ist eines der wenigen Kinder in der DDR, die zu Hause aufwachsen, ohne Kinderkrippe und ohne Kindergarten – ein Umstand, der ihm offensichtlich nicht geschadet hat. An der Jugendweihe nimmt er nicht teil. Nach Abitur und Wehrdienst studiert er von 1974 bis 1978 an der Hochschule für Architektur und Bauwesen in Weimar, und zwar Rechentechnik und Informationsverarbeitung. Nach seinem Abschluss als Diplomingenieur arbeitet er bis 1982 beim Wohnungsbaukombinat in Rostock, um dann an die Ingenieurhochschule Wismar zu wechseln. 1984 wird er mit der Arbeit „Ein Beitrag zur automatengestützten Projektierung in der Wandbauweise" zum Dr.-Ing. promoviert, 1987 folgt die Habilitation mit „Eine einheitliche CAM/CAP-Entwicklungstechnologie – die Voraussetzung zur dezentralen Nutzung der Mikrorechentechnik in der Seeverkehrswirtschaft". 1990, also im fast noch jugendlichen Alter von 37 Jahren, wird Krause zum Honorarprofessor an der Technischen Hochschule Wismar ernannt.

Der Ost-CDU tritt Krause 1975 bei – nach eigener Aussage im Zusammenhang mit einer Kampagne an der Hochschule in Weimar mit der bedrängenden Aufforderung „Beststudenten in die Partei". „Zwei meiner Mitstreiter gingen auch in die CDU, ein dritter in die LDPD [die Liberal-Demokratische Partei Deutschlands]. Das war die Flucht in eine Nische, um sich einerseits als Christ und andererseits zu einer idealistischen Grundauffassung bekennen zu können", so erinnert sich Krause fast vierzig Jahre später.

Zehn Jahre nach seinem Entschluss, politisch Flagge zu zeigen, beginnen Glasnost und Perestroika in der Sowjetunion, was auch im SED-Staat zu Veränderungen führt und neue Optionen eröffnet: Günther Krause wird 1985 als bekennender Christ (ehrenamtlicher) Kreisvorsitzender der Ost-CDU in Bad Doberan. Die Mitarbeit an Reformen an seiner Hochschule in Wismar und ein aktives Engagement in der Evangelischen Kirche in Bad Doberan schließen sich an.

Im März 1990 setzt sich Krause bei der ersten freien Wahl zur DDR-Volkskammer in seinem Wahlkreis Bad Doberan durch und gewinnt mit 45 % das Direktmandat. Krauses Erfolg setzt sich unübersehbar fort, als er in der neu gewählten Volkskammer zum Vorsitzenden der Ost-CDU-Fraktion, der mit Abstand größten politischen Gruppe im Parlament, gewählt wird. Kurz danach folgt seine Wahl zum Landesvorsitzenden der Ost-CDU in Mecklenburg-Vorpommern, wobei sich Krause besonders gut und gern an die Schützenhilfe des Schleswig-Holsteiners Gerhard Stoltenberg erinnert, der zu seiner Unterstützung das Wort ergreift und nach der Wahl sein erster Gratulant ist. Kein Zweifel, Günther Krause, den bis zu diesem Zeitpunkt kaum einer in der DDR und nahezu niemand in der politischen Klasse der Bundesrepublik kennt, gehört mit dieser beeindruckenden Schnellkarriere in den kommenden Monaten zu den maßgeblichen Akteuren auf der Bühne des Wiedervereinigungsgeschehens.

*

Der Weg zur Wiedervereinigung nimmt, wie oben bereits dargestellt, mit den Verhandlungen über eine Währungs-, Wirtschafts- und Sozialunion konkrete Gestalt an. Sie beginnen am 25. April mit der ersten deutsch-deutschen Verhandlungsrunde und führen innerhalb von nur 23 Tagen zum entsprechenden Staatsvertrag. Man muss sich klarmachen, was das heißt: Innerhalb von drei Wochen wird nicht nur ein konkretes Konzept für die Überführung einer sozialistischen Staatswirtschaft in eine freiheitliche und soziale Marktwirtschaft entwickelt, sondern diese Blaupause wird gleichzeitig in einen konkreten, rechtsverbindlichen Handlungsrahmen, das heißt Vertragstext, übersetzt und ausbuchstabiert. Dabei geht es um nichts Geringeres als die Zusammenführung zweier völlig gegensätzlicher Staats- und Gesellschaftssysteme – ein Unternehmen ohne Vorbild und Nachschlagewerk.

Dass es am Ende gelingt, hat entscheidend mit den beiden Verhandlungsführern zu tun: auf der einen Seite Hans Tietmeyer, langjähriger Chefökonom des Bundeswirtschaftsministeriums, dann

Staatssekretär im Bundesfinanzministerium und seit Jahresbeginn Mitglied des Direktoriums der Deutschen Bundesbank. Mit seiner jahrzehntelangen Erfahrung in nationaler und internationaler Wirtschafts- und Finanzpolitik ist Tietmeyer, der nun auf Bitte des Bundeskanzlers von der Bundesbank für die Leitung der westdeutschen Delegation bei der Realisierung der Währungs- und Wirtschaftsunion abgeordnet wurde, hierfür unbestritten eine der qualifiziertesten Persönlichkeiten. Auf der anderen Seite Günther Krause, ohne jede Erfahrung in nationaler oder internationaler Wirtschafts- und Finanzpolitik, aber mit einer ungewöhnlich schnellen Auffassungsgabe, hoher Intelligenz und starkem Durchsetzungsvermögen.

Das zeigt sich zum Beispiel bei den Verhandlungen zum Thema Sozialversicherungen, bei dem es zu Beginn der letzten Verhandlungsrunde immer noch erhebliche Meinungsverschiedenheiten gibt. Während DDR-Sozial-Staatssekretär Alwin Ziel immer wieder auf Sonderregelungen für den Weiterbestand bisheriger kostspieliger Regelungen wie etwa der ostdeutschen Mindestrente besteht (obwohl mit der Einführung der dynamischen Rente in Ostdeutschland ohnehin erhebliche Rentenverbesserungen vorgesehen sind), sehen wir auf westdeutscher Seite die Priorität eher bei der finanziellen Unterstützung von Investitionen für neue Produkte und Maschinen. Anders als Ziel erkennt Krause sehr schnell, dass angesichts der ohnehin zu erwartenden hohen Milliardentransfers zur Modernisierung und Neuausrichtung der ostdeutschen Wirtschaft weitere kostenintensive Regelungen auf westdeutscher Seite nicht vermittelbar sind. In einem aus seiner Sicht geeigneten Augenblick stellt er die von ihm bevorzugte kostensparende Lösung überraschend in der Verhandlungsrunde zur Abstimmung – sie wird einvernehmlich gebilligt.

Günther Krause hat jedoch auch Punkte auf seiner Agenda, die für ihn nicht verhandelbar sind. Das erfahren wir bei den Gesprächen zur Regelung offener Vermögensfragen. Von Anfang bis Ende hält er an der Position fest, dass die Rückabwicklung der Bodenreform aus der sowjetischen Besatzungszeit von 1945 bis 1949 nicht in Frage kommt. Er verweist dazu immer wieder auf das Heimatrecht der Ostdeutschen und darauf, dass dies die Auffassung einer 90-prozentigen Mehrheit aller in der frei gewählten Volkskammer vertretenen Parteien sei. Am Ende macht er der westdeutschen Seite klar, dass die ganze Idee eines zügigen Wegs zur Wiedervereinigung in Frage gestellt werden könnte, wenn die ostdeutsche Position in dieser aus ostdeutscher Sicht nicht verhandelbaren Frage nicht respektiert würde – eine Feststellung, die auf westdeutscher Seite schließlich zum Einlenken führt.

Günther Krause hat aber noch mehr zu bieten. Er ist nicht nur ein starker, erfolgreicher Verhandlungsführer – Konsequenz, Zielstrebigkeit und die Bereitschaft zu unkonventionellem Vorgehen zeichnen auch seine Arbeit als Bundesminister aus. Nach wenigen Monaten als Bundesminister für besondere Aufgaben ohne eigene fachliche Zuständigkeiten überträgt ihm Helmut Kohl im Januar 1991 das Bundesverkehrsministerium. Dort sieht er es als zentrale Aufgabe an, dem großen Nachholbedarf Ostdeutschlands in Sachen Verkehrsinfrastruktur durch neue Maßnahmen und Instrumente Rechnung zu tragen. Bestes Beispiel hierfür ist das Verkehrswege-Planungsbeschleunigungsgesetz, das die nach der Wiedervereinigung gültigen, immer länger und komplizierter gewordenen westdeutschen Planungs- und Genehmigungsverfahren so verkürzen und beschleunigen soll, dass die Vielzahl der jetzt anstehenden Straßen- und Schienenneubau- und -ausbauprojekte in Ostdeutschland in für den Aufbau Ost vernünftigen, vertretbaren Zeitspannen realisiert werden können.

Krause legt dem Bundeskabinett im Mai 1991 einen entsprechenden Gesetzgebungsvorschlag vor, den er nach nur wenigen Monaten, und zwar im Dezember des gleichen Jahres, auch erfolgreich durch Bundestag und Bundesrat bringt. Diese seit Jahrzehnten erste, fast revolutionäre Straffung und Beschleunigung des deutschen Planungs- und Genehmigungsrechts führt – gegen teilweise massive Widerstände insbesondere etablierter Umweltverbände – faktisch zu einer Halbierung der bis dahin üblichen Zeitspannen. Die Neuregelung ist leider zunächst nur für die neuen Bundesländer und Berlin gültig, dort allerdings mit beachtlichen Wirkungen. So nehmen etwa Planung und Neubau der A 14 von Halle nach Magdeburg nur zehn Jahre in Anspruch – eine vor Verabschiedung des Beschleunigungsgesetzes unvorstellbar kurze Zeit für einen kompletten

Autobahnneubau von etwa 100 Kilometern. Ähnliches gilt für den Neubau der A 20, der sogenannten Ostseeautobahn, mit über 300 Kilometern Länge das bis dahin größte Verkehrsinfrastrukturprojekt der deutschen Nachkriegszeit, das nur wegen der neuen, kürzeren Planungszeiten innerhalb von 17 Jahren fertiggestellt werden kann. Es ist mehr als bezeichnend für das Beharrungsvermögen der Bundesländer in Westdeutschland, dass die durchweg positiven Erfahrungen des Krause-Beschleunigungsgesetzes von 1991 erst 2006 in allgemeines Bundesrecht übernommen werden.

Noch etwas gehört zu Günther Krause: In zahllosen Gesprächen und Verhandlungen des Jahres 1990 und danach habe ich ihn als jemanden erlebt, der von den Vorteilen einer marktwirtschaftlichen Steuerung von Wirtschaft und Unternehmen fest überzeugt gewesen ist. Er kannte keine Nostalgie in Sachen Sozialismus, besonders was dessen engmaschiges Regelwerk für alle Fälle des Lebens betrifft. Für Überlegungen, diese oder jene Annehmlichkeit aus der alten Zeit doch einfach in die neue Marktwirtschaft mitzunehmen, war er nicht empfänglich. Schneller als andere hatte er verstanden, dass vor der Verteilung sozialer Wohltaten die Erwirtschaftung des Bruttosozialprodukts steht, dass ein funktionierender Sozialstaat nur mit wirtschaftlicher Leistungsfähigkeit zu haben ist. Er hatte viel von und über Ludwig Erhard gelesen – und ihn ernster genommen als viele im Westen, die sich gern, unabhängig von dem, was sie gerade tun, auf ihn und seine Soziale Marktwirtschaft berufen.

Last but not least: Günther Krause ist in diesen Wendejahren nicht nur ein qualifizierter Informatikprofessor und neuerdings auch Spitzenpolitiker mit Libero-Qualitäten, vor allem für Wirtschafts- und Finanzfragen, er spielt auch hervorragend Klavier und Orgel, und dies in Kombination mit einem beachtlichen Entertainertalent. Unvergessen ist in diesem Zusammenhang die Weihnachtsfeier der CDU/CSU-Bundestagsfraktion im Dezember 1990, bei der Günther Krause seine nicht nur musikalischen Unterhaltungsqualitäten zur vollen Entfaltung bringen kann und bei der dank der neuen Mitglieder aus Ostdeutschland die Fraktion in der Lage ist, erstmals ihr Musik-Begleitprogramm mit eigenen Kräften auf die Beine zu stellen.

Im Gefolge verschiedener in der Öffentlichkeit breit diskutierter, angeblicher finanzieller Unregelmäßigkeiten tritt Günther Krause im Mai 1993 vom Amt des Bundesministers für Verkehr und als CDU-Vorsitzender in Mecklenburg-Vorpommern zurück. Es ist hier nicht der Ort, die Gründe, die zu diesem Rücktritt geführt haben, zu analysieren oder zu bewerten oder seinen weiteren Lebens- und Berufsweg zu kommentieren. Was immer es war, es ändert nichts an seiner herausragenden Leistung als Verhandlungsführer bei praktisch allen wichtigen deutsch-deutschen Fragen, als entschlossener Macher des Jahres 1990 und damit an seinem großen persönlichen Anteil an der Wiederherstellung der Einheit unseres Vaterlandes. Das ist in der breiten deutschen Öffentlichkeit in den zurückliegenden Jahren in Vergessenheit geraten. Als einer der Zeitzeugen dieser Verhandlungen und der damit verbundenen Entscheidungen in der damaligen Bundesregierung halte ich es – 25 Jahre später – für richtig und angemessen, die ungewöhnlichen Verdienste von Günther Krause im Schicksalsjahr 1990 wieder in Erinnerung zu rufen.

3. Kapitel

Schnellstart:
deutsch-deutsche Verhandlungen

Es ist Montag, der 19. Januar 1990. Ganz aufgeregt bringt mir ein Kollege die neueste Ausgabe der Wochenzeitung *Die Zeit* und zeigt auf einen Artikel mit der Überschrift „Signal zum Bleiben". Autorin dieses Artikels ist Ingrid Matthäus-Maier, immerhin die finanzpolitische Sprecherin der SPD-Bundestagsfraktion, also nicht irgendwer, sondern eine relevante und kompetente Mitspielerin im wirtschafts- und finanzpolitischen Politkonzert der Bundesrepublik. Ich beginne zu lesen, und mit wachsendem Interesse lese ich bis zum Ende. Mit sieben Thesen stellt sie – nach meiner Kenntnis als Erste – das herkömmliche ökonomische Denkschema auf den Kopf: Nicht Wirtschaftsreformen müssen zunächst die Voraussetzungen dafür schaffen, dass im zweiten Schritt auch eine Währungsunion funktionieren kann. Nein, angesichts des anhaltenden Übersiedlerstroms aus der DDR muss es auch umgekehrt gehen: „Eine Währungsunion könnte den Umbau der DDR-Wirtschaft beschleunigen", wie der Untertitel etwas ambivalent formuliert. Er und auch der sonstige Text sagen wenig darüber aus, welche Umbrüche und Veränderungen eine solche „Beschleunigung" für die Menschen zwischen Ostsee und Erzgebirge mit sich bringen könnte. Es klingt eher sachlich, fast harmlos, wenn es dort heißt: „Unter den gegebenen Bedingungen müssten die für einen Währungsverbund in der DDR erforderlichen Rahmenbedingungen rasch geschaffen werden." Genannt werden dann, etwas

abstrakt, die Reform des Preissystems, die Beseitigung des Kauf-
kraftüberhangs und unumkehrbare Maßnahmen zur Reform des
Wirtschaftssystems. Das Wort „Arbeitslosigkeit" fällt nicht.

Was immer man in sachlicher Hinsicht davon halten mag, die
Wirkung dieses Plädoyers für eine Währungsunion ist gewaltig, fast
als ob die Zeit dafür überreif gewesen sei, als ob die ganze politische
und in ihrem Gefolge auch die ökonomische Klasse der Bundesrepublik darauf gewartet hätte. Ich erinnere mich noch sehr gut, dass wir
im Kanzleramt – genauer: die Fachkollegen der Mannschaft „Wirtschaft und Finanzen" – die hier präsentierten Thesen erst einmal mit
großer Skepsis zur Kenntnis genommen haben. Und dies nicht, weil
sie von einer Vertreterin der SPD, also der damaligen Oppositions-
partei, kommen, sondern weil uns klar ist, dass die nicht an internationalen Wettbewerb gewöhnten Unternehmen in der DDR (die
noch dazu eine niedrige Produktivität aufweisen) in Kombination
mit einer neuen, sehr wettbewerbsfähigen, weltoffenen Währung wie
der D-Mark auf den grenzüberschreitenden, offenen Märkten sehr
schnell in erhebliche Schwierigkeiten geraten würden. Der Umbau
einer ganzen Volkswirtschaft, so dass sie am Ende in der Lage ist,
wettbewerbsfähige Produkte und Dienstleistungen anzubieten, geht
eben nicht im Hauruckverfahren, sondern braucht vor allem zweierlei: viel Geld und noch mehr Zeit. Mit dieser Einschätzung stehen
wir nicht allein. Schon der Anfang 1990 übliche Umtauschkurs West-
zu Ostmark von 1:5 macht die Unterschiede im Blick sowohl auf die
Leistungsfähigkeit der Unternehmen als auch auf das, was sich der
durchschnittliche DDR-Bürger für sein im Vergleich zum Westen
eher niedriges Einkommen leisten kann, für jedermann erkennbar
und erfahrbar.

Dennoch, trotz aller Zweifel und Bedenken behauptet sich das
Thema Währungsunion ganz oben auf der politischen Tagesordnung. Tausende, Zehntausende von DDR-Bürgern machen ihre eigene Rechnung auf und packen die Koffer. Sie sehen keine Perspektive
für eine baldige Verbesserung der Lebensverhältnisse im Osten. Diese Übersiedlerströme beunruhigen die Politik, denn das Wichtigste,
was für einen Neubeginn in Ostdeutschland gebraucht wird, sind
die Menschen, gerade auch die gut Qualifizierten, die Alternativen

für sich erkennen und flexibel auf neue Situationen reagieren. Ein „Signal zum Bleiben" – das ist es, was im Januar 1990 immer mehr Menschen fehlt. Es droht ein sich beschleunigender Exodus, ähnlich wie wir ihn vor dem Bau der Mauer 1961 schon einmal erlebt haben. Etwas anderes kommt hinzu: Mit der Öffnung der Mauer am 9. November 1989 hat sich ein Zeitfenster aufgetan, das sozusagen über Nacht Chancen für ein Zusammengehen, ein Zusammenwachsen beider Teile Deutschlands, ja vielleicht auf ein geeintes Deutschland eröffnet. Der Weg dorthin braucht Zeit, und die wirklich spannende Frage ist: Wie viel Zeit haben wir? Denn in der DDR sind 370.000 sowjetische Soldaten stationiert, die bisher in den Kasernen geblieben sind, die aber – wenn sich der politische Wind aus Moskau drehen sollte – der friedlichen Revolution auch ein schnelles Ende bereiten könnten. Jeder, zumindest die etwas Älteren, hat den 17. Juni 1953 klar vor Augen. Mit anderen Worten, nach 45 Jahren gibt es plötzlich ein Zeitfenster für die Überwindung der bisher fest zementierten Folgen des Zweiten Weltkriegs in unserem Land und damit auch in der Mitte Europas. Müssen wir nicht alles Mögliche in Gang setzen, um so schnell wie möglich zu Ergebnissen zu kommen, die irreversibel sind und von denen es keinen Weg mehr zurück zu Mauer und Stacheldraht gibt?

Dies sind Gedanken, die nicht nur die Akteure im Kanzleramt bewegen. Die Verantwortlichen spüren das Spannungsfeld zwischen dem, was normalerweise fachlich der richtige Weg wäre (also erst Wirtschaftsreformen, dann, wenn Ergebnisse vorliegen, die Währungsunion), und dem, was man den einzigartigen Augenblick nennen könnte, in dem geschichtliche Veränderungen möglich werden – die Chance, die man ergreift oder die für lange Zeit nicht wiederkommt. Und so verschieben sich in wenigen Wochen die Akzente. Eine Währungsunion, die gestern noch als fachlich abwegig, ja als nicht machbar und unverantwortbar zurückgewiesen wurde, wird jetzt näher analysiert und zunehmend ernsthaft geprüft. Dies gilt – neben dem Bundeskanzleramt – in erster Linie für das Bundesfinanzministerium, und auch im Bundeswirtschaftsministerium werden hierzu Überlegungen angestellt. Dabei fällt mir im Kanzleramt auf, dass die Kollegen im Finanzministerium bei der Auseinandersetzung mit dem Thema Währungsunion schnell vorankommen und zu fachlich wie politisch relevanten weiterführenden Ergebnissen gelangen.

Dies hat entscheidend mit den handelnden Personen zu tun: Staatssekretär Horst Köhler, sein hierfür verantwortlicher Abteilungsleiter Gert Haller sowie Thilo Sarrazin, der den neu gebildeten Arbeitsstab „Währungsunion" des Ministeriums leitet. Alle drei sind nicht nur gute Ökonomen, sondern verfügen über erhebliche Erfahrung und gutes politisches Einfühlungsvermögen. Hinzu kommt – und das versteht sich in diesen Tagen fast von selbst –, dass man nahezu rund um die Uhr miteinander arbeiten kann.

Anders verhält es sich in dem Haus, wo ich Mitte der 1970er Jahre meinen Berufsweg begonnen und bis 1983 gearbeitet habe: dem Bundeswirtschaftsministerium. Dort ist für Grundsatzfragen der Wirtschaftspolitik – und um die geht es im Augenblick mehr als jemals zuvor – Otto Schlecht verantwortlich, Staatssekretär seit 1973, also seit immerhin 17 Jahren, was ihm den Spitznamen „der ewige Staatssekretär" eingetragen hat. Er steht kurz vor seiner Pensionierung. Von ihm erwarte nicht nur ich ebenfalls Ideen und Konzepte, wie denn das Spannungsfeld zwischen schneller Währungsunion und notwendigen wirtschaftlichen Reformen aufgelöst und in praktische Politik umgesetzt werden kann. Zu meinem und meiner Mitarbeiter Erstaunen müssen wir feststellen: Es kommt nichts. Der Mann, der in vielen Sonntagsreden eloquent über Markt, Wettbewerb und Ordnungspolitik gesprochen hat und sich selbst auch gern als „das Gewissen der Marktwirtschaft" bezeichnen lässt, bleibt in der Stunde der größten wirtschaftlichen Herausforderung unseres Landes sprachlos. Sein Minister, Helmut Haussmann, kann mangels persönlicher Fachkompetenz diese Führungslücke nicht schließen. Die politisch-ökonomische Verantwortung in Sachen Währungs- und Wirtschaftsunion übernimmt jetzt im Bundeswirtschaftsministerium der zweite Staatssekretär des Hauses, der Jurist Dieter von Würzen. Es ist dann für mich keine Überraschung mehr, dass das Finanzministerium in den folgenden Wochen und Monaten in Sachen Währungs- und Wirtschaftsunion in der Zusammenarbeit mit dem Kanzleramt die Führung übernimmt.

Zurück zur Situation Ende Januar/Anfang Februar. Aus den von Sarrazin vorgelegten Papieren wird erkennbar, dass es für eine Umstellung der Ostmark auf D-Mark im Verhältnis 1:1, wie sie im Osten zunehmend gefordert wird, durchaus gute Argumente gibt, weil zum Beispiel sowohl Löhne als auch Produktivität bei etwa einem Drittel des westdeutschen Niveaus liegen, beides also der Größenordnung nach zusammenpasst. Gleichzeitig gewinnt die politische Entwicklung zunehmend an Eigendynamik. 2.000 bis 3.000 Übersiedler von Ost nach West an jedem Tag – darüber kann man nicht einfach zur Tagesordnung übergehen. Dem muss ein Zeichen der Hoffnung gegenübergestellt werden; ein Signal, dass es sich lohnt zu bleiben, dass es für die Menschen in Ostdeutschland neue, bessere Zukunftsperspektiven gibt. Und immer mehr verbindet sich das mit dem fordernden Ruf: „Wenn die D-Mark nicht zu uns kommt, dann kommen wir zur D-Mark!"

Auf einer Klausurtagung des Bundesfinanzministeriums am 30. Januar beginnt die Neuorientierung. Dort setzt sich – auf der Basis einer sorgfältigen Analyse der wirtschaftlichen und finanziellen Fakten der DDR, die Thilo Sarrazin angefertigt hat – die Auffassung durch, dass mit Ost-Berlin über das Thema Währungsunion geredet werden muss. Auch ich selbst als fachlich Verantwortlicher im Bundeskanzleramt halte dies für richtig und informiere den Bundeskanzler entsprechend. Seine Reaktion lässt sein Gespür dafür erkennen, dass sich hier sehr schnell Handlungsbedarf aufbaut. Praktische Schritte in diese Richtung werden am 5. Februar dadurch erleichtert, dass DDR-Ministerpräsident Hans Modrow seine Regierung umbildet und acht neue Minister aus oppositionellen Gruppen und Parteien in sein Kabinett holt. Am gleichen Tag verständigt sich der Bundeskanzler mit dem Bundesfinanzminister darauf, der DDR am nächsten Tag öffentlich Gespräche über eine Währungs- und Wirtschaftsunion anzubieten. Andere Führungspersönlichkeiten der Koalition werden in den folgenden Stunden mit einbezogen.

Am 6. Februar gibt der Bundeskanzler dieses Angebot öffentlich bekannt. Die Medien sind überrascht, es ist so etwas wie eine Sensation. Auch wenn über eine mögliche Währungsunion öffentlich diskutiert wurde, so hat doch kaum jemand mit einer so zügigen Entscheidung des Bundeskanzlers gerechnet. Die ersten Reaktionen sind abwartend-positiv, das schnelle Handeln des Bundeskanzlers gibt der öffentlichen Diskussion eine neue Richtung. Aus Defensive ist in wenigen Stunden Offensive geworden – das hilft. Überrascht ist aber nicht nur die Öffentlichkeit, sondern auch Bundesbankpräsident Karl Otto Pöhl. Er befindet sich an diesem Tag zu Gesprächen mit dem Präsidenten der DDR-Staatsbank, Horst Kaminsky, in Ost-Berlin, nachdem er erst 24 Stunden zuvor von einem längeren Aufenthalt aus den USA zurückgekehrt ist und von daher wohl noch nicht genau genug über den Gang der internen Meinungsbildung in der Bonner Regierung informiert ist. Nachdem er sich in Ost-Berlin – noch in Unkenntnis der Mitteilung des Bundeskanzlers vom gleichen Tag – zunächst zurückhaltend zur Idee einer Währungsunion geäußert hat, verweist er im weiteren Verlauf des Tages auf das Primat der Politik, zumal in einer so wichtigen Angelegenheit: aus meiner Sicht ein professionell-diplomatischer Rückzug mit Nehmerqualität.

Am nächsten Tag wird das Gesprächsangebot zur Währungsunion vom Bundeskabinett förmlich beschlossen. Eingeladen sind wegen der herausragenden Bedeutung des Themas auch die Partei- und Fraktionsvorsitzenden der Koalition sowie Bundesbankpräsident Pöhl. Von Missstimmung über den gestern öffentlich zutage getretenen Mangel an Koordinierung zwischen Bundesbank und Bundesregierung ist nichts mehr zu spüren. Im Gegenteil. In der Kabinettsrunde herrscht breite Übereinstimmung zum Verhandlungsangebot des Bundeskanzlers für Gespräche über eine deutsch-deutsche Währungsunion Auch der Bundesbankpräsident stimmt zu.

Wie vor ihm schon der Bundesfinanzminister, unterstreicht Karl Otto Pöhl noch einmal, dass ihm ein stufenweises Vorgehen lieber gewesen wäre, um die Konvertibilität der Ostmark Schritt für Schritt herzustellen. Die Entwicklung sei aber darüber hinweggegangen; die Menschen in der DDR wollten jetzt die D-Mark, ohne Zwischenstufen und weitere Umwege. Dies hänge natürlich auch mit der sich deutlich verschlechternden wirtschaftlichen Lage in der DDR zusammen. Er gehe davon aus, dass Ministerpräsident Modrow in der nächsten Woche um einen Kredit nachsuchen werde, um den drohenden Staatsbankrott abzuwenden. Der Weg in eine Währungs- und Wirtschaftsunion werde natürlich auch mit Kosten verbunden sein.

In diesem Zusammenhang erinnert Pöhl an das „Notopfer Berlin" in den 1950er Jahren – eine Summe von damals 1,5 Milliarden DM pro Jahr, was heute etwa 15 Milliarden DM entspreche. Einen wohl notwendigen Finanzausgleich zugunsten Ostdeutschlands sehe er in einer „Größenordnung wie Hessen oder Niedersachsen", womit er vielleicht einen Finanzausgleich für Ostdeutschland in Höhe des Steueraufkommens eines dieser beiden Bundesländer meint. Das sei machbar. Für die Bundesbank sei von zentraler Bedeutung, dass „Beschlüsse des Zentralbankrates in der DDR von der Bundesbank selbst exekutiert werden können", damit sie ihren gesetzlichen geld- und währungspolitischen Auftrag weiterhin voll erfüllen könne.

Der Bundesbankpräsident weist auch auf die Gefahr eines Zinsanstiegs und von Bewegungen an den Devisenmärkten hin. Deswegen müsse viel stärker als bisher auf die einzigartige historische Dimension dieser Situation aufmerksam gemacht werden, damit das, was jetzt in Sachen Währungsunion vorgeschlagen worden sei, auch jenseits unserer Grenzen richtig verstanden und eingeordnet werde. Von daher halte er die bevorstehende Reise des Bundeskanzlers nach Moskau für eine sehr gute Gelegenheit, in diesem Sinn zum Verständnis der Situation beizutragen. Der Bundeskanzler stimmt Karl Otto Pöhl ausdrücklich zu.

Am Ende der Kabinettssitzung besteht allseitige Übereinstimmung, den am Vortag eingeschlagenen Weg in Richtung einer Währungs- und Wirtschaftsunion mit der DDR konsequent fortzusetzen. Der in der nächsten Woche vorgesehene Besuch von Ministerpräsident Modrow in Bonn biete eine gute Gelegenheit, die hierfür notwendigen Gespräche in Gang zu bringen. Und es gibt noch ein wichtiges Signal: die Einsetzung eines Kabinettsausschusses Deutsche Einheit unter Vorsitz des Bundeskanzlers, in dem in Zukunft alle Aktivitäten der Bundesregierung mit Bezug zur deutschen Einheit zusammengeführt werden. Das Thema Einheit gewinnt an Fahrt!

Zwischenfazit: Meine Mitarbeiter und ich und mit uns die Kollegen im Finanzministerium sind erleichtert, dass es gelungen ist, das Thema Währungs- und Wirtschaftsunion mit einem zugegebenermaßen nicht vollständig durchgeplanten „Schnellstart" innerhalb von wenigen Tagen auf einen hoffnungsvollen Weg zu bringen. Jetzt geht es darum, beim Modrow-Besuch am Dienstag kommender Woche – also in sechs Tagen – die anvisierten Gespräche über eine Währungs- und Wirtschaftsunion konkret in Gang zu setzen. Inzwischen ist der Bundeskanzler zu einem Besuch nach Moskau aufgebrochen. Mitten in unsere Vorbereitungen für den Modrow-Besuch platzt am Samstag, 10. Februar, wie eine Bombe die Nachricht, dass Gorbatschow gegenüber dem Bundeskanzler grünes Licht für den weiteren Weg zur Lösung der deutschen Frage gegeben habe. Die Deutschen müssten selbst wissen, welchen Weg sie gehen wollten, es gebe zwischen der Sowjetunion, der DDR und der Bundesrepublik über die Einheit und das Recht, sie anzustreben, keine Meinungsverschiedenheiten mehr – so Gorbatschow gegenüber dem Bundeskanzler. Diese Nachricht reißt uns im Bonner Kanzleramt – nach Momenten ungläubigen Staunens – im wahrsten Sinn des Wortes vom Stuhl. Es ist wie ein Märchen, dass nach 45 Jahren Teilung voller Irrungen und Wirrungen nun unverhofft ein glückliches Ende von alledem in greifbare Nähe rückt. Nur drei Monate nach dem Fall der Mauer scheint der Weg für die Überwindung der Teilung Deutschlands frei zu sein. Der Bundeskanzler hat es geschafft, das Unmögliche möglich zu machen. Wer hätte das für realistisch und machbar gehalten? Oder ist es doch nur ein schöner Traum, aus dem wir unversehens durch die allzu gut bekannten Ost-West-Realitäten des Kalten Krieges geweckt werden? Nein, ich renne zum Lagezentrum des Kanzleramts und bekomme die Bestätigung, dass die Nachrichten aus Moskau zutreffen, dass dieser Traum Wirklichkeit geworden ist. Vor lauter Freude umarme ich den leicht überraschten und etwas weniger erregten Diensthabenden, im Eiltempo geht es zurück zu meinen Kollegen, und wir singen mit voller Kraft: „So ein Tag, so wunderschön wie heute!"

Dieser 10. Februar 1990 in Moskau verändert eigentlich alles. Auf einmal erscheint möglich, was gestern noch illusorisch war. Vor allem die zeitlichen Perspektiven verkürzen sich dramatisch, alles kann vielleicht viel schneller gehen, als wir bisher gedacht haben. Die gestern noch ernsthaft diskutierten „konföderativen Strukturen" zwi-

47

schen beiden deutschen Staaten erscheinen überholt und weltfremd. Noch mehr als zuvor ist jetzt klar: Der nächste wichtige Meilenstein ist die Wahl zur Volkskammer der DDR am 18. März. Denn erst ein frei gewähltes Parlament der DDR kann die notwendigen Entscheidungen treffen, um das Ende der deutschen Teilung herbeizuführen. Und nur ein frei gewähltes Parlament kann eine demokratisch legitimierte Regierung damit beauftragen, die dafür notwendigen Verhandlungen zu führen, mit der Bundesrepublik ebenso wie mit den Siegermächten des Zweiten Weltkriegs.

Vor diesem Hintergrund verliert der Besuch von Ministerpräsident Modrow am 13. Februar in Bonn schlagartig an Bedeutung. Wichtige weiterführende Vereinbarungen sind mit ihm, der über keine demokratische Legitimation verfügt, nicht möglich. Auch die „Position des runden Tisches", die er mitbringt und die – wie Modrow schon zuvor geltend gemacht hat – einen gewichtigen „Solidarbeitrag" der Bundesrepublik von 10 bis 15 Milliarden DM einfordert, ist ohne ein Wählervotum zustande gekommen, kann also nicht die Grundlage für längerfristige und grundsätzliche Vereinbarungen sein. Und in gut vier Wochen gibt der Wähler in Ostdeutschland sein Votum ab, dann beginnt eine neue deutsche Zeitrechnung, zumal vor dem Hintergrund der neuen sowjetischen Position zur deutschen Frage.

Gleichwohl, eines ändert sich nicht: Die vielfältigen Fragen der angestrebten Währungs- und Wirtschaftsunion müssen in Angriff genommen werden, denn wenn die Deutschen jetzt den Weg zur Einheit selbst gestalten können, dann kann eine gemeinsame Währung Schubkraft geben. Und wenn eine Währungsunion sehr bald Wirklichkeit werden soll, dann muss dafür ein konkretes Konzept auf dem Tisch liegen, ganz abgesehen von den dann noch notwendigen praktischen Vorbereitungen, die ebenfalls Zeit in Anspruch nehmen. Diese Aufgabe ist also nach dem Öffnungssignal aus Moskau noch wichtiger geworden. Deshalb schlägt der Bundeskanzler den Beginn solcher Expertengespräche bereits für die nächste Woche vor. Die ostdeutsche Seite stimmt zu. Es bleibt das einzig greifbare Ergebnis dieses deutsch-deutschen Regierungstreffens am Rhein.

Es gibt noch einen anderen Grund, in Sachen Währungs- und Wirtschaftsunion auf das Tempo zu drücken. Bei einem zeitgleich mit dem Modrow-Besuch in Bonn stattfindenden Treffen der Außenminister der vier Siegermächte und der beiden deutschen Staaten in Ottawa wird verabredet, Gespräche über „die äußeren Aspekte der Vereinigung der beiden deutschen Staaten" aufzunehmen, und zwar unmittelbar nach den freien Wahlen in der DDR am 18. März. Dies bedeutet aus meiner Sicht, dass Fortschritte bei den deutsch-deutschen Gesprächen zur Schaffung einer Währungs- und Wirtschaftsunion wichtig sein könnten, damit es auch bei den Gesprächen zu den außenpolitischen Aspekten vorwärtsgeht. Denn beide Aspekte – der innerdeutsche und der äußere Zwei-plus-vier-Aspekt – stehen ja in einem engen Zusammenhang. Da ist es gut, wenn die beiden deutschen Staaten hinsichtlich ihrer Verhandlungen über ihr künftiges Zusammengehen wissen, was sie wollen, das Gesetz des Handelns also in der Hand behalten. Ich trage diesen Gedanken dem Bundeskanzler vor. Seine Antwort: „Das behalten wir im Auge. Und sprechen Sie darüber mit Teltschik." Letzteres überrascht mich natürlich nicht. Einmal mehr stelle ich volle Übereinstimmung mit dem außen- und sicherheitspolitischen Berater des Bundeskanzlers fest, mit dem ich ohnehin sehr eng zusammenarbeite und für den in diesen Wochen und Monaten der Tag 48 Stunden haben müsste.

Nachdem die Weichen für den baldigen Beginn der Expertengespräche zu den Fragen einer Währungs- und Wirtschaftsunion gerade gestellt worden sind, explodiert eine weitere Bombe, mit der ich nicht gerechnet habe: Im Bundeskanzleramt trifft am 14. Februar ein Brief des Sachverständigenrats zur Begutachtung der gesamtwirtschaftlichen Entwicklung ein – also der sogenannten „fünf Wirtschaftsweisen" –, in dem erhebliche Vorbehalte gegen eine schnelle Währungsunion geltend gemacht werden. Die Wirtschaftsweisen argumentieren, ähnlich wie wir selbst noch vor wenigen Tagen, dass zunächst Wirtschaftsreformen in der DDR erfolgen müssten und erst danach in einem zweiten Schritt die Währungsunion folgen könne. Ich bin mir des Risikos der möglichen öffentlichen Wirkung dieses Briefes bewusst und rufe den Vorsitzenden der Wirtschaftsweisen,

Professor Hans Karl Schneider, in Köln an. Ich erläutere ihm, dass in dieser historisch einzigartigen Situation die rein ökonomische Betrachtung allein nicht den Ausschlag geben könne. Tausende von täglichen Übersiedlern von Ost nach West und die Präsenz von 370.000 sowjetischen Soldaten auf deutschem Boden könnten von der Politik nicht ignoriert werden. Von daher gebe es wichtige politische Gründe, schnell klare politische, aber eben auch wirtschaftliche Zeichen zu setzen. Dies gelte nach der jüngsten, sensationellen Öffnung der Sowjetunion für Veränderungen in Deutschland natürlich noch mehr als vorher. Im Übrigen sei Bundesbankpräsident Pöhl zur Kabinettsentscheidung über das Gesprächsangebot für eine Währungsunion hinzugezogen worden und habe zugestimmt. Die Bundesbank werde außerdem auch an den in Kürze beginnenden Expertengesprächen mit Ost-Berlin unmittelbar beteiligt, Vizepräsident Helmut Schlesinger werde sie vertreten. All diese Punkte sorgen am anderen Ende der Telefonleitung für eine gewisse Beruhigung, ja Nachdenklichkeit. Ich versichere dem Vorsitzenden, ihn über den Fortgang der Gespräche zu informieren, und verabschiede mich. Erleichtert stellen wir in den folgenden Tagen fest, dass sich an dieser „Frontlinie" nach anfänglichem Wellenschlag wieder weitgehend Ruhe einstellt.

Die Expertengespräche zu den Fragen einer Währungs- und Wirtschaftsunion beginnen unter Leitung von Finanzminister Walter Romberg für die DDR und Finanz-Staatssekretär Horst Köhler für die Bundesrepublik am 20. Februar. Sie enden am 13. März mit einem Zwischenbericht, der alle Fragen und Themen sauber auflistet, die sich in diesem Zusammenhang stellen, aber natürlich noch ohne Lösungen. Sorgen bereiten uns, der westdeutschen Seite, nach Abschluss der Gespräche weniger die Umstellungsmodalitäten für die Einführung der D-Mark in der DDR; die damit zusammenhängenden Fragen scheinen uns lösbar. Als wesentlich schwieriger erscheint uns die Lage der DDR-Staatsfinanzen, tun sich doch im Staatshaushalt der DDR erhebliche Lücken auf. Auch die Entschlossenheit zu klaren marktwirtschaftlichen Reformen, wie sie für eine Währungs- und Wirtschaftsunion unabdingbar sind, scheint bei den Kollegen aus den ostdeutschen Ministerien nicht sonderlich ausgeprägt. Ebenso haben die Wünsche hinsichtlich der sozialen Sicherung nach unserem Eindruck noch nicht die richtige Balance mit dem finanziell Machbaren gefunden. Da wird noch ein schwieriger Weg zu gehen sein. Das Bewusstsein, welch einschneidende Veränderungen das Umsteigen von einer staatlichen Kommandowirtschaft in eine funktionierende Marktwirtschaft mit sich bringen wird, hat unsere Partner auf der östlichen Seite wohl noch nicht erreicht.

Noch etwas anderes steht am Schluss dieser Expertengespräche im Raum: Den meisten Mitgliedern der ostdeutschen Delegation ist bewusst, dass sie mit großer Wahrscheinlichkeit nach den Wahlen am 18. März nicht erneut mit ihren bisherigen Aufgaben betraut werden dürften. Für sie steht mit dem Ende dieser Gespräche auch das Ende einer ganzen Epoche unmittelbar bevor. DDR-Finanzminister Walter Romberg findet zum Abschluss einfühlsame Worte, ein Hauch von Wehmut ist spürbar, als wir den Raum im Ost-Berliner Ministerratsgebäude verlassen.

Draußen angekommen, sind alle Anflüge ambivalenter Nostalgie verflogen, es weht ein anderer Wind. Alles schaut auf die Volkskammerwahl am 18. März, dem kommenden Sonntag. Am Abend dieses 13. März jubeln Helmut Kohl bei seinem Wahlkampfauftritt in Cottbus 120.000 Menschen zu. Am nächsten Tag sind es in Leipzig 320.000, die zur Wahlkundgebung mit Helmut Kohl kommen und ihn mit Beifall überschütten. Insgesamt haben dem Bundeskanzler in den letzten Tagen und Wochen über eine Million Menschen zugehört – Zahlen, die alles in den Schatten stellen, was man aus Westdeutschland kennt und womit wir im Osten gerechnet haben. Dennoch, als am Sonntagabend die ersten Hochrechnungen über den Bildschirm laufen, werden noch einmal alle Erwartungen übertroffen – eine wirkliche Sensation: Bei einer extrem hohen Wahlbeteiligung von 93 % wird die CDU mit gut 40 % die mit Abstand stärkste Partei. Die SPD, die fest an einen Wahlsieg geglaubt hat, landet abgeschlagen bei knapp 22 %. Das von der CDU angeführte Wahlbündnis „Allianz für Deutschland" mit Lothar de Maizière an der Spitze verfehlt mit 192 von 400 Mandaten nur um Haaresbreite die absolute Mehrheit – alles in allem eine ideale Ausgangslage für die unionsgeführte Bundesregierung und für den Bundeskanzler persönlich, um den Weg für die Vereinigung der beiden deutschen Staaten weiter gestalten zu können.

Helmut Kohl verfolgt ab 7 Uhr abends in seinem Arbeitszimmer im Bonner Kanzleramt die laufenden Hochrechnungen. Die Ergebnisse sind ein überragender persönlicher Triumph für ihn. Er bleibt ruhig an seinem Schreibtisch sitzen und macht sich Notizen für die später am Abend folgende, live im Fernsehen übertragene Runde der Parteivorsitzenden. Als auch die geschafft ist, wird gefeiert, wie üblich beim Italiener. Es gibt Champagner – zu Recht.

Erfolge haben viele angenehme Seiten, bringen aber auch die Erwartung mit sich, dass weitere Erfolge folgen. Damit das auch jetzt geschieht, gibt es bereits vier Tage später, am 22. März, ein hochrangiges Strategiegespräch im Kanzlerbungalow. Eingeladen hat der Bundeskanzler die Kabinettsmitglieder sowie die Spitze der Bundesbank: Karl Otto Pöhl und Helmut Schlesinger. Diskutiert werden unter anderem mögliche Umstellungsmodalitäten für die Einführung der D-Mark in der DDR. Nachdem während des gerade zu Ende gegangenen Wahlkampfes die allgemeine öffentliche Erwartung eines 1:1-Umtauschs, zumindest im Blick auf Löhne, Gehälter, Mieten und andere laufende Zahlungen, mehr als deutlich geworden ist, tritt nun die Bundesbankführung erwartungsgemäß auf die Bremse. Sie votiert für eine Umstellung 2:1 und begründet dies vor allem mit der deutlich geringeren Leistungsfähigkeit der ostdeutschen Wirtschaft. Wirtschaftsminister Helmut Haussmann unterstützt diese Position mit Verweis auf die geringe internationale Wettbewerbsfähigkeit der Industrie in der DDR. Arbeitsminister Norbert Blüm hält dagegen und unterstreicht, dass der niedrigen Ost-Produktivität auch entsprechend niedrige Ost-Löhne gegenüberstehen. Im Übrigen würde man bei einer 2:1-Umstellung der Löhne bei einem Nettodurchschnitt von knapp 500 DM landen, das heißt auf Sozialhilfeniveau – ein handfester Anreiz für eine baldige Übersiedlung nach Westdeutschland. Helmut Schlesinger stellt diese Zahlen in Frage und präsentiert unter Einbeziehung von Sozialversicherungsbeiträgen und zu erwartenden Lohnsteigerungen deutlich höhere Lohnzahlen.

Fazit: Der Bundeskanzler gibt den Auftrag, die genannten Zahlen für das nächste Gespräch zu überprüfen. Abschließend macht Pöhl noch einmal deutlich, dass die Bundesbank die Umstellung von DDR-Mark auf D-Mark in der DDR auf jeden Fall in eigener Regie und mit eigenen Leuten durchführen wolle. Alles andere sei mit ihrer Verantwortung zur Gewährleistung der DM-Stabilität nicht vereinbar.

Nach Ende der Gesprächsrunde bleibe ich noch, um mit dem Bundeskanzler die nächsten Schritte zu besprechen. Dabei macht der Bundeskanzler klar, für wie wichtig er die Einbindung der Bundesbank in die weiteren Gespräche und Verhandlungen halte. Gleichzeitig müsse es aber gelingen, den politischen Realitäten ausreichend Rechnung zu tragen. Die gerade geführte Diskussion zu den Umtauschmodalitäten habe einmal mehr gezeigt, dass wir hier noch einiges an Arbeit vor uns hätten. Ich solle mich darum kümmern.

Wie Recht der Bundeskanzler mit seiner Einschätzung hat, zeigt sich bereits eine Woche später. Der Zentralbankrat der Deutschen Bundesbank beschließt am 29. März eine Stellungnahme zur beabsichtigten Währungsunion. Darin votiert er dafür, „alle Schuldverhältnisse [gemeint sind Sparguthaben, Kredite etc.] im Verhältnis 2 Mark der DDR zu 1 D-Mark umzustellen". Ausgenommen werden sollen Bankguthaben natürlicher Personen bis zu 2.000 Mark je Einwohner, für die eine Umstellung von 1:1 gelten soll. Diese als vertrauliche Stellungnahme für die Bundesregierung gedachte Empfehlung findet natürlich irgendwie ihren Weg in die Medien und löst vor allem in Ostdeutschland heftige Reaktionen aus. Das ist auch nicht verwunderlich, da sich im Verlauf des Volkskammerwahlkampfs alle Parteien auf eine 1:1-Umtauschrelation zubewegt haben, ohne genauer festzulegen, ob sich diese nun auf Löhne, Gehälter, Renten und Mieten, also laufende Zahlungen, oder auf Geldbestände wie Sparguthaben und Kredite oder auf beides beziehen soll. Wie auch immer, der Bundeskanzler ist nicht gerade begeistert über diesen unerbetenen Ratschlag aus Frankfurt, zieht daraus aber den auch aus meiner Sicht einzig richtigen Schluss, an der Einbindung der Bundesbank in die bevorstehenden Verhandlungen mit der DDR konsequent festzuhalten. Die Verhandlungen könnten am Ende nur erfolgreich sein, wenn die Bundesbank das Ergebnis mittrage, zumal sie ja die unmittelbare Verantwortung für die praktische Seite des Währungsumtausches trage.

Vor diesem Hintergrund spricht es für sich selbst, dass sich Bundeskanzler und Bundesfinanzminister darauf verständigen, Hans

53

Tietmeyer – erst seit Jahresanfang Mitglied des Bundesbankdirektoriums und zuvor langjähriger Staatssekretär im Bundesfinanzministerium – zu bitten, bei den bevorstehenden Verhandlungen über die Währungs- und Wirtschaftsunion die Leitung der westdeutschen Delegation zu übernehmen. Der Zentralbankrat stimmt einem entsprechenden Vorschlag seines Präsidenten Pöhl für eine Freistellung Tietmeyers für diese besondere Aufgabe zu und stützt sich dabei auf den im Bundesbankgesetz vorgesehenen Beratungsauftrag der Bundesbank gegenüber der Bundesregierung. Diese Personalie findet nicht nur deswegen allenthalben Unterstützung, weil die hervorragende Qualifikation Tietmeyers für diese Aufgabe außer Frage steht. Sie ist auch ein genialer Schachzug, um die Bundesbank bei den bald beginnenden Verhandlungen im Boot zu halten. Tietmeyer selbst weiß um diese Sollbruchstelle und bittet Bundesbank-Vizepräsident Helmut Schlesinger, der bereits bei den vorangegangenen Expertengesprächen mit dabei gewesen ist, bei den jetzt anstehenden Verhandlungen ebenfalls die Bundesbank zu vertreten. Dieser stimmt mit Rückendeckung seines Präsidenten und des Zentralbankrats zu: eine wichtige Vorbedingung für den späteren Erfolg.

Alle warten jetzt auf die Bildung der neuen DDR-Regierung, damit die eigentlichen Verhandlungen zur Währungs- und Wirtschaftsunion schnell beginnen können. Die hierfür notwendigen politischen Abstimmungen in Ost-Berlin nehmen dann aber doch mehr Zeit in Anspruch als zunächst gedacht, da die Sozialdemokraten mit in die Regierung einbezogen werden sollen – ein Partner, der nach einer so gravierenden, unerwarteten Niederlage nicht einfacher geworden ist und der unter besonderem Druck der Schwesterpartei im Westen steht, die in der Vorschau auf die Bundestagswahl Ende des Jahres ihre Felle wegschwimmen sieht.

Parallel dazu gehen in Bonn die Vorbereitungen zügig weiter – mit einer kurzen Unterbrechung: Am. 3. April feiert der Bundeskanzler seinen sechzigsten Geburtstag. In der morgendlichen Lagebesprechung beim Bundeskanzler, genannt „Kanzler-Lage", ist die Stimmung heiter und fröhlich, es gibt ein Glas Sekt. In der Mittagszeit organisiert die CDU den offiziellen Geburtstagsempfang. Abends hat der Kanzler einige Freunde, politische Weggefährten und seine engsten Mitarbeiter zum Abendessen in den Bungalow eingeladen. Sein Sohn Walter findet bewegende Worte. Überhaupt wird bei dieser Gelegenheit einmal mehr erkennbar, wie eng das Verhältnis zwischen Helmut Kohl, seiner Frau Hannelore und seinen beiden Söhnen Walter und Peter ist. Gerd Bacher, langjähriger Intendant des Österreichischen Rundfunks ORF, unternimmt den Versuch, mit viel Humor und österreichischer Mundart herauszufinden, wie und warum es Helmut Kohl so weit gebracht hat. Das geht aus meiner Sicht in diesen Tagen auch einfacher: Wenn man miterlebt, wie der Kanzler die Vereinigung der beiden Teile Deutschlands, zugleich die Überwindung der Teilung Europas, Schritt für Schritt der Wirklichkeit näher bringt, dann beantwortet sich Bachers eher rhetorische Frage ganz von allein.

Am 4. April berichtet der Bundesfinanzminister im Bundeskabinett über die laufenden Arbeiten an einem ersten Vertragsentwurf für die Währungs- und Wirtschaftsunion, die noch in dieser Woche, in jedem Fall aber vor Ostern abgeschlossen werden sollen. Der Bundeskanzler macht ferner klar, dass zumindest die Verhandlungen über die Währungsunion beziehungsweise über die Umtauschmodalitäten bis zum 1. Mai abgeschlossen werden sollen, damit vor den Kommunalwahlen in der DDR am 6. Mai konkrete Ergebnisse vorliegen. Und der Bundeskanzler geht mit gutem Beispiel voran: Bereits am nächsten Morgen bespricht er mit Finanzminister Waigel, Bundesbank-Vizepräsident Schlesinger und den zuständigen Staatssekretären Zeitplan und Inhalt der in den nächsten Tagen anliegenden Arbeit. Dazu gehört es auch, maßgebliche Politiker im Bundestag, in den Ländern sowie bei der Europäischen Kommission in Brüssel zu informieren und sich mit ihnen abzustimmen.

In diesem Zusammenhang erhalten Hans Tietmeyer und ich den Auftrag, den Präsidenten der Kommission, Jacques Delors, ausführlich über den Stand der Dinge zu unterrichten. Wir tun das am 9. April und treffen in der 13. Etage des Berlaymont-Gebäudes in Brüssel einen offenen, freundlichen Kommissionschef, der sich bereits gut informiert zeigt und uns den klaren Eindruck vermittelt, dass er alles tun wird, um den deutschen Einigungsprozess zu erleichtern. Dabei spielt vielleicht auch eine Rolle, dass er nicht vergessen hat, wie sehr ihn der Bundeskanzler zuvor bei wichtigen Reformvorhaben wie dem Delors-Paket und der Einheitlichen Europäischen Akte unterstützt hat. Für mich kommt noch hinzu, dass ich Jacques Delors nicht zum ersten Mal treffe. Er war als Professor der Leiter meines Hauptseminars gewesen, als ich 1974 an der École Nationale d'Administration (ENA) in Paris studierte. Schon damals war mir sein ausgesprochenes Interesse an der wirtschaftlichen und sozialen Entwicklung in Deutschland aufgefallen. Als wir uns verabschieden wollen, begleitet uns der Präsident – zum Erstaunen der Damen seines Büros – bis zum Fahrstuhl und trägt uns persönliche Grüße an den Bundeskanzler auf. Er wünscht uns „bonne chance" auf unserem Weg zur Wiedervereinigung. In seiner Stimme schwingt die selbstverständliche Erwartung mit, dass wir – die Deutschen – dieses Ziel auch erreichen werden. In den folgenden Jahren haben wir dann noch häufiger Gelegenheit, unsere Kontakte zu vertiefen.

Endlich, am 12. April, also kurz vor Ostern, wird Lothar de Maizière nach schwierigen Koalitionsverhandlungen zum Ministerpräsidenten der DDR gewählt. Unmittelbar nach Ostern laufen in Bonn die Gespräche zu allen Aspekten und Fragen einer Währungs- und Wirtschaftsunion auf Hochtouren. Am Sonntag, dem 22. April, will der Bundeskanzler in einem weiteren Spitzengespräch eine Zwischenbilanz unserer Vorarbeiten ziehen.

An diesem Sonntagabend hat der Bundeskanzler die mit der Währungs- und Wirtschaftsunion befassten Bundesminister und Staatssekretäre sowie Bundesbankpräsident Pöhl, Vizepräsident Schlesinger und Hans Tietmeyer in den Kleinen Kabinettsaal des Kanzleramtes gebeten. Es geht darum, die Linie für die am 25. April beginnenden Verhandlungen festzulegen. Der Bundeskanzler und Außenminister Hans-Dietrich Genscher beschreiben das außenpolitische Umfeld. Sowohl in der Sowjetunion als auch in der DDR verschlechtere sich die wirtschaftliche Situation. Der Druck, Lösungen zu finden, nehme zu. Der Bundeskanzler unterstreicht noch einmal den bestehenden Zeitdruck und die Notwendigkeit, verabredete Zeitpläne einzuhalten. Das müsse auch in Ost-Berlin verstanden werden. „Notfalls muss der Karren in Ost-Berlin vor die Tür gestellt werden."

Hans Tietmeyer erläutert den Stand der Vorbereitungen, Theo Waigel ergänzt Zahlen zum erwarteten Finanzbedarf und seiner Finanzierung. Der Bundeskanzler betont noch einmal, dass Steuererhöhungen in diesem Zusammenhang nicht in Frage kommen – ein Hinweis, gegen den sich kein Widerspruch erhebt. Zu den Umtauschmodalitäten stellt der Bundesbankpräsident klar, dass die Stellungnahme der Bundesbank (mit dem Votum für eine Umstellung der „Schuldverhältnisse" im Verhältnis 2:1) von Ende März eben nur eine „Empfehlung" gewesen sei, die Entscheidung hierzu liege selbstverständlich bei der Bundesregierung. Der Bundeskanzler fasst die sich anschließende ausführliche Diskussion so zusammen, dass Löhne und Gehälter grundsätzlich 1:1 umgestellt würden, bei den Sparkonten gelte dies für begrenzte Beträge, beispielsweise 4.000 DM pro Person. Für alles, was darüber hinausgehe, gelte 2:1. Gesprochen wird auch über die Lage in der Sowjetunion, wo die wirtschaftliche Situation Anlass zu großer Sorge gebe. Einigkeit besteht über die deutsche Bereitschaft zu helfen, auch mit Kreditbürgschaften. Dies müsse aber immer in einem engen Zusammenhang mit der dortigen Haltung zur Herstellung der deutschen Einheit gesehen und beurteilt werden. Die Runde endet kurz vor Mitternacht. Nach intensiver Diskussion sind damit erste Grundentscheidungen getroffen worden – noch dazu einvernehmlich. Ich bin sehr erleichtert. Das gibt Rückenwind für die weitere Arbeit.

Am 25. April beginnen die eigentlichen Vertragsverhandlungen. Die westdeutsche Delegation besteht neben ihrem Leiter, Hans Tietmeyer, aus den Staatssekretären Horst Köhler und Peter Klemm, begleitet und unterstützt von Thilo Sarrazin (Finanzen), Dieter von Würzen (Wirtschaft), Bernhard Jagoda (Arbeit und Soziales) sowie Vizepräsident Helmut Schlesinger (Deutsche Bundesbank). Ich vertrete das Bundeskanzleramt. Je nach Thema der Gespräche kommen andere Staatssekretäre hinzu, zum Beispiel Klaus Kinkel (Justiz), Hans Werner Lautenschlager (Auswärtiges Amt) und Walter Kittel (Landwirtschaft). Auf der ostdeutschen Seite verhandeln unter der Leitung von Staatssekretär Günther Krause die Staatssekretäre Walter Siegert (Finanzen), Siegfried Wenzel und Peter Grabley (Wirtschaft), Alwin Ziel (Arbeit und Soziales) sowie Wolfried Stoll (Vizepräsident der DDR-Staatsbank). Beide Delegationen treffen sich im Ost-Berliner Amt des Ministerpräsidenten. Lothar de Maizière lässt es sich nicht nehmen, die Gespräche selbst zu eröffnen. Er unterstreicht den Willen der DDR, auf die Einheit Deutschlands zuzugehen, ohne dass dabei die jeweils unterschiedliche Vergangenheit aus dem Blick geraten dürfe. Dann soll es losgehen. Doch leider ist eine in Bonn vorbereitete und rechtzeitig nach Ost-Berlin übermittelte Skizze für eine Vertragsstruktur offensichtlich zu spät an die Mitglieder der ostdeutschen Verhandlungsdelegation weitergereicht worden, so dass es zunächst bei einem allgemeinen Gedankenaustausch bleiben muss.

Bereits zwei Tage später werden die Verhandlungen – wieder in Ost-Berlin – mit einem ersten Durchgang durch alle wichtigen Punkte des angestrebten Vertrags fortgesetzt. Zu einigen Punkten, wie zum Beispiel der Erweiterung der „Währungs- und Wirtschaftsunion" um die „Sozialunion", wird schnell Einvernehmen erzielt, wobei sich allerdings sehr bald herausstellt, dass die Vorstellungen der Kollegen aus dem DDR-Sozialministerium über den Umfang der „Wohltaten" der beabsichtigten „Sozialunion" unsere eigene Vorstellungskraft gelegentlich auf eine harte Probe stellen. Andere Fragen und Begriffe, wie zum Beispiel „Gemeineigentum", sollten uns noch allerhand Stoff für längere kontroverse Diskussionen liefern.

Richtig spannend wird es am Montag, den 30. April. Wir treffen uns zur dritten, diesmal zweitägigen Verhandlungsrunde im Kleinen Kabinettsaal des Bonner Kanzleramtes. Dabei werden etwa Fragen nach dem Erwerb von Grund und Boden und nach dem Stellenwert des Privateigentums in einer Sozialen Marktwirtschaft, nach Regelungen für die Arbeits-, Rechts- und Sozialordnung sowie nach Lösungen für die Einführung der neuen Spielregeln der europäischen Agrarpolitik in der ostdeutschen Landwirtschaft behandelt. Vor allem geht es jetzt jedoch um die Umstellungsmodalitäten zur Herstellung der Währungsunion, nachdem der Zeitpunkt für die Umstellung, der 1. Juli 1990 (also noch mit genügend Zeit für die praktische Vorbereitung, aber vor Beginn der Sommerpause), bereits seit einiger Zeit unstreitig ist. Angesichts der vielfältigen öffentlichen Spekulationen über mögliche Umstellungskurse und der damit einhergehenden Unsicherheit in der ostdeutschen Bevölkerung hat der politische Druck, bald zu einvernehmlichen Lösungen zu kommen, erheblich zugenommen. Der Bundeskanzler hat Hans Tietmeyer und mir noch einmal mit auf den Weg gegeben, dass in diesem Punkt in jedem Fall vor den am 6. Mai, also am Ende der gerade begonnenen Woche, stattfindenden Kommunalwahlen in der DDR Klarheit geschaffen werden müsse.

Gesprochen wird darüber im kleinen Kreis am Rande der Verhandlungen, vor allem in der Nacht vom 30. April auf den 1. Mai. Auf bundesdeutscher Seite haben wir uns bereits am Sonntag sehr gründlich auf diese Diskussion vorbereitet, wobei noch einmal das Für und Wider der Umstellung von Löhnen, Gehältern, Sparkonten, Schulden etc. im Verhältnis 1:1 oder 2:1 sowohl unter wirtschaftlichen wie unter politischen Gesichtspunkten erörtert wurde. Tietmeyer und ich haben dann unsere westdeutschen Überlegungen noch am gleichen Abend in ein Papier übertragen – die Basis für die spätere Zwölf-Punkte-Erklärung.

Am Montagabend stellt Krause in unseren Verhandlungen klar, dass alle laufenden Zahlungen wie Löhne und Gehälter mit 1:1 umgestellt werden müssen. Dies sei unverzichtbar, alles andere sei den Menschen in der DDR nicht zumutbar. Zu den laufenden Zahlungen gehören natürlich auch die Renten. Deswegen wird grundsätzlich vereinbart, das Rentensystem Ost an das Rentensystem West anzupassen, zugleich gibt es eine Härteklausel für besonders niedrige Renten. Im Blick auf Geldbestände wie Kontoguthaben lässt Krause erkennen, dass eine allgemeine 2:1-Umstellung möglicherweise denkbar sei, wenn wir für bestimmte Pro-Kopf-Beträge 1:1 akzeptieren würden, wobei diese Pro-Kopf-Beträge je nach Lebensalter unterschiedlich festgelegt werden sollten. Für diese Umstellungsverluste bei den Kontoguthaben fordert Krause als Ausgleich, „dass den Sparern zu einem späteren Zeitpunkt für den bei der Umstellung 2:1 reduzierten Betrag ein verbrieftes Anteilsrecht am volkseigenen Vermögen eingeräumt werden kann". Das können wir auf der westdeutschen Seite so nicht akzeptieren, weil wir erhebliche Milliardenkosten für die Sanierung ebendieses „Volksvermögens" erwarten, die zuallererst – soweit Werte und Erträge des Volksvermögens dies hergeben – aus ebendiesem

Volksvermögen zu finanzieren wären. Die jeweiligen Argumente wandern des Längeren über den Verhandlungstisch hin und her – am Ende akzeptieren wir die von Krause geforderten „verbrieften Anteilsrechte am Volksvermögen", allerdings mit der gewichtigen Einschränkung „nach seiner vorrangigen Nutzung für die Strukturanpassung der volkseigenen Unternehmen und für die Sanierung des Staatshaushalts (der DDR)". Dass die volkseigenen Betriebe später keine Erträge abwerfen, sondern stattdessen Milliarden-Sanierungsaufwendungen benötigen, die damals so umkämpfte Verhandlungsklausel über „verbriefte Anteilsrechte am Volksvermögen" also nie zum Tragen kam, gehört zu den bemerkenswerten Fußnoten der Wiedervereinigung.

Inzwischen ist es etwa ein Uhr nachts, was durchaus zu dem gerade begonnenen 1. Mai, dem Tag der Arbeit, passt. Zum Glück gibt es im Kanzleramt noch belegte Brötchen und etwas zu trinken (allerdings nur Mineralwasser und Apfelsaft), beides entdecke ich in der mir bekannten kleinen Küche des „Kanzlerbaus". Offensichtlich hat ein dienstbarer Geist geahnt, dass es länger dauern und Nachschub an Nahrungsmitteln gebraucht werden könnte. Zusammen mit der kühlen Nachtluft, die durch die geöffneten Fenster aus dem weiten Park des Kanzleramtes vom Rhein hereinweht, versetzt diese Stärkung Tietmeyer und mich in die Lage, das Ergebnis der Verhandlungen noch in der Nacht in unser Zwölf-Punkte-Papier einzuarbeiten. Am nächsten Vormittag unterrichte ich den Bundeskanzler telefonisch über den Stand der Dinge: Er ist mit dem Ergebnis sehr zufrieden. Am Abend treffen Tietmeyer und ich den Bundeskanzler zur Vorbereitung des gleich beginnenden Koalitionsgesprächs, in dem es um die Zustimmung von Regierung, Koalition und Bundesbank zum jetzt ausverhandelten Kern der Währungsunion geht.

Das Koalitionsgespräch nimmt nur wenig Zeit in Anspruch. Hans Tietmeyer unterrichtet die Runde über die Einzelheiten der Umtauschmodalitäten. Der vorbereitete Entwurf der Zwölf-Punkte-Erklärung wird verteilt – und findet allgemeine Unterstützung. Sie soll, nach Zustimmung der Regierung in Ost-Berlin, morgen, am Nachmittag des 2. Mai, zeitgleich in Bonn und Ost-Berlin der Presse vorgestellt werden. Der Bundeskanzler beendet das Treffen mit einem ausdrücklichen Dank an alle, die an der Vorbereitung dieser

Verständigung mitgearbeitet haben. Immerhin handele es sich hier um das Kernstück der Währungs- und Wirtschaftsunion, das nun rechtzeitig vor den DDR-Kommunalwahlen Berechenbarkeit und Verlässlichkeit im Blick auf die kommende Währungsunion schaffe. „Das ist ein sehr gutes Ergebnis." Tietmeyer unterrichtet noch am späten Abend telefonisch Günther Krause in Ost-Berlin. Am nächsten Morgen werden die zwölf Punkte im dortigen Kabinett beraten und finden ebenfalls grundsätzliche Zustimmung. Einzelne zusätzliche Formulierungswünsche aus Ost-Berlin werden telefonisch mit uns abgestimmt. Am gleichen Nachmittag stellen Rudi Seiters und Hans Tietmeyer die Zwölf-Punkte-Erklärung in Bonn der Presse vor. Ähnlich wie am 6. Februar, als die Bundesregierung ihr Angebot an die DDR zu Gesprächen über eine Währungs- und Wirtschaftsunion bekanntgab, ist die Überraschung fast perfekt. Natürlich war bekannt, dass über das sensible Thema der Umstellungsmodalitäten zwischen Ost-Berlin und Bonn Gespräche liefen, kaum jemand aber hatte zu diesem Zeitpunkt bereits mit einer Einigung gerechnet. So sind die Reaktionen immerhin verhalten positiv – aus meiner Sicht ein beachtliches Ergebnis, wenn man bedenkt, wie schwer sich Journalisten hierzulande damit tun, das Handeln der Regierenden gelegentlich auch einmal positiv zu würdigen.

Während in Bonn und Ost-Berlin die Einzelheiten der deutsch-deutschen Währungsumstellung kurz vor der Veröffentlichung stehen, bin ich mit dem Bundeskanzler schon auf dem Weg nach Hannover zur Eröffnung der Industriemesse, der weltweit größten ihrer Art. Der Bundeskanzler spricht zu den Spitzenvertretern bedeutender Unternehmen aus aller Welt über die neuen Chancen für das Zusammenrücken von Ost- und Westeuropa und die Möglichkeiten, die sich daraus insbesondere für die deutsche, aber auch für die internationale Wirtschaft ergeben. Dabei helfen die hervorragenden Wirtschaftsdaten, mit denen Deutschland aufwarten kann: starkes Wachstum, dynamische Investitionen, binnen Jahresfrist eine halbe Million neue, zusätzliche Arbeitsplätze – und das alles bei hoher Preisstabilität und nahezu ausgeglichenen Staatsfinanzen. Das ist eine ideale Ausgangslage, um das Ziel einer Währungs-, Wirtschafts-

und Sozialunion in ganz Deutschland in Angriff zu nehmen. Wir sind auf einem guten Weg, die Teilung Deutschlands und damit auch die Teilung Europas zu überwinden. Der Bundeskanzler verweist auf die heute abschließend erreichte Verständigung über die Umtauschmodalitäten für die Währungsunion, die am 1. Juli eine neue Realität in der Mitte Europas schaffen wird. Alle sind eingeladen, an diesem wirtschaftlichen Neubeginn im Herzen Europas mitzuwirken. Der lang anhaltende Beifall, die erwartungsvoll-gespannte Stimmung der über 1.000 Teilnehmer der Eröffnungsveranstaltung und die sich anschließenden Gespräche zeigen, dass die Botschaft des Kanzlers angekommen ist. Bei seinem Messe-Rundgang begrüßt der Bundeskanzler insbesondere auch Aussteller aus der DDR, die erstmals in Hannover mit dabei sein können. Einer von ihnen fragt ihn, ob die Wiedervereinigung bald komme. Die Antwort des Kanzlers: „Der Zug fährt, es geht schneller, als wir denken."

Auf dem Rückflug nach Bonn frage ich den Bundeskanzler, wie er die weitere Entwicklung einschätzt. Er antwortet nicht sofort, weil er es eigentlich vorzieht, solche Flugreisen für Ruhepausen zu nutzen, das heißt, die Füße auf den Sitz ihm gegenüber zu legen und die Augen zu schließen. Nachdem ich meine Frage schon abgeschrieben habe, öffnet er unerwartet die Augen und sagt mit nachdenklicher Stimme: „Der 1. Juli [der Tag der Währungsumstellung in der DDR] wird nicht einfach. Es gibt unendlich viele Hoffnungen in der DDR, aber es gibt dort nach vierzig Jahren Sozialismus auch unendlich viel zu tun. Und in Westdeutschland gibt es viele, die sich freuen, aber auch viele, die in ihrem gewohnten Alltag nicht gestört werden wollen. Richtig ist, schmerzhafte Anpassungen in der ostdeutschen Wirtschaft sind unvermeidlich, aber ich denke, wir können diese riesige Herausforderung bestehen. Wir haben alle Voraussetzungen, dass wir es schaffen, wenn wir es wirklich wollen."

Als wir aus dem Flugzeug steigen, gibt mir der Bundeskanzler sein Redemanuskript zurück. Ich lese, was er wenige Minuten zuvor darauf vermerkt hat: „Ludewig, die Zeitplanung für Hannover war wieder einmal so, dass sie nicht funktionieren konnte. Lernen Sie und Ihre Leute das denn nie?" Da weiß ich, dass sich der Bundeskanzler während des Flugs sehr gut erholt hat. Im Hubschrauber, der uns in wenigen Minuten vom Flughafen Köln/Bonn ins Kanzleramt bringt, studiert er seinen ihn immer begleitenden und mit Bleistift von ihm selbst geführten BASF-Terminkalender. Als wir aussteigen, ruft er mir zu: „Heute Abend, 19 Uhr im Bungalow. Ich will noch einmal über den 1. Juli sprechen."

4. Kapitel

Fast-Stolperstein:
offene Vermögensfragen und Alteigentümer

Als am 18. Mai 1990 das Ringen um die Wirtschafts-, Währungs- und Sozialunion beendet ist, ist ein wichtiges Thema trotz aller zwischenzeitlichen Anläufe unerledigt geblieben: die offenen Vermögensfragen. Zu weit sind die grundsätzlichen Positionen – Schutz des Eigentums aus westlicher Sicht, Wahrung des Rechtsfriedens in der östlichen Betrachtung – voneinander entfernt, als dass sich in den lediglich drei Verhandlungswochen für beide Seiten akzeptable Lösungen hätten finden lassen.

Bei einem Treffen beider Seiten am 8. Juni in Ost-Berlin – Ministerpräsident de Maizière, Staatssekretär Krause und einige enge Mitarbeiter auf der einen Seite, die Bundesminister Seiters und Schäuble sowie Graf Lambsdorff, Staatssekretär Kinkel und Ludewig auf der anderen – werden die gegensätzlichen Positionen noch einmal auf den Punkt gebracht. Lothar de Maizière macht klar, dass die bestehenden Besitzverhältnisse Vorrang haben müssen. Nicht das Eigentum als solches sei der entscheidende Punkt, sondern die Wahrung des Rechtsfriedens. In dieser Beziehung gebe es in der Ost-Berliner Koalition eine völlig einhellige Meinung. Dies gelte auch für die Nicht-Rückgängigmachung der Enteignungen in der sowjetischen Besatzungszeit von 1945 bis 1949 – eine Position, die nicht verhandelbar sei und die rechtlich wie politisch abgesichert werden müsse. „Ein Zur-Kenntnis-Nehmen reicht nicht! Wir brauchen eine Verfassungsgarantie!"

Auf westdeutscher Seite weisen Seiters und mit besonderem Nachdruck Graf Lambsdorff auf die zentrale Bedeutung des Eigentumsschutzes hin – ein Thema, das nicht nur verfassungsrechtlich von sehr großer Wichtigkeit sei, sondern auch im Blick auf zukünftige Investitionen zur Modernisierung der ostdeutschen Wirtschaft. In diesem Zusammenhang könnten die Enteignungen von 1945 bis 1949 nicht einfach abgehakt werden, da es für eine solche Sonderbehandlung keinerlei sachliche Rechtfertigung gebe. Kinkel ergänzt, dass in der Bonner Koalition ein sehr enger Zusammenhang mit der für den 22./23. Juni vorgesehenen Ratifizierung des Staatsvertrags über die Wirtschafts-, Währungs- und Sozialunion in Bundestag und Bundesrat gesehen werde und dass daher zu diesem Zeitpunkt klare Aussagen zur Regelung der offenen Vermögensfragen notwendig seien. Zwischen beidem – Staatsvertrag und offenen Vermögensfragen – bestehe eine sehr enge inhaltliche Verbindung, die nicht ignoriert werden dürfe.

Es bleibt bei dem Austausch der gegensätzlichen Positionen, Annäherungen werden nicht erreicht.

Zurück in Bonn analysieren wir die Situation innerhalb der Bundesregierung. Kein Zweifel, es handelt sich (von der Grundentscheidung für eine deutsch-deutsche Währungsunion einmal abgesehen) um die schwierigste Einzelfrage im Blick auf das Ziel der Wiedervereinigung. Das Recht auf Eigentum und dessen Schutz gehören für uns im Westen zu den Eckpfeilern einer freiheitlichen Wirtschafts- und Gesellschaftsordnung. Von daher ist die Rückgabe von aus westlicher Sicht widerrechtlich enteignetem Eigentum unverzichtbar – ein Grundsatz, der natürlich auch für die Zeit von 1945 bis 1949 gilt, als, vor Gründung der DDR, die Sowjetunion als Besatzungsmacht die Verhältnisse in Ostdeutschland durch eigene Rechtsakte unmittelbar regelte und grundlegend veränderte. Dem steht (wie wir aus einer Vielzahl von Gesprächen wissen) entgegen, dass es, ganz unabhängig von der Position der Sowjetunion in dieser Frage, in allen Parteien, die nach den freien Wahlen am 18. März in der Volkskammer vertreten sind, von der CDU bis zur PDS, ganz offensichtlich eine sehr große Mehrheit gibt, die keine Rückgängigmachung der sogenannten Bodenreform durch die sowjetische Besatzungsmacht zulassen will. Man wolle „keine Rückkehr zu den Junker-Verhältnissen von vor 1945" – dies ist die Standardformel, auf die es in allen diesbezüglichen Gesprächen immer wieder hinausläuft. Man spürt dabei, dass hier tief verwurzelte emotionale Wertungen und Einschätzungen ausschlaggebend sind, gegen die nüchterne Sachargumente erfahrungsgemäß nur begrenzte Wirkung entfalten.

Etwas anderes kommt hinzu: Eine ganze Reihe ehemaliger Eigentümer großer Güter in Ostdeutschland meldet sich im Frühjahr 1990 lautstark öffentlich mit Erklärungen zu Wort, dass ihre früheren Ländereien in Kürze wieder ihnen gehören würden. Dies löst bei denen, die heute auf diesen Flächen wohnen und arbeiten, offensichtlich alles andere als Begeisterung aus. Besonders tut sich dabei Franz Fürst von Putbus hervor, dessen Vater, Malte von Putbus – Großgrundbesitzer auf der Insel Rügen –, 1944 von den Nationalsozialisten verhaftet und im Folgejahr im KZ umgebracht wurde. Enteignet wurde seine Familie allerdings nicht von den Nationalsozialisten, sondern erst von der sowjetischen Besatzungsmacht – eine Rechtslage, die den Nachkommen bei Fortbestand der Bodenreform keinen Anspruch auf Rückgabe in Aussicht stellte. Diese besondere Situation macht die persönliche Betroffenheit des Sohnes durchaus verständlich. Richtig ist aber auch, dass seine und andere „verbale Besitzergreifungen" ehemaliger Eigentümer von großflächigem Besitz in Ostdeutschland Wasser auf die Mühlen derer sind, die diesen Bestrebungen schon aus politisch-ideologischen Gründen ablehnend gegenüberstehen. Niemand hat nach meinen Beobachtungen der Gruppe der „Alteigentümer", also der zwischen 1945 und 1949 Enteigneten, so sehr geschadet wie Herr von Putbus & Co. Alle, mit denen man vielleicht noch über Rechtsstaatlichkeit und Eigentum hätte reden können, sehen sich nun in ihren Gefühlen und Befürchtungen voll bestätigt – mit dem Ergebnis, dass eine Rückabwicklung der Bodenreform 1945–49 politisch mehr und mehr „nicht machbar" wird. Diese im wahrsten Sinn des Wortes „durchschlagende Wirkung" ist in den Gesprächen mit Vertretern der DDR-Regierung und Abgeordneten der Volkskammer mit Händen zu greifen.

Der Vollständigkeit halber ist zu ergänzen, dass es auch positive Gegenbeispiele gegeben hat. So erkennt Hermann Graf Pückler, dessen Familie bei Kriegsende vor den sowjetischen Truppen nach Bayern geflohen war, im Frühjahr 1990, dass es in Ostdeutschland keine Akzeptanz für die Rückabwicklung der Bodenreform gibt, weder in der Bevölkerung noch in der Politik. Auch wenn er diese Rechtsposition nicht teilt, setzt er auf Zusammenarbeit mit den Bewohnern im Umfeld seines ehemaligen Besitzes in der Nähe von Cottbus und unterstützt die Instandsetzung des Pücklerschen Parks, des Schlosses und der dazugehörigen Gebäude. Er stimmt zu, dass alle beweglichen Ausstattungsgegenstände, auf die er einen Anspruch gehabt hätte, im Schloss verbleiben, und stellt noch weitere Gegenstände aus seinem Privatbesitz für die Ausstattung des Schlosses zu Verfügung. Die betroffene Gemeinde ist hoch erfreut und gibt ihm später die Möglichkeit, das erhalten gebliebene Verwalterhaus in unmittelbarer Nachbarschaft des Schlosses zu erwerben. Dieses Beispiel guter Zusammenarbeit anstelle von nicht auflösbarer Konfrontation bleibt allerdings ein Einzelfall, der die ablehnende Haltung zu diesem Thema in Ostdeutschland insgesamt nicht verändern kann.

Neben dem Umgang mit den Enteignungen 1945–49 spielen natürlich auch die Vermögensfragen aus der Zeit nach 1949 eine wichtige Rolle. Hierbei geht es also nicht um Enteignungen durch die sowjetische Besatzungsmacht, sondern um die Frage, inwieweit durch staatliche Organe der DDR ungerechtfertigt enteignetes Vermögen unter allen Umständen zurückgegeben werden muss. Diese Frage ist vor allem deswegen wichtig, weil im Einzelfall die Klärung der Eigentumsverhältnisse sehr viel Zeit in Anspruch nehmen kann, zumal dabei häufig auch noch Änderungen der Eigentumsverhältnisse in der Zeit vor 1945 zu berücksichtigen sind. Die Dauer dieser Verfahren widerspricht dem Interesse an schneller Modernisierung oder Zur-Verfügung-Stellung von Grundstücken für Neuinvestitionen. Kein Investor nimmt schließlich Geld in die Hand, wenn er nicht sicher ist, dass er auch der tatsächliche Eigentümer dieser Investitionen, der dazugehörenden Produktionsanlagen sowie des damit verbundenen Grund und Bodens ist.

Diese Abwägung zwischen Eigentumsansprüchen einerseits und der Notwendigkeit, den Aufbau Ost möglichst schnell mit möglichst zügigen Investitionen voranzubringen, beschäftigt die Verantwortlichen innerhalb von Koalition und Bundesregierung über Wochen hinweg. Insbesondere die zuständigen Staatssekretäre und Abteilungsleiter in Kanzleramt, Justiz-, Innen-, Wirtschafts- und Finanzministerium sind hier gefordert. Im Ergebnis verständigt sich die Bundesregierung, vor allem auch auf Druck des Koalitionspartners FDP und gegen Bedenken der Wirtschafts- und Finanzfachleute, auf den weitgehenden Grundsatz „Rückgabe statt Entschädigung". Dies bedeutet, dass immer dort, wo Rückgabe grundsätzlich möglich ist, diese Vorrang hat, es sei denn, die Berechtigten wählen stattdessen aus freien Stücken eine Entschädigung. Anders ausgedrückt: Investoren müssen notfalls warten, bis dort, wo sie investieren wollen, eigentumsrechtlich Klarheit besteht. Ob Investoren dazu bereit sind oder sich unter solchen Bedingungen nicht lieber andere Investitionsprojekte außerhalb Ostdeutschlands suchen – diese Frage lässt die für den Aufbau Ost Verantwortlichen, darunter auch mich, nicht mehr los.

Die Zeit drängt. Am 22./23. Juni soll der Vertrag über die Währungs-, Wirtschafts- und Sozialunion in Bonn ratifiziert werden und bis dahin – darüber besteht in der Bonner Koalition Einigkeit – muss auch Klarheit über das Thema offene Vermögensfragen bestehen. Am 13. Juni, zwei Tage vor der geplanten Verabschiedung durch die Kabinette in Bonn und Ost-Berlin, trifft die Koalitionsrunde der Partei- und Fraktionsvorsitzenden von CDU, CSU und FDP die notwendigen Festlegungen.

Klaus Kinkel berichtet über den Stand der Dinge, der sich auf die knappe Formel bringen lässt: Dissens mit der DDR-Regierung hinsichtlich einer Rückabwicklung der Bodenreform von 1945 bis 1949, Verständigung bei den Regelungen bezüglich des Zeitraums ab 1949. Er berichtet ferner, dass auf DDR-Seite keinerlei Bereitschaft bestehe, in der ersten Frage irgendwelche Zugeständnisse zu machen – eine Haltung, die ganz offensichtlich von allen Parteien in der DDR-Volkskammer nachdrücklich unterstützt werde. De Maizière und Krause hätten zudem klargemacht, dass ein weiteres westdeutsches Bestehen auf einer Rückgängigmachung der Enteignungen 1945–49 das übergeordnete Ziel der baldigen Wiedervereinigung ernsthaft in Frage stellen könne.

Angesichts dieser politischen Zuspitzung ist jetzt auch die FDP, die bisher hartnäckig Widerstand geleistet hat, bereit, auf die Rückabwicklung der Bodenreform zu verzichten. Insbesondere Hans-Dietrich Genscher und Wolfgang Mischnick, die beiden „Ostdeutschen" – das heißt auf dem Gebiet der späteren DDR Geborenen – in dieser westdeutschen Runde, die bis zuletzt eine harte Linie vertreten haben, geben nach, als sie erkennen, dass an dieser Stelle das Ziel einer zügigen Wiedervereinigung tatsächlich gefährdet werden könne. Damit ist jetzt der Weg frei für die zweite wichtige Verständigung zwischen Bonn und Ost-Berlin. Der „Gemeinsamen Erklärung der Regierungen der Bundesrepublik Deutschland und der DDR zur Regelung offener Vermögensfragen" stimmen am 15. Juni zeitgleich beide Regierungen zu – ein zweiter wichtiger Meilenstein, mit dem der Weg in Richtung Wiedervereinigung weiter an Momentum gewinnt.

*

Was ist zu dieser Erklärung zu den offenen Vermögensfragen aus heutiger Sicht zu sagen? Hat sie sich als tragfähig erwiesen?

Zunächst einmal erscheint mir im Zusammenhang mit der Bodenreform 1945–49 eine Feststellung besonders wichtig: So eindeutig die Position von DDR-Regierung und frei gewählter Volkskammer in der Ablehnung einer Rückabwicklung der Bodenreform war, so deutlich war auch, dass diese Auffassung von der sowjetischen Seite nachdrücklich unterstützt wurde. So hat beispielsweise der damalige sowjetische Botschafter in Bonn, Juli Kwizinski, schon im Januar 1990 gegenüber dem außen- und sicherheitspolitischen Berater des Bundeskanzlers, Horst Teltschik, unmissverständlich darauf hingewiesen, dass die Sowjetunion fest davon ausgehe, dass die von ihr zwischen 1945 und 1949 veranlassten Rechtsakte nicht rückwirkend in Frage gestellt würden. Ähnlich verhält es sich mit einem Aide Mémoire, das am 28. April der bundesrepublikanischen Botschaft in Moskau übermittelt wurde und das einen Tag später, am Rande eines Besuchs von DDR-Ministerpräsident de Maizière in Moskau, von Außenminister Eduard Schewardnadse auch seinem DDR-Amtskollegen Markus Meckel übergeben wurde. Dort wird ebenfalls mit nicht zu übertreffender Deutlichkeit die Neuüberprüfung sowjetischer Rechtsakte in der ehemaligen Besatzungszone abgelehnt.

Auch in den folgenden Wochen hat die Sowjetunion auf der Ebene ihres Außenministers sowie von Spitzenbeamten des sowjetischen Außenministeriums die Forderung nach Festschreibung ihrer Rechtsposition im Rahmen der Zwei-plus-vier-Gespräche wiederholt vorgetragen. (Zwei-plus-vier-Gespräche hießen diese Verhandlungen zur außenpolitischen Absicherung der deutschen Einheit aufgrund ihrer Teilnehmer: Bundesrepublik und DDR plus die vier Siegermächte des Zweiten Weltkriegs – USA, Sowjetunion, Großbritannien und Frankreich.) Die Sowjetunion verfolgte hierbei das Ziel, ihre Sicht der Dinge in der beabsichtigten Zwei-plus-vier-Regelung festzuhalten. Der westdeutschen Seite, vertreten durch den damaligen Außen-Staatssekretär Dieter Kastrup, ist es in harten Verhandlungen Anfang September 1990 dann gelungen, der sowjetischen Seite abzuringen, nicht mehr auf einer entsprechenden Bestimmung im Vertrag zu bestehen. Stattdessen wurde vereinbart, dass die beiden deutschen Staaten den vier Siegermächten des Zweiten Weltkriegs die hierzu am 15. Juni 1990 getroffene deutsch-deutsche Regelung zu den offenen Vermögensfragen formal mitteilten, und zwar mit einem gemeinsamen Brief der beiden deutschen Außenminister im zeitlichen Zusammenhang mit der Unterzeichnung des Zwei-plus-vier-Vertrags am 12. September. Am gleichen Tag ist dann auch der gemeinsame Brief übermittelt worden.

Fazit: An der ablehnenden Haltung der Sowjetunion bezüglich einer Neuüberprüfung von Rechtsakten aus der Besatzungszeit 1945 bis 1949 im Allgemeinen und der Bodenreform im Besonderen besteht kein Zweifel. Dies ist von sowjetischer Seite im Vorfeld und während der Zwei-plus-vier-Gespräche wiederholt und mit großer Deutlichkeit zum Ausdruck gebracht worden. Richtig ist ebenso, dass die frei gewählte Volkskammer und die von ihr gewählte DDR-Regierung von Anfang an sehr eindeutig und mit großer Beharrlichkeit gegen die Rückabwicklung der Bodenreform Position bezogen haben – eine Haltung, die die Sowjetunion entsprechend ihrer eigenen Auffassung naturgemäß unterstützt hat. Fazit: In den Verhandlungen zur „Gemeinsamen Erklärung zur Regelung offener Vermögensfragen" war es die in dieser Frage einmütige und kompromisslose Haltung von DDR-Regierung und Volkskammer, die sich am Ende durchgesetzt hat. Versuche, die Rückgängigmachung der Bodenreform auf gerichtlichem Weg zu erreichen, scheiterten im April 1991 sowie im April 1996 vor dem Bundesverfassungsgericht.

Noch etwas verdient, in diesem Zusammenhang erwähnt zu werden: Um die Härten im Gefolge der Nicht-Rückgängigmachung der Bodenreform für die Betroffenen zu mildern, sind ihnen in den Folgejahren von Bundesregierung und Parlament beachtliche Vorzugsbedingungen für den Erwerb entsprechender Flächen eingeräumt worden. Vielen ist damit ein zukunftsfähiger Neuanfang doch noch geglückt. Hinzu kommt, dass diejenigen Alteigentümer, die sich von der Entscheidung des Jahres 1990 gegen eine Rückabwicklung der Bodenreform nicht haben beirren lassen und – auch ohne Rückubertragung früheren Eigentums – wieder in ihrer Heimat oder der ihrer Familie mit der Bewirtschaftung von Land oder Wald begonnen haben, am Ende gut gefahren sind. Wenn man die Preisentwicklung für landwirtschaftliche Flächen oder Wälder seit Beginn der 1990er Jahre betrachtet, dann ist eine Verdoppelung bis Verdreifachung der entsprechenden Kaufwerte festzustellen. Dadurch ist vieles leichter geworden.

Neben der Regelung der Frage der Enteignungen im Zeitraum 1945 bis 1949 behandelte die Vereinbarung zu den offenen Vermögensfragen auch die Eigentumsfragen aus der Zeit ab 1949, also nach Gründung der DDR. Hier hat sich sehr schnell gezeigt, dass die 1990 getroffene Abwägung zwischen Geltendmachung und Umsetzung von Eigentumsansprüchen auf der einen Seite und notwendigen Investitionen für den Aufbau Ost auf der anderen nicht hinreichend war: Die Klärung der Frage, wer jeweils eigentumsberechtigt ist, wer also über Grundstücke und Gebäude verfügen darf, stellte sich in vielen Fällen, in denen Investitionen dringend erforderlich waren, als viel zu aufwendig und zeitraubend heraus, als das man darauf hätte warten können.

Bereits sechs Monate nach der Wiedervereinigung, im März 1991, werden deswegen mit dem „Gesetz zur Beseitigung von Hemmnissen bei der Privatisierung von Unternehmen und zur Förderung von Investitionen" entsprechende Korrekturen zur Beschleunigung von Investitionen vorgenommen, die im Juli des Folgejahres mit dem sogenannten „Investitionsvorranggesetz" noch einmal zugunsten besserer Bedingungen für zügige Investitionen nachjustiert werden. Dass dies schließlich gelungen ist, dazu haben auch Bundesminister Jürgen Möllemann und sein Bundeswirtschaftsministerium wesentlich beigetragen. Jürgen Möllemann hatte im Januar 1991 das Amt des Bundeswirtschaftsministers übernommen und sich gegenüber dem ebenfalls von der FDP geführten Bundesjustizministerium und anderen FDP-Rechtspolitikern nachdrücklich für eine deutlich näher an den wirtschaftlichen Realitäten in Ostdeutschland liegende Regelung zur Klärung der Eigentumsfragen starkgemacht. Insgesamt waren damit immerhin zwei Jahre des Erfahrungssammelns und des Nachsteuerns notwendig, um zu Regelungen und Verfahren zu kommen, die in dieser Aufbausituation schließlich angemessen funktionierten. Dieser Beitrag zum Aufbau Ost hätte von Anfang an realitätsnäher ausfallen können.

War also die Erklärung zu den offenen Vermögensfragen vom 15. Juni 1990 rückblickend ein Erfolg? Die Antwort lautet: Sie hat damals in Sachen Eigentum in Ostdeutschland entscheidende Voraussetzungen für die Fortführung der friedlichen Revolution, das heißt für den tiefgreifenden Umbau von Staat und Gesellschaft, geschaffen, die – trotz erheblicher Eingriffe – breite Akzeptanz gefunden haben. Das ist viel, wenn man bedenkt, dass Eigentumsfragen immer zu den sensibelsten Punkten einer Gesellschaft gehören, insbesondere natürlich in Umbruchzeiten. Richtig bleibt allerdings auch, dass sich die von Anfang an in Ost-Berlin wie in Bonn bestehenden Bedenken der Wirtschaftsexperten hinsichtlich des Vorrangs der Klärung von Eigentumsverhältnissen gegenüber der Dringlichkeit von Investitionen für den Aufbau Ost bestätigt haben. Hier ist festzuhalten, dass die starke Dominanz der eigentumsrechtlich-juristischen Sicht dieser Frage im Ergebnis, vor allem in den ersten Jahren des Aufbaus Ost, nicht hilfreich war, zumal später mit dem Investitionsvorranggesetz eine praktikable und juristisch belastbare Regelung gefunden wurde. Hier ist kostbare Zeit für schnelle Investitionen verloren gegangen.

5. Kapitel

Umbau der ostdeutschen Wirtschaft: aber wie?

Es ist Sonntag, der 8. Juli 1990. Früh morgens um 7 Uhr starten wir mit einer Regierungsmaschine vom Kölner Flughafen in einen strahlenden Sommermorgen. Unser Ziel ist der Flughafen Berlin-Schönefeld. Wir, das ist das zur Klärung von Fragen der Währungs- und Wirtschaftsunion übliche Trio aus Vertretern aus Bundeskanzleramt, Finanz- sowie Wirtschaftsministerium, diesmal in der Besetzung Dieter von Würzen (Staatssekretär für Wirtschaft), Peter Klemm (Staatssekretär für Finanzen) und ich. Dazu kommen einige weitere Mitarbeiter. Wir müssen in Ost-Berlin dringend mit den Staatssekretären Günther Krause (Amt des Ministerpräsidenten), Walter Siegert (Finanzen) sowie Wolfram Krause (Treuhandanstalt) darüber reden, wie der von den DDR-Betrieben in den letzten Tagen angemeldete Liquiditätsbedarf in Milliardenhöhe gedeckt werden kann.

In der Tat, es hat in den Tagen seit dem Inkrafttreten der Währungsunion am 1. Juli beunruhigende Alarmmeldungen gegeben. Natürlich haben wir damit gerechnet, dass der kurzfristige Übergang von der staatlichen Planwirtschaft in die weltoffene Markt- und Wettbewerbswirtschaft nicht ohne Probleme ablaufen würde. Deswegen ist bereits im Vertrag über die Währungs-, Wirtschafts- und Sozialunion ein Finanzrahmen in Höhe von 7 Milliarden DM für notwendig werdende Sanierungskredite vorgesehen worden. Die bei der Treuhandanstalt einlaufenden Meldungen der ostdeutschen

74

Betriebe zeigen nun aber, dass selbst ein Betrag in dieser Größenordnung schon für den Monat Juli nicht ausreichen wird. Die Zeit drängt, denn die westdeutschen Banken (in meiner Erinnerung zum Beispiel Deutsche Bank, Dresdner Bank, Stadtsparkasse Berlin) sind offensichtlich nicht bereit, auf eigenes Risiko Kredite für laufende Zahlungen wie Löhne und Material bereitzustellen. Für jeden Kredit verlangen sie eine staatliche Absicherung durch Bürgschaften – und selbst bei Absicherungen durch Bürgschaften werden vielfach Zinssätze verlangt wie für hochriskante Anlagen: Patriotismus der besonderen Art. Ein weiteres Problem besteht darin, dass diese Kredite aus Sicht der Betriebe gar nicht hoch genug sein können, denn jeder Unternehmensleiter will auf Nummer sicher gehen, um alle denkbaren Zahlungsanforderungen, einschließlich kurzfristiger Lohnerhöhungen, finanzieren zu können – umso mehr, als das Rückzahlungsrisiko ohnehin bei der (staatlichen) Treuhandanstalt gesehen wird. Was ist also zu tun, um tatsächliche Notlagen von den Betrieben abzuwenden, ohne daraus zugleich einen Selbstbedienungsladen für konfliktscheue Betriebsleiter entstehen zu lassen? Darüber hat in den Expertengesprächen zwischen den Finanzministerien Bonn und Ost-Berlin in den letzten beiden Tagen keine Einigung erzielt werden können. Ministerpräsident de Maizière hat mit dem Bundeskanzler telefoniert, den ich über die kritische Liquiditätssituation der Ost-Betriebe informiert habe. Seine Schlussfolgerung: „Ludewig, kümmern Sie sich um eine Lösung!" Die muss heute Morgen gefunden werden, denn die Löhne für Juli müssen ab Montag ausgezahlt werden. Ich habe deswegen gestern mit den Staatssekretären von Würzen und Klemm gesprochen und abends noch Günther Krause angerufen und dringend um seine Teilnahme an dem heutigen Gespräch gebeten.

Wir landen pünktlich auf dem Ost-Berliner Flughafen, Limousinen des DDR-Protokolls fahren uns in rasantem Blaulichttempo direkt zum Amtssitz des DDR-Ministerpräsidenten in der Klosterstraße. Auf dem Weg dorthin lasse ich mir noch einmal die Ziele durch den Kopf gehen, die ich mir für den Umbau der ostdeutschen Wirtschaft fest vorgenommen habe:

Am wichtigsten ist der Aufbau einer Wirtschaft, die auf eigenen Beinen steht, die mit einer leistungsfähigen Industrie am internationalen Wettbewerb und Handel teilnimmt, die Arbeit und Beschäftigung in Ostdeutschland Schritt für Schritt auf eine tragfähige Grundlage stellt. Dies klingt heute selbstverständlicher, als es damals war. Hatte ich doch aus der Wirtschaft allzu oft gehört, dass alles, was im Osten gebraucht werde, ohne Probleme aus dem Westen geliefert werden könne. Neue Industrien und Kapazitäten in Ostdeutschland seien also eigentlich nicht notwendig, und wenn überhaupt, dann eher weniger als mehr. Dieser Idee zu folgen, wäre aus meiner Sicht ein folgenschwerer Fehler. Wirtschaft ist eben mehr als die Frage, ob benötigte Produkte und Dienstleistungen von irgendwoher beschafft werden können. Wirtschaft hat immer damit zu tun, dass Menschen aus eigener Kraft eigene Leistungen erbringen wollen, mit denen sie verdienen können, was sie zum Leben brauchen, und mit denen sie auf Augenhöhe am regionalen und am überregionalen Wirtschaftsaustausch teilnehmen können. Wirtschaft und Arbeit sind untrennbar mit Eigenständigkeit, mit Selbstwertgefühl verbunden, sie sind der Schlüssel zu einem menschenwürdigen Leben. Deswegen bin ich fest davon überzeugt, dass Ostdeutschland keine neuen, einseitigen Abhängigkeiten, sondern eine aus sich heraus lebensfähige Wirtschaft braucht und in ihrem Zentrum eine moderne Industrie, die den Zugang zu europäischen und internationalen Märkten öffnet. Das ist das klare Ziel, wobei ich mir bewusst bin, dass der Weg dorthin lang und beschwerlich sein wird.

Hinzu kommt als Zweites: keine Dauersubventionen! Dabei stehen mir die verheerenden Erfahrungen aus der jahrzehntelangen Subventionierung des westdeutschen Steinkohlebergbaus an Ruhr und Saar vor Augen. Mit gewaltigen Milliardenbeträgen wurde hier der nicht mehr wettbewerbsfähige Steinkohlebergbau am Leben erhalten, um – so die vordergründige Argumentation – die Sicherheit unserer Energieversorgung zu gewährleisten. Tatsächlich handelte es sich aber darum, den Menschen die Umstellung auf neue Industrien und Arbeitsplätze zu ersparen. Dieses Geld fehlte natürlich für die Entwicklung moderner Technologien und neuer Industrien sowie der dazugehörigen Infrastruktur, gerade auch in den traditionellen Kohleregionen. Dabei hatten die Bayern in den fünfziger und sechziger Jahren vorgemacht, wie der Umbau einer Agrarregion zu einem modernen Industriestandort mit innovativer Zukunftstechnologie funktioniert. Das Ergebnis dieses versäumten Umbaus an Ruhr und Saar war der unaufhaltsame Abstieg einst wohlhabender Kohleregionen in die wirtschaftliche Zweitklassigkeit – Regionen, die letztlich zu den großen Verlierern des westdeutschen Nachkriegs-Wirtschaftswunders wurden. Menschen, die von ihrer Hände Arbeit leben wollten, wurden zu Subventionsempfängern gemacht, die letztendlich doch ihren Arbeitsplatz verloren und, viel schlimmer, am Ende auch ihr Selbstwertgefühl. Viel zu lange hatte die Politik – allen voran die Ministerpräsidenten Johannes Rau in Nordrhein-Westfalen sowie Franz-Josef Röder und Oskar Lafontaine im Saarland, auch mit Unterstützung der jeweiligen Bundesregierungen – den Menschen vorgegaukelt, Subventionen für wirtschaftlichen Stillstand und sozialen Status quo könnten die Zukunft sichern. Man scheute sich einzugestehen, dass diese Politik noch nirgendwo funktioniert hat und die Rechnung am Ende immer von den Betroffenen bezahlt werden muss, sobald die Kassen leer und die Realitäten unabweisbar sind. Diesen Fehler machen wir jetzt nicht noch einmal!

Mit einem Ruck hält unser Wagen vor dem DDR-Ministerratsgebäude. Von Würzen, Klemm und ich steigen aus; der „große Krause" (Günther), der „kleine Krause" (Wolfram), Vorstand in der Treuhandanstalt, sowie Walter Siegert warten schon auf uns. Es geht gleich zur Sache. Die Summe der von den Betrieben eingegangenen Kreditforderungen und der damit verbundenen Bürgschaftsanträge liegt allein für den Monat Juli bei 15 bis 18 Milliarden DM. Aufgrund der Kürze der Zeit lässt sich kaum überprüfen, inwieweit diese Anforderungen von grundsätzlich sanierungsfähigen Unternehmen kommen oder von Betrieben, bei denen schon heute keine Aussicht auf Erreichen der Wettbewerbsfähigkeit besteht. Und: Sind die Kreditforderungen wegen der großen Unsicherheiten angesichts völlig neuer Marktverhältnisse von manchen Unternehmen womöglich bewusst über dem tatsächlichen Bedarf angesetzt worden?

In der Diskussion geht es den ostdeutschen Kollegen verständlicherweise darum, Zeit zu gewinnen, damit die Unternehmen das Notwendige tun können, um Kosten zu senken, Produkte der Konkurrenzlage anzupassen und ihre Wettbewerbsfähigkeit zu verbessern. Auch aus westdeutscher Sicht ist das richtig, gleichzeitig muss aber genügend Druck erhalten bleiben, damit in den Unternehmen auch kurzfristig kostensenkende Maßnahmen wie Kurzarbeit und Rationalisierung tatsächlich ergriffen werden, so dass Kredite und Bürgschaften auf das unbedingt Notwendige begrenzt werden können, schließlich geht es ja um Steuergelder. Es darf in den Betrieben auch nicht zu Lohnerhöhungen kommen, die nicht aus eigenen Einnahmen, sondern nur mit Krediten und Garantien der Steuerzahler finanziert werden. Um der Gefahr kurzfristig überzogener Lohnerhöhungen vorzubeugen, ist deswegen im Währungsunionsvertrag als Stichtag für die Umstellung von Löhnen und Gehältern von DDR-Mark auf D-Mark der 1. Mai 1990 festgelegt worden. In der Diskussion werden alle Zahlen, Argumente und Einschätzungen hin und her gewendet, und am Ende erklären sich die aus Bonn Angereisten mit der Forderung des „großen Krause" einverstanden, dass für Juli Liquiditätsbürgschaften bis zu einem Höchstbetrag von 9 Milliarden DM gewährt werden können, also 2 Milliarden DM mehr als bisher vorgesehen. Er erreicht auch, dass in begründeten Einzelfällen darüber hinaus eine weitere Milliarde DM in Anspruch genommen werden kann.

Auch ich stimme zu, glaube aber, ähnlich wie Günther Krause, dass wir uns damit eher am unteren Rand des Notwendigen bewegen und dass wir uns also bald in ähnlicher Runde zum gleichen Thema wiedersehen werden. Wie auch immer, richtig ist auch: Noch nie in meinem Leben habe ich bei einem einzigen Treffen für einen so hohen Finanzbetrag persönliche Mitverantwortung übernommen, noch dazu an einem Sonntag. Es sind ungewöhnliche Zeiten.

Ungewöhnlich bleibt auch das Blaulichttempo, mit dem andere Autofahrer an den Straßenrand gedrängt und wir zurück zum Schönefelder Flughafen gebracht werden – sicher ein Relikt aus früheren DDR-Zeiten, für uns heute zugegebenermaßen durchaus hilfreich. Unser Regierungsflugzeug bringt uns an diesem außerordentlichen Tag nicht zurück nach Bonn, sondern zum Frankfurter Flughafen. Denn dort wartet ein anderes Flugzeug mit Bestimmungsort Rom. Ziel ist das Endspiel um die Fußballweltmeisterschaft zwischen Deutschland und Argentinien am gleichen Abend, das auch der Bundeskanzler und weitere Kabinettsmitglieder nicht versäumen wollen. Mit Hilfe von Juliane Weber, der Leiterin des persönlichen Büros des Bundeskanzlers, und Walter Neuer, dem Chef des Kanzlerbüros, habe ich noch einen Platz in der „Challenger"-Maschine in Richtung WM ergattert, um so den Bundeskanzler und den Bundesfinanzminister zeitnah über die in Ost-Berlin getroffenen Verabredungen informieren zu können – es geht immerhin um Bürgschaften in Milliardenhöhe. Der Bundesfinanzminister ist nicht begeistert, und seine Begeisterung wird nicht größer, als ich hinzufüge, dass dies aller Voraussicht nach noch nicht das Ende der Fahnenstange sei. „Geld gegen Zeit" – dies sei so etwas wie das Generalthema der nächsten Monate, vielleicht Jahre. Der Bundeskanzler hört aufmerksam zu, hält aber offensichtlich das Vorfeld des heutigen Fußball-Höhepunkts für nicht besonders geeignet, dieses Thema zu vertiefen – was bei diesem Anlass nachvollziehbar ist.

Während die Spitzen der Republik im Verlauf des Fluges das bevorstehende Spiel in all seinen denkbaren Facetten analysieren und damit versuchen, Bundestrainer Franz Beckenbauer unentgeltlich einen Großteil seiner Arbeit abzunehmen, lassen mich die Gedanken an das in Deutschland stattfindende Wiedervereinigungsfinale nicht so richtig los, vor allem mit seinen völlig neuen Szenarien auf dem Spielfeld Wirtschaft. Das Hauptproblem ist und bleibt, dass nicht nur die DDR mehr oder weniger über Nacht in einen offenen, weltweiten Markt hineinkatapultiert wird, sondern dass dies in gewisser Weise auch für ihre traditionellen Partner in Osteuropa und der Sowjetunion gilt, zumindest auf der Einkaufsseite. Sie brauchen sich nämlich ihre Lieferanten – von denen ja sehr viele, vor allem für anspruchsvolle Produkte, aus der DDR kamen – nun nicht mehr allein innerhalb des alten Ostblocks mit seiner sozialistischen Planungsgemeinschaft zu suchen. Auch ihnen stehen die Weltmärkte immer mehr offen – vorausgesetzt, dass sie mit harten Devisen zahlen können. Sie suchen sich dann in bewährter marktwirtschaftlicher Manier den Lieferanten mit dem besten Preis-Leistungs-Verhältnis – und der befindet sich bei dieser neuen, internationalen Konkurrenz in aller Regel nicht mehr in der DDR. Die Filmfabrik Wolfen in der Nähe von Bitterfeld ist hierfür ein gutes Beispiel. Ihre Filme der Marke ORWO dominierten den Markt für Fotofilme zwischen Elbe und Wladiwostok nahezu vollständig – einsame Spitzentechnik in diesem Teil der Welt. Als sich 1990 die Grenzen öffnen und Agfa- oder Kodak-Filme auch im Osten gekauft werden können, ist der Markt für ORWO über Nacht verschwunden, niemand will mehr die Filme aus Wolfen mit ihrer überholten Technologie. Dabei gehört es zur Ironie der Wirtschaftsgeschichte, dass die Filmfabrik Wolfen 1909 von der Agfa AG gegründet worden war, also ebender Firma, deren Marke jetzt maßgeblich ihr wirtschaftliches Aus herbeiführt. Auch die Bürger der DDR machen bei der Bevorzugung westdeutscher oder internationaler Produkte keine Ausnahme. Agfa ist ihnen lieber als ORWO, ein Golf lieber als ein Trabbi, Schweizer Schokolade oder eine Levis-Jeans lieber als die Nachahmerprodukte aus heimischer Produktion, auch wenn damit der Teppich, auf dem sie sich wirtschaftlich bewegen, mächtig ins Rutschen kommt.

Produkte und Kunden, die diese Produkte haben wollen – daran misst sich der Wert eines Unternehmens, und nicht in Bauten oder Maschinen, egal, was sie einmal gekostet haben. Nicht einmal das Know-how der Beschäftigten zählt, wenn es nicht auf dem neuesten Stand ist. Nur wenn das, was produziert wird, Interessenten und Abnehmer findet, die bereit sind, einen zumindest kostendeckenden Preis dafür zu zahlen, hat das Unternehmen Zukunft. So einfach ist Wirtschaft, und so einfach sind im Kern die Probleme der ostdeutschen Wirtschaft auf einem offenen Markt. Deswegen lautet für mich die naheliegende Frage: Wie können wir Produkte und Kunden für die ostdeutsche Wirtschaft finden? Denn der Staat kann zwar Unternehmen und Betriebe mit Finanzhilfen durchaus eine Weile am Leben erhalten. Was er aber nicht kann, ist, immer wieder sich verändernde Kundenwünsche zu verstehen, dafür neue Produkte und Dienstleistungen zu entwickeln und für diese Angebote alte Kunden zu begeistern und neue zu finden. Das genau aber ist es, worauf es ankommt, wenn Wirtschaft funktionieren und damit Zukunft haben soll.

Und hier liegt der entscheidende Grund für die gewählte Strategie zur Privatisierung der DDR-Staatsbetriebe. Investoren, die in neue Standorte investieren, bringen ihr Know-how und ihre Verbindungen mit. Sie kennen ihre Märkte, auf denen sie Geld verdienen wollen.

Sie kennen Produkte, die ankommen, und Kunden, die gute Produkte zu annehmbaren Preisen kaufen wollen. Sie verfügen demnach über genau das Know-how, das Staat, Regierung und Behörden nicht haben. Privatisierung ist also kein Selbstzweck, wie man schon aus der Wirtschaftsgeschichte der alten Bundesrepublik entnehmen kann. Volkswagen war lange Zeit in staatlichem Besitz – bis zum Beginn der sechziger Jahre, als die damalige Bundesregierung ihre Anteile über die Ausgabe von „Volksaktien" schließlich zu Geld machte. Und das ebenfalls beteiligte Land Niedersachsen hatte sich so an seine Rolle als Anteilseigner gewöhnt, dass es seine Anteile bis heute behalten hat. Es gibt für mich also keine „Ideologie der Privatisierung", sondern einzig und allein die einfache Frage, wer Staatsbetrieben, die ihre Märkte von gestern verloren haben, in einer weltoffenen Wirtschaft heute oder spätestens morgen neue Märkte eröffnen kann. Und diese Frage steht jetzt auf der Tagesordnung, und zwar nicht abstrakt, sondern ganz konkret für 12.000 Industriebetriebe in der DDR.

Ein unsanfter Ruck reißt mich aus meinen Gedanken, die „Challenger" hat auf römischem Boden aufgesetzt. Der Blick aus dem Fenster lässt unschwer erkennen, dass wir nicht die Einzigen sind, die das Weltfußball-Highlight an diesem Abend miterleben wollen. Das Vorfeld des Flughafens ähnelt mehr einem vollgestellten Flugzeug-Parkplatz als einem Rollfeld. Die Tür geht auf, und draußen wartet eine Autokolonne mit laufenden Motoren. Jeder sucht seinen Wagen, und los geht es in Richtung Stadion. Das Tempo, mit dem wir unser Ziel ansteuern, dürfte bei über 100 Stundenkilometern liegen. Beunruhigend daran ist nicht die Geschwindigkeit, sondern der Mini-Zentimeterabstand zwischen den Wagen der Kolonne. Ich rechne in jeder Minute mit einem Auffahrunfall und halte mich krampfhaft am Türgriff fest, habe aber offensichtlich nicht mit der Fahrkunst italienischer Auto-Piloten gerechnet. Alles geht gut, und in weniger als zwanzig Minuten sind wir am Ziel. Ich sollte im Verlauf der folgenden Stunden noch an dieses italienische Fahr-Know-how erinnert werden.

20.00 Uhr Anpfiff. Ich sitze einige Reihen hinter Bundeskanzler Helmut Kohl und Bundespräsident Richard von Weizsäcker auf der Ehrentribüne, habe eine sehr gute Sicht auf das Spielfeld. Argentinien scheint eher defensiv eingestellt, während Deutschland nach vorn geht, eine ganze Reihe guter Chancen herausspielt, aber ohne Torerfolg. Die erste Halbzeit bleibt torlos, in der zweiten Hälfte ändert sich erst einmal nicht viel: Defensive auf der einen und gute Spielzüge auf der anderen Seite, aber eben keine Tore – bis zur 85. Minute: Foul an Rudi Völler im Strafraum der Argentinier, der Schiedsrichter zeigt auf den Elfmeterpunkt. Die Aufregung der Südamerikaner ist nicht ganz unverständlich, denn diesen Elfmeter kann man geben, muss man aber nicht. Dafür war ein deutlich schwereres Foul an Klaus Augenthaler zuvor – ebenfalls im blau-weißen Strafraum – nicht mit einem Elfmeter geahndet worden. Die 85. Minute ist offensichtlich der Augenblick ausgleichender Gerechtigkeit. Andreas Brehme übernimmt die „Last" des Strafstoßes. Er konzentriert sich, tritt an und platziert den Ball in die untere linke Ecke, knapp neben den Innenpfosten – unhaltbar. Das ist die Entscheidung, die letzten fünf Minuten des Spiels fliegen vorbei, Deutschland ist Weltmeister, zum dritten Mal, der Jubel ist unbeschreiblich! Wir liegen uns in den Armen, ein Riesenerfolg, und das ausgerechnet jetzt am Vorabend der sich abzeichnenden Wiedervereinigung. Mehr geht nicht. So sieht Glück aus!

Mitten im Jubel kommt die reale Welt schneller zurück, als mir lieb ist. Mir fällt ein, dass wir zügig zum Flughafen zurückmüssen, unsere Reise ist noch nicht zu Ende. Ich schaue nach vorn und sehe, wie ein Spieler nach dem anderen die Ehrentribüne erreicht, von den Würdenträgern der ersten Reihe beglückwünscht wird, und die Gesichter zeigen diese unbeschreibbare Mischung von Glück und Erschöpfung, die es nur in solchen „Sternstunden" gibt. Mannschaftskapitän Lothar Matthäus nimmt als Erster die Weltmeistertrophäe entgegen und hebt sie hoch, damit jeder sehen kann, welch unglaublicher Erfolg am Ende des langen Weges nach Rom steht. Dann wandert der Pokal in der Mannschaft von Hand zu Hand, natürlich auch zu Franz Beckenbauer. Jetzt kommt der Bundespräsident ins Bild, der offensichtlich nicht nur erster Gratulant sein will, sondern auch die Fernsehkameras fest im Auge hat. Der Bundeskanzler wird durch die Menge aufgesprungener Ehrengäste und orientierungsloser Sicherheitsleute für einige Augenblicke abgedrängt. Dank seiner Körpergröße behält er die Übersicht und kann nach wenigen Minuten unseren Spielern die Hände drücken.

Das Gedränge außerhalb der Ehrentribüne ist unbeschreiblich. Aber allen mitgereisten Kabinettsmitgliedern und Begleitern des Bundeskanzlers gelingt es, sich zum verabredeten Treffpunkt durchzukämpfen. Wir warten, während der Bundeskanzler in der Mannschaftskabine noch mit den Spielern spricht. Nach einer Viertelstunde stößt er zu uns, im bereits bekannten Formel-1-Eiltempo geht es mit der Autokolonne zurück zum Flughafen, wo bereits der Flieger auf uns wartet. Wir haben Glück, denn obwohl jetzt noch zwanzig oder dreißig weitere Flugzeuge zur Heimreise starten wollen, brauchen wir dennoch nur wenige Minuten zu warten, bis wir zur Startbahn rollen. Im Flugzeug ist die Begeisterung nicht zu überbieten. Der Kanzler berichtet von seinen Gesprächen mit den Spielern. Es gibt Sekt, alle trinken auf den großen Erfolg. In diesem Gefühl überschwänglicher Freude erscheinen auf einmal alle anderen Fragen ganz klein, irgendwie nebensächlich, auf jeden Fall lösbar. Alle spüren Rückenwind, was immer da kommen mag.

Als wir in Köln landen, ist es nach Mitternacht. Wir verlassen das Flugzeug, um nach wenigen Metern Fußweg in die wartende große Boeing 707 der Bundeswehr einzusteigen. Denn jetzt beginnt die dritte Reiseetappe dieses „längsten" Tages des Jahres. Ziel ist der Weltwirtschaftsgipfel der sieben führenden westlichen Industrienationen zuzüglich der EU-Kommission, auch G 7 genannt, der heute beginnt – es ist ja schon nach Mitternacht. Gastgeber ist in diesem Jahr Präsident George Bush, der in seine Heimat nach Houston, Texas, eingeladen hat. In der Maschine treffen wir auf die Mitglieder der deutschen Delegation, im wesentlichen Kollegen aus dem Finanz- und dem Wirtschaftsministerium sowie dem Auswärtigen Amt. Ebenfalls dabei ist eine große Gruppe von Journalisten. Hauptthema bleibt auch für die nächsten Stunden der Erfolg von Rom; Weltwirtschaft und Weltpolitik müssen ausnahmsweise einmal warten.

Auch der längste Tag geht einmal zu Ende. Nach nochmaliger „Aufarbeitung" der 90 Fußballminuten von Rom im Kollegenkreis falle ich erschöpft in einen Tiefschlaf – den man allerdings in einer solchen altehrwürdigen Maschine aus den 1960er Jahren, in der nahezu jedes Teil schon einmal ausgetauscht worden ist, auch braucht, um in den zudem recht spartanisch ausgestatteten Sitzen wirklich schlafen zu können. Schade, dass die Mitglieder des Bundestags-Haushaltsausschusses nicht häufiger auf dieses Flugzeug angewiesen sind, dann hätten wir sicher längst einen neuen Airbus. Aber gespart wird eben besonders gern dort, wo man die Folgen des eigenen Spareifers selbst nicht zu spüren bekommt!

Im Morgengrauen erreichen wir Houston – und ich erreiche damit das vorläufige Ende der längsten und spannendsten Reise meines Lebens, von Bonn über Ost-Berlin, Frankfurt, Rom und Köln nach Texas: von Bürgschaften für Liquiditätskredite über Weltfußball bis zur Weltwirtschaft. Etwas übernächtigt klettern wir aus der Regierungsmaschine und steigen in die wartenden Autos. Auf dem Weg zu unserem Hotel versuchen jetzt auch unsere amerikanischen Fahrer das, was ihre italienischen Kollegen am Tag zuvor in Rom so perfekt hinbekommen haben: hohes Tempo in Kombination mit minimalem Wagenabstand. Das geht eine Weile gut, dann plötzlich Notbremsung, quietschende Reifen und das unerfreuliche Geräusch, das fast jeder schon einmal gehört hat, wenn bei Autos aus Tuchfühlung Blechschaden wird – bei dem es in diesem Fall auch bleibt. Gott sei Dank! Als wir aussteigen, sehen wir, was passiert ist: Der Abstand zu dem hinter uns fahrenden Auto war dann doch wohl zu klein geworden, die Rückseite unseres Wagens zeigt deutliche Spuren einer unfreiwilligen Begegnung. Wir steigen in einen der Begleitwagen, der uns wohlbehalten am Delegationshotel abliefert. Mein Fazit: Man darf die Römer nicht unterschätzen. Wenn sie wirklich wollen, sind sie nicht zu toppen!

Es gibt nur eine kurze Pause, danach Dusche, Zähneputzen und Rasieren im Eiltempo. Dann fährt der Bundeskanzler mit Begleitung zur Residenz von Präsident Bush. Ich freue mich über die Klimaanlagen in den Wagen, denn die Temperaturen liegen näher bei vierzig als bei dreißig Grad, und das bei sehr hoher Luftfeuchtigkeit, eine eher unangenehme Mischung, die ich bereits von meinem ersten Besuch in Texas während meines Studiums in den USA im Jahr 1972 kenne. George H. W. Bush, nicht zu verwechseln mit seinem Sohn und späteren Präsidenten George W. Bush, begrüßt den Bundeskanzler mit besonderer Herzlichkeit und gratuliert ihm zum Gewinn der Fußballweltmeisterschaft. Man spürt sofort, dass diese zwei Männer sich verstehen, dass es eine gute Verbindung zwischen den beiden gibt. Mir war das schon zuvor aufgefallen, als mich der Bundeskanzler in den vorangegangenen Monaten häufiger bei seinen Telefonaten mit dem amerikanischen Präsidenten hinzuzog, immer dann, wenn auch über wirtschaftliche und finanzielle Fragen gesprochen wurde. Bei diesen Gesprächen wurde deutlich, dass es zwischen beiden Männern ein wirkliches Vertrauensverhältnis gab. Vom ersten Moment an, als mit dem Fall der Berliner Mauer die deutsche Frage in Bewegung geriet, war die Grundbotschaft von George Bush an Helmut Kohl: „Auf diese Veränderung, auf diese Öffnung haben wir 45 Jahre hingearbeitet, jetzt hast du meine volle persönliche Unterstützung, daraus für Deutschland das Bestmögliche zu machen." Diese nachdrückliche Unterstützung durch den amerikanischen Präsidenten bestand in diesen für Deutschland kritischen Monaten zu jedem Zeitpunkt, ohne sie wäre die starke, erfolgreiche Politik Helmut Kohls zur Herstellung der deutschen Einheit nicht möglich gewesen.

Beim anschließenden Gespräch der beiden Staatslenker geht es um außen- und sicherheitspolitische Fragen, etwa um den Nato-Sondergipfel in der vergangenen Woche in London und die bevorstehende Bestätigung Gorbatschows auf dem Parteitag der Kommunistischen Partei der Sowjetunion (KPdSU) in Moskau, dann natürlich um die Themen des Weltwirtschaftsgipfels selbst, wie die zukünftige Kooperation mit der Sowjetunion, die laufende Verhandlungsrunde zum Allgemeinen Zoll- und Handelsabkommen GATT und die deutschen Vorschläge für den Schutz tropischer Regenwälder und zur Begrenzung der Kohlendioxidemissionen. Auch über die wirtschaftliche Entwicklung in den G-7-Staaten wird gesprochen. Der Bundeskanzler kann über sehr gute deutsche Zahlen berichten: starkes Wirtschaftswachstum bei gleichzeitig hoher Preisstabilität, dazu noch eine halbe Million zusätzliche, neue Arbeitsplätze in den letzten zwölf Monaten – die stärkste Beschäftigungszunahme seit den 1960er Jahren. Und bei den deutschen Staatsfinanzen zeigen sich jetzt die Ergebnisse jahrelanger Konsolidierungsbemühungen und wachstumsfördernder Steuerreformen. Für die öffentlichen Haushalte der Bundesrepublik ergebe sich im laufenden Jahr kein Defizit mehr, sondern ein Überschuss.

Präsident Bush gratuliert dem Bundeskanzler zu dieser – auch im G-7-Vergleich – beeindruckenden Bilanz mit den Worten: „Helmut, wie machst du das eigentlich, wie kommst du zu so guten Zahlen?" Die Antwort des Bundeskanzlers: „Gute, verlässliche Wirtschafts- und Finanzpolitik, vor allem keine Steuererhöhungen." Dann berichtet er über den Stand der deutsch-deutschen Gespräche und die gerade in Kraft getretene Währungsunion. Er rechne damit, dass die Volkskammer der DDR sehr bald abschließend und offiziell ihr Ja zur Wiedervereinigung beschließen werde. Gorbatschow treffe er am Ende dieser Woche in Moskau – eine gute Gelegenheit, um noch offene Fragen wie die Nato-Mitgliedschaft eines wiedervereinigten Deutschlands zu klären. In diesem Zusammenhang würde er es sehr begrüßen, wenn bei diesem Weltwirtschaftsgipfel gemeinsam finanzielle Unterstützungen für Michail Gorbatschow in Aussicht gestellt werden könnten. Denn wenn die von ihm angestoßenen politischen und wirtschaftlichen Reformen Erfolg haben sollen, dann sei dies angesichts der derzeit schwierigen Wirtschaftslage in der Sowjetunion ohne finanzielle Unterstützung westlicher Länder nicht möglich. Deutschland habe bereits entsprechend gehandelt.

Bei den politischen Gesprächen des Weltwirtschaftsgipfels in den nächsten beiden Tagen zeigt sich dann, dass die Bereitschaft, jetzt etwas Konkretes zur Unterstützung Gorbatschows zu tun, mit der Entfernung zum ehemaligen „Eisernen Vorhang" erkennbar abnimmt. Margaret Thatcher zum Beispiel lobt zwar die Veränderungen in der Sowjetunion, meint aber, dass bei der Größe des Landes allenfalls Hilfe zur Selbsthilfe sinnvoll sei und zunächst einmal marktwirtschaftliche Bedingungen geschaffen werden müssten. Ähnlich zurückhaltend äußern sich die anderen Gipfelteilnehmer; die Japaner wollen eventuelle Hilfen darüber hinaus noch mit der Rückgabe der von der Sowjetunion am Ende des Zweiten Weltkriegs vereinnahmten südlichen Kurilen-Inseln verknüpfen. Auch die Amerikaner sind der Auffassung, dass es für finanzielle Hilfen noch zu früh sei. Lediglich der französische Präsident Mitterrand macht sich, ähnlich wie der Bundeskanzler, für weniger Vorbedingungen und Abwarten und dafür mehr kurzfristige Unterstützung der Reformbemühungen Gorbatschows stark. Helmut Kohl zeigt in dieser Diskussion Verständnis für die Vorbehalte anderer Gipfelteilnehmer, macht aber klar, dass in dieser Situation keine negativen Signale von Houston in Richtung Sowjetunion ausgehen dürften, denn das würde dem westlichen Interesse an der Fortsetzung von Glasnost und Perestroika in der Sowjetunion zuwiderlaufen, ja es wäre kontraproduktiv. Präsident Bush, der den Vorsitz führt, erkennt dies an und nimmt die Linie des Kanzlers auf, die jetzt in klare Botschaften für die offiziellen Erklärungen des Gipfels umgesetzt werden muss.

Dies zu tun, ist die Aufgabe der „Sherpas" (so genannt in Anlehnung an die gleichnamigen Gipfel-Bergführer und Lastenträger im Himalaja), die persönlichen Beauftragten der sieben Regierungschefs und des EU-Kommissionspräsidenten für den Weltwirtschaftsgipfel. Für den Bundeskanzler erledigt diese Aufgabe der Gipfel-Vorbereitung, -Durchführung und -Nachbereitung Staatssekretär Horst Köhler vom Bundesfinanzministerium. Wir kennen uns schon seit 1978 aus unserer gemeinsamen Zeit im Bundeswirtschaftsministerium. Danach hat ihn der Weg über Kiel und die Arbeit für Gerhard Stoltenberg zusammen mit diesem zurück nach Bonn geführt, diesmal allerdings in die Graurheindorfer Straße und das dort beheimatete Bundesfinanzministerium. Seit Jahresbeginn ist er dort Staatssekretär als Nachfolger von Hans Tietmeyer, der zur Bundesbank gewechselt ist. Dass das Thema Währungs- und Wirtschaftsunion in den letzten sechs Monaten alle nur denkbaren Klippen erfolgreich umschifft hat, ist ganz wesentlich seinen profunden ökonomischen Kenntnissen wie auch seinem Verhandlungskönnen, vor allem auch seinem Geschick im Umgang mit den Spitzen der Bundesbank sowie mit den Kollegen Romberg und Krause in Ost-Berlin zu verdanken.

Am Abend des 10. Juli, des zweiten Gipfeltages, ist es so weit. Die Staats- und Regierungschefs haben ihre Gespräche und Diskussionen beendet und begeben sich zum Abendessen. Zwischendurch kommt aus Moskau noch die Nachricht von der Wiederwahl Gorbatschows als Generalsekretär der KPdSU, und zwar mit klarer Mehrheit – allseitige Erleichterung! Mir geht durch den Kopf, dass solche Wahlergebnisse hoher Würdenträger aus dem Ostblock bei uns früher eher mit Achselzucken zur Kenntnis genommen worden sind. Heute haben wird das Gefühl, es betrifft auch uns, was in Moskau entschieden wird; es ist für uns keineswegs egal, ob und mit welcher Mehrheit Gorbatschow wiedergewählt wird! So ändern sich die Zeiten!

Jetzt beginnt die lange Nacht der Sherpas. Sie müssen die zwischen den Chefs erzielten Ergebnisse und Kompromisse in einen vorbereiteten Kommuniqué-Entwurf einbauen beziehungsweise diesen so neu- und umschreiben, dass sich die Inhalte der geführten Diskussionen im Text ausreichend wiederfinden. Dazu gehört natürlich auch die hohe Kunst, abweichende Auffassungen so unterzubringen, dass sie die große gemeinsame Linie nicht stören oder sogar zerstören, gleichzeitig aber immer noch erkennbar sind, vor allem zu Haus, wo man gern zeigen will, wie erfolgreich man sich gegen andere durchgesetzt oder zumindest seine Position behauptet hat.

Gegen 22 Uhr beginnen die Sherpas ihre Arbeit, bei der sie unter sich bleiben und erneut versuchen, die unterschiedlichen Positionen auf einen Nenner zu bringen. Denn wer sich von den Chefs bei seinen Kollegen nicht durchgesetzt hat, der hat seinem Sherpa mit Sicherheit den Auftrag gegeben, es bei der Schlussformulierung des Kommuniqués noch einmal zu versuchen. Dies wiederum führt dazu, dass sich das nächtliche Ringen um die richtige Formulierung sehr in die Länge ziehen kann, wobei jeder Sherpa ein wenig auf die frühe Ermüdung der anderen setzt. Die anderen Delegationsmitglieder hoffen auf die baldige Ermüdung aller persönlichen Beauftragten, damit es irgendwie schneller geht und man noch einige Stunden Schlaf mitnehmen kann. Denn solange das Tauziehen um Worte und Texte andauert, müssen alle an Bord bleiben, das heißt in nahe gelegenen Zimmern und notfalls vor der Tür des Sherpa-Raums auf Mitteilungen des eigenen Sherpa warten, damit dieser jederzeit auf das Fachwissen der Kollegen zurückgreifen kann, je nachdem, welchen mehr oder weniger kontroversen Verlauf die Kommuniqué-Diskussion nimmt.

Wir haben Glück, die Kompromisslinie, die Präsident Bush nach der Intervention des Bundeskanzlers zum Thema Sowjetunion vorgegeben hat, wird bei den Sherpas nicht in Frage gestellt oder wieder „neu erfunden". Die Veränderungen in der Sowjetunion werden begrüßt, Unterstützung für diese Reformen wird in Aussicht gestellt und grundsätzlich für erforderlich gehalten, und es wird festgestellt, dass „einige Staaten bereits jetzt in der Lage sind, weitreichende finanzielle Kredite zu gewähren". Es gibt damit zwar keine gemeinsame Hilfszusage der G 7 zum jetzigen Zeitpunkt, aber doch positive Signale in Richtung Sowjetunion, einschließlich der Ankündigung kurzfristig möglicher Finanzhilfen einzelner Länder (auch wenn sich dies derzeit letztlich auf die Bundesrepublik beschränkt) – also im Wesentlichen das, was sich der Kanzler von diesem Treffen erhofft hat. Im Übrigen: „Die Teilnehmer aller drei Gipfelbegegnungen [gemeint sind neben dem Weltwirtschaftsgipfel der vorangegangene Europäische Rat in Dublin und der Nato-Gipfel in London] unterstützen nachdrücklich den Prozess der Einigung Deutschlands" – diese Passage des Kommuniqués versteht sich nach den rasanten Entwicklungen der letzten Wochen inzwischen schon von selbst.

Gleichwohl, der Teufel liegt im Detail der Formulierungen, und es gibt noch weitere Themen, wie die laufenden GATT-Verhandlungen um niedrigere Zölle und weniger Handelshemmnisse, die sogenannte Uruguay-Runde. Bei diesen Verhandlungen prallen zum Beispiel die gegensätzlichen Agrarinteressen von Amerikanern (Liberalisierung des Handels mit Agrarerzeugnissen, Reduzierung von Subventionen) und Europäern (wenn überhaupt, dann beides eher langsam und zögerlich) etwas unsanft aufeinander. Und die deutschen Wünsche für den Schutz tropischer Regenwälder und die Begrenzung von Kohlendioxidemissionen müssen ebenfalls noch im Schlussdokument untergebracht werden. So fordert Horst Köhler für die drinnen bei den Sherpas laufende Kompromisssuche immer wieder neue Formulierungen und Positionsbestimmungen, die von den mit mir im Delegationszimmer ausharrenden Fachkollegen in Minutenschnelle zu Papier gebracht, kurz im Delegationskreis diskutiert und dann schnell in den Verhandlungsraum transportiert werden. So geht es hin und her, und die Verhandlungen ziehen sich dann doch bis gegen 2 Uhr nachts hin, bis schlussendlich bei den Sherpas alles unter Dach und Fach ist. Dann bleibt noch die übliche Aufgabe, den vorbereiteten Text für das Pressestatement des Bundeskanzlers am nächsten Tag an den letzten Stand der Sherpa-Ergebnisse anzupassen. Horst Teltschik, der außen- und sicherheitspolitische Berater des Kanzlers, und ich für den wirtschaftlichen Teil legen letzte Hand an. Als alles erledigt ist, suchen wir dann leicht verzweifelt etwas Essbares und finden glücklicherweise noch einen dienstbaren Geist mit Schlüsselgewalt für die Hotelküche. Er zaubert zwei Käseplatten und einige Flaschen Champagner herbei, die zu allseitiger Aufheiterung der Lebensgeister führen. Dann kommt unser Helfer in der Not mit der Rechnung. Ich adressiere sie an „Ambassador of the Federal Republic of Germany, Washington, D. C." Er zieht befriedigt von dannen, und wir freuen uns auf die wenigen Stunden Schlaf, die noch verbleiben.

Am nächsten Tag geht alles sehr schnell. Schlusssitzung der Staats- und Regierungschefs, die das über Nacht fertiggestellte offizielle Abschlussdokument des G-7-Gipfels billigen. Präsident Bush stellt die Ergebnisse der Öffentlichkeit vor. Dabei unterstreicht er den gemeinsamen Willen aller Teilnehmer, den Reformprozess in der Sowjetunion zu unterstützen. Dann Pressekonferenz des Bundeskanzlers, in der er aus deutscher Sicht zu Recht eine sehr positive Bilanz dieses Treffens zieht, denn es ist wirklich gut gelaufen: Für alle deutschen Anliegen gab es breite Unterstützung, auch wenn wir uns bei den Kredithilfen für die Sowjetunion eine etwas größere Bereitschaft unserer westlichen Partner zum sofortigen Handeln hätten vorstellen können. Dann letztes Treffen unserer Mannschaft vor dem Delegationshotel. Horst Teltschik erzählt mir auf dem Weg dorthin von der gerade eingetroffenen Nachricht Gorbatschows an Helmut Kohl, dass der sowjetische Präsident den Bundeskanzler anlässlich des Ende der Woche anstehenden Besuchs in der Sowjetunion eingeladen habe, auch die Stadt Stavropol im Kaukasus zu besuchen, den Heimatort Gorbatschows. Damit sei klar, so Teltschik, dass dieses Treffen weitere Fortschritte bringen werde, sonst wäre diese Einladung nicht gekommen. Fantastisch, nicht nur hier in Houston, sondern auch in Moskau laufen die Dinge offensichtlich in die richtige Richtung!

Vor dem Hotel verabschiedet sich unser Sherpa Horst Köhler vom Bundeskanzler und von den Kollegen, um nach getaner Arbeit noch einige Tage USA-Urlaub mit seiner Familie anzuhängen. Der Bundeskanzler dankt ihm für die gute Vorbereitung und „seine tolle, erfolgreiche Arbeit hier in Houston!". Wir wünschen ihm erholsame Ferien und sind bei sehr feuchter Luft und fast vierzig Grad Lufttemperatur froh, als wir alle wieder im klimatisierten Auto Richtung

Flughafen sitzen. Wir sind auf dem Rückweg, die sich mehr und mehr abzeichnende Wiedervereinigung erwartet uns.

Der internationale Rückenwind von Houston verstärkt sich noch, als der Bundeskanzler am 14. Juli mit Außen- und Finanzminister sowie einigen wenigen Mitarbeitern zunächst nach Moskau reist und von dort aus der Einladung Gorbatschows in den Kaukasus Folge leistet. In einem Vier-Augen-Gespräch am 15. Juli zwischen Helmut Kohl und Michail Gorbatschow gelingt der Durchbruch: Gorbatschow, gestärkt durch seine klare Wiederwahl als Generalsekretär der KPdSU, akzeptiert, dass Deutschland nach der Wiedervereinigung ohne Übergangsfrist die volle Souveränität erhält und damit auch frei ist, über seine Bündniszugehörigkeit zu entscheiden. Anders ausgedrückt: Das wiedervereinigte Deutschland kann Mitglied der Nato bleiben - mit der kleinen Einschränkung, dass Nato-Strukturen und Truppen anderer Nato-Staaten nicht auf dem Gebiet der DDR stationiert werden, solange die dort befindlichen sowjetischen Soldaten nicht in ihre Heimat zurückgekehrt sind. Dafür ist ein Zeitraum von drei bis vier Jahren vorgesehen.

Dieser Erfolg, den Horst Teltschik zu Recht das „Wunder von Moskau" genannt hat, ist so überwältigend und zu diesem Zeitpunkt so unerwartet, dass nach der Rückkehr des Bundeskanzlers etwas ganz Ungewöhnliches geschieht: In der Bonner Bundespressekonferenz begrüßt deren Vorsitzender den Bundeskanzler mit den folgenden Worten: „Herr Bundeskanzler, wir enthalten uns, wie Sie wissen, an dieser Stelle jeglicher Kritik und jedes Lobes. Aber das einhellige Echo in den Zeitungen legitimiert mich doch wahrscheinlich, Ihnen herzliche Glückwünsche zu dem Erfolg Ihrer Reise auszusprechen." Und die anwesenden Journalisten unterstreichen dies mit Beifall und klopfen mit ihren Bleistiften auf die Pulte. Alle wissen: Jetzt ist der Weg zur Wiederherstellung der deutschen Einheit endgültig frei.

Dennoch, bei aller Begeisterung, die Staatssekretärsbesprechung am 24. Juli holt mich sehr schnell wieder auf den Boden der deutsch-deutschen Realität zurück. Walter Kittel (Landwirtschaft) berichtet über erhebliche Verwerfungen in der ostdeutschen Landwirtschaft. Die Preise für Fleisch waren am 1. Juli im Gefolge der jetzt gültigen EU-Regeln drastisch gesunken, während dies bei Getreide nicht der

Fall war. Ergebnis war, dass die Bauern mit Schweinen und Rindern aus ihren jetzt viel niedrigeren Erlösen das Futter für ihre Tiere nicht mehr bezahlen konnten. Dieses Problem hatte man bei den Verhandlungen zwar vorhergesehen, aber die dafür vorgesehenen Ausgleichszahlungen waren irgendwo in der Bürokratie steckengeblieben und bei den LPGs mit Tierhaltung bisher nicht angekommen.

Peter Klemm (Finanzen) erläutert die sich weiter verschärfenden Liquiditätsprobleme der Unternehmen. Es führe kein Weg an der Ausweitung des bisherigen staatlichen Bürgschaftsrahmens von 10 Milliarden DM für Kredite der Banken an ostdeutsche Unternehmen vorbei, um deren Zahlungsfähigkeit aufrechtzuerhalten. Dieter von Würzen (Wirtschaft) ergänzt, dass grundsätzlich genug Geld und Liquidität vorhanden sei, dass aber gerade die Unternehmen mit schwierigem Übergang in die neuen Marktverhältnisse keinen Zugang dazu bekämen. Lohnzahlungen, aber auch notwendige Betriebsmittel müssten unbedingt finanziert werden, es sei denn, dass im Einzelfall tatsächlich keine Chancen auf die Wiederherstellung einer normalen Geschäftstätigkeit bestünden. Es gebe erste Insolvenzen im Kupferbergbau im Mansfelder Land und im Kalibergbau in Thüringen. In beiden Fällen sei die Wirtschaftlichkeit vor dem Hintergrund aktueller Weltmarktpreise und zukünftig wegfallender DDR-Subventionen in der Tat katastrophal. Peter Klemm erklärt, dass ein gewichtiges Problem der Banken schlicht in der großen Zahl der zu prüfenden Fälle bestehe. Für Tausende von Unternehmen gebe es keine nach westlichem Maßstab ausreichenden Beleihungsunterlagen, auch die Beleihbarkeit von Grund und Boden sei angesichts vieler ungeklärter Eigentumsverhältnisse und lückenhafter Grundbücher ein echtes Problem. Am Ende besteht in der Runde Einvernehmen, dass unbedingt mit Bundesbank, Geschäftsbanken, Sparkassen etc. gesprochen werden müsse. Es dürfe nicht sein, dass alle Finanzierungsrisiken auf Treuhandanstalt und Bundesregierung abgewälzt würden. Eine Personalverstärkung der Banken in Ostdeutschland sei ein weiteres kritisches Thema. Angesichts der gravierenden Liquiditäts- und Finanzierungsfragen wäre zu überlegen, ob der Bundeskanzler nicht selbst mit den Chefs der großen Banken reden könne. Ich sage zu, dies kurzfristig mit dem Bundeskanzler zu besprechen.

Dieses Spitzengespräch findet zwei Wochen später auf Einladung des Bundeskanzlers im Bonner Kanzleramt statt. Nach der unwidersprochenen Feststellung von Bundesbankpräsident Pöhl, dass die Währungsumstellung erstaunlich reibungslos gelaufen sei, legt Dresdner-Bank-Chef Wolfgang Röller dar, dass bei sehr vielen ostdeutschen Unternehmen die Voraussetzungen für eine normale Kreditvergabe nicht gegeben seien. Beleihungsfähige Unterlagen seien vielfach nicht vorhanden, die oft ungeklärten Eigentumsverhältnisse („Rückgabe vor Entschädigung") sorgten für weitere Probleme, hohe Altschulden kämen in einer ganzen Reihe von Fällen noch dazu. Ähnliche Schwierigkeiten ergäben sich auch bei Krediten an viele Kommunen. Deutsche-Bank-Chef Hilmar Kopper und Sparkassen-Präsident Helmut Geiger ergänzen diese Lagebeschreibung mit weiteren Einzelheiten. Alle erklären ihre Bereitschaft, zusätzliches Personal in ihre Filialen nach Ostdeutschland zu schicken, unterstreichen aber noch einmal die Dringlichkeit, zum einen die Klärung der Eigentumsverhältnisse drastisch zu vereinfachen und zu beschleunigen, damit die Beleihbarkeit von Grund und Boden sowie von Immobilien schnellstmöglich genutzt werde könne. Zum anderen müssten die Investitionsanreize wesentlich verstärkt werden. Investitionszulagen von 12 oder 8 % seien in dieser Extremsituation deutlich zu niedrig, 20 % sei angesichts der bestehenden außerordentlichen Unsicherheiten realistischer. Der Bundeskanzler fasst das Gespräch so zusammen, dass er die Anstrengungen der Banken anerkenne, dass aber in dieser historischen Situation alle Beteiligten bis an die Grenzen ihrer Möglichkeiten gehen müssten. Das gelte für die Politik, die mit ihren Bürgschaften für Bankkredite in zweistelliger Milliardenhöhe weit über das zunächst vorgesehene Engagement hinausgegangen sei. Diese Forderung gelte aber eben auch für andere Akteure mit herausgehobener Verantwortung in Wirtschaft und Gesellschaft. Die heutigen Hinweise zu Verbesserungen bei der Investitionsförderung und bei der Klärung der Eigentumsfragen nehme er ernst, die Prüfung hierzu in der Bundesregierung beginne morgen. Die heute angesprochenen Fragen seien so wichtig, dass er das Gespräch mit den Banken in vier Wochen, genauer am 6. September, fortsetzen wolle. Man werde dann gemeinsam eine Bilanz der erreichten Fortschritte ziehen.

Dies war eine bewährte Verhandlungstaktik des Bundeskanzlers: Am Ende einer schwierigen Besprechung wird gleich der Termin für die nächste Sitzung festgelegt, um dadurch den Druck auf die Sitzungsteilnehmer zu erhöhen, tatsächlich etwas zu tun und Ergebnisse zu erzielen. Wer kommt schon gern zum nächsten Termin beim Bundeskanzler und muss dann berichten, dass er nichts zustande gebracht hat?

Diese vielfältigen Probleme belasten nicht nur die Zusammenarbeit zwischen Politik und Wirtschaft in Bonn. Angesicht erster Insolvenzen in der ostdeutschen Industrie, schnell steigender Kurzarbeiterzahlen, beginnender Subventionskürzungen mit nachfolgenden Preisanhebungen, erheblicher Umstellungsprobleme in der Landwirtschaft sowie rückläufiger Investitionen in Unternehmen und Wohnungsbau wird auch die Arbeit innerhalb der Ost-Berliner Koalition spürbar schwieriger. Nachdem die Ost-Liberalen die Koalition unter Führung der Ost-CDU bereits im Juli verlassen haben, wird Anfang August auch in der Ost-SPD immer häufiger die Frage gestellt, ob man für die unpopulären Umstellungsprobleme nach Inkrafttreten der Währungs- und Wirtschaftsunion politische Mitverantwortung übernehmen solle oder ob es im Blick auf die im Dezember zu erwartenden gesamtdeutschen Wahlen nicht besser sei, jetzt aus Koalition und Regierung auszusteigen, bevor man politisch „mitverhaftet" werde. Auch aus der westdeutschen SPD mit Kanzlerkandidat Lafontaine gibt es zunehmend Druck, die ungeliebte Koalition unter Führung der Ost-CDU zu verlassen. Gerhard Schröder und Oskar Lafontaine haben ja schon am 22. Juni bei der Ratifizierung des Vertrags über die Währungs-, Wirtschafts- und Sozialunion im Bundesrat mit Nein gestimmt und wollen weiter auf Distanz gehen.

Mitte August spitzt sich die Situation in Ost-Berlin zu. Auslöser ist die Weigerung von Finanzminister Walter Romberg (SPD), die Richtlinienkompetenz seines Ministerpräsidenten in Sachen Deutschlandpolitik, obwohl im Koalitionsvertrag festgelegt, anzuerkennen und seinen Staatssekretär Walter Siegert an den Ressortverhandlungen zum Einigungsvertrag teilnehmen zu lassen. Diese hatten am 6. Juli begonnen und waren jetzt in eine entscheidende Phase getreten, wobei das Finanzressort naturgemäß eine besonders wichtige Rolle zu spielen hatte. Was Finanzminister Romberg zu dieser Haltung veranlasste, war offensichtlich seine gegenüber der Position de Maizières abweichende Auffassung, was den zukünftigen Länderfinanzausgleich betraf, bei dem wiederum westdeutsche Länder wie Nordrhein-Westfalen erhebliche Eigeninteressen verfolgten. Denn die Einbeziehung Ostdeutschlands in den bisherigen westdeutschen Länderfinanzausgleich hätte zweifellos Finanzierung und Verteilung der Finanzhilfen zwischen den Ländern wesentlich schwieriger werden lassen, da die ostdeutschen Länder in jedem Fall „Nehmer"-Länder sein würden, die Ansprüche anderer West-Länder also entsprechend geringer ausfallen würden. In dieser Situation war es vielleicht mehr als ein Zufall, dass die westdeutschen Berater von Finanzminister Romberg eben aus Nordrhein-Westfalen kamen und dass Romberg die Einbeziehung Ostdeutschlands in ebendiesen gesamtdeutschen Länderfinanzausgleich ablehnte, während sein Ministerpräsident genau dies für notwendig und richtig hielt. Wie dem auch sei, der Ministerpräsident kann sich diese Verweigerungshaltung seines Finanzministers nicht gefallen lassen und entlässt folgerichtig am 15. August Walter Romberg und mit ihm in den folgenden Tagen noch einige andere Minister, darunter CDU-Wirtschaftsminister Gerhard Pohl, der mit den neuen, mehr als schwierigen Problemen in vielen Unternehmen überfordert ist, sowie SPD-Landwirtschaftsminister Peter Pollack (parteilos, aber von der SPD in die Regierung entsandt), der die Herausforderungen seines Ressorts einfach nicht in den Griff bekommt.

Die Riesendemonstration aufgebrachter Bauern auf dem Alexanderplatz am gleichen Tag ist das beste Beispiel hierfür. Die Ausgleichszahlungen für die drastisch gesunkenen Fleischpreise haben die Betriebe bisher nicht erreicht, sie können die Futterpreise nicht mehr bezahlen. Der Ministerpräsident schickt sein „Allround-Talent" Günther Krause ins Gefecht, nachdem der (noch) zuständige Landwirtschaftsminister Pollack sich dem Zorn der Bauern nur mit einem mehr oder weniger demolierten Auto hat entziehen können. Krause sagt den Bauern zu, am nächsten Morgen in einer nahe bei Berlin gelegenen LPG – in Begleitung eines Fernsehteams – selbst zu überprüfen, wo denn das den Bauern zustehende Geld geblieben sei, und abends über das Ergebnis im Fernsehen zu berichten. In der Nacht telefoniert Krause mit dem Bundeskanzler, der seinerseits am nächsten Morgen Staatssekretär Walter Kittel vom Bonner Landwirtschaftsministerium nach Ost-Berlin schickt. Die Überprüfung vor Ort und die Rückkopplung ins DDR-Landwirtschaftsministerium ergibt, dass die 700 Millionen DM für die Ausgleichszahlungen auf einem gut verzinsten Konto in London ruhen. Begründung des Ministers: Die entsprechende Durchführungsverordnung sei in der Volkskammer zu spät verabschiedet worden und die Durchführung der Zahlungsaufträge an die Bauern benötige weitere Zeit. Umso kurzfristiger erfolgt dann die Entlassung Peter Pollacks durch den Ministerpräsidenten.

Die Ost-SPD nimmt die Entlassung ihrer Minister zum Anlass, am 19. August den Austritt aus der Ost-Berliner Koalition zu beschließen, übrigens ausdrücklich ohne vorangehende Aussprache, so dass ihr eigener Fraktionsvorsitzender, Richard Schröder, seine gegenteilige Position – er plädiert aus nationaler Verantwortung für den Verbleib seiner Partei in Koalition und Regierung – nicht vortragen und begründen kann. Er erklärt daraufhin am 21. August seinen Rücktritt von diesem Amt.

Dieser Rücktritt von Richard Schröder (und damit das Ende seiner Laufbahn als SPD-Politiker), der nach meinem Eindruck von der SPD-Führung ohne Bedauern, ja sogar mit Erleichterung zur Kenntnis genommen wird, ist aus meiner Sicht ein schwerer Verlust – nicht nur für die Sozialdemokraten in Deutschland, sondern für das Zusammenwachsen der beiden Teile Deutschlands insgesamt. Niemand hat die Fähigkeit wie er, Gefühle und Befindlichkeiten der Menschen in Ost und West in Worte zu fassen und dabei zugleich Realität und Wunschdenken einander gegenüberzustellen. Seine Stimme bleibt in zahlreichen Publikationen und Reden vernehmbar, fehlt aber spürbar und nachhaltig in vielen politischen Debatten der Folgejahre.

Nach dieser Verabschiedung der SPD aus der Verantwortung beginnt so etwas wie der Auflösungsprozess der DDR. Alle wissen, dass die mit Händen zu greifenden Probleme nicht mehr aus eigener Kraft gelöst werden können. Am 23. August beschließt die Volkskammer der DDR den Beitritt zur Bundesrepublik nach Artikel 23 des Grundgesetzes. Einige Tage später, am 31. August, unterschreiben Günther Krause und Wolfgang Schäuble im Kronprinzenpalais Unter den Linden den Einigungsvertrag.

Dieser Einigungsvertrag, für den es – ähnlich wie schon bei dem Vertrag über die Währungs-, Wirtschafts- und Sozialunion – kein Vorbild gibt, ist im Verhältnis zwischen den beiden deutschen Staaten so etwas wie der Schlussstein in der Architektur der Wiedervereinigung. Streng genommen wäre dieser Vertrag nicht notwendig gewesen, da Artikel 23 des Grundgesetzes nur eine einseitige Erklärung zum Beitritt zur Bundesrepublik Deutschland vorsieht. Seitens der DDR besteht jedoch ein großes Interesse, einen Vertrag über die Voraussetzungen des Beitritts zu schließen, für den Ministerpräsident de Maizière die Bezeichnung „Einigungsvertrag" vorschlägt und wofür er auch Zustimmung findet. Die bundesdeutsche Seite ist zu einer solchen Vereinbarung bereit, wie Wolfgang Schäuble formuliert hat, „aus partnerschaftlichem Verständnis, weil wir die Einheit wollen und weil wir wollen, dass sie gut wird. Wir haben Respekt davor, dass sich die Menschen in der DDR in dem vereinten Deutschland wiederfinden wollen."

In Umsetzung dieser Grundorientierung konzipieren, diskutieren, formulieren und verhandeln die zuständigen Beamten der einzelnen Bundesministerien sowie ihre Partner in den Ministerien der DDR in wenigen Wochen eine Fülle zum Teil sehr detaillierter Einzelregelungen für die „Überleitung von Bundesrecht" sowie eine ganze Reihe von „Besonderen Bestimmungen für fortgeltendes Recht der Deutschen Demokratischen Republik", jeweils quer durch alle Rechtsgebiete und Geschäftsbereiche der Ministerien. Zusätzlich verkompliziert werden die Verhandlungen dadurch, dass diesmal – anders als beim Währungsunionsvertrag – auch die Vertreter der westdeutschen Bundesländer sowie Volkskammerabgeordnete als Vertreter der zukünftigen ostdeutschen Länder mit von der Partie sind. Alle zusammen bewältigen ein enormes Arbeitspensum, bei dem sich die Beteiligten noch dazu in sachlichem und juristischem Neuland bewegen und das alle Akteure bis an die Grenzen der Belastbarkeit fordert. Wenn der Vertrag trotz all dieser außergewöhnlichen Umstände und Herausforderungen am 31. August unterschrieben werden kann, dann ist dies ohne Zweifel dem außerordentlichen Engagement aller Beteiligten zu verdanken, vor allem aber ist es das Verdienst der beiden Verhandlungsführer – Günther Krause für die DDR und Wolfgang Schäuble für die Bundesrepublik. Zu keinem Zeitpunkt verlieren sie den Überblick über die mehr als vielfältige und komplizierte Verhandlungsmaterie und immer wieder gelingt es ihnen, die unterschiedlichen Interessen innerhalb der jeweils eigenen Delegation, aber auch zwischen den beiden Verhandlungspartnern zusammenzuführen. Sie schaffen es, den Weg zur Wiedervereinigung endgültig frei zu machen.

Dann verlagert sich der Ort des Handelns noch einmal auf die internationale Bühne, und zwar in doppelter Hinsicht: Am 2. August hat der Irak seinen Nachbarstaat Kuwait überfallen und besetzt, mit der klaren Absicht, dieses Land zu annektieren. Schlagartig hat sich damit die internationale Agenda verändert. Die Entwicklung in Deutschland ist weit nach hinten gerückt, der Konflikt Irak–Kuwait ist das beherrschende Thema. Das spiegelt sich auch in den Kontakten mit den USA. Die Unterstützung für den deutschen Einigungsprozess bleibt unverändert, aber die Amerikaner erwarten bei der – gegebenenfalls auch militärischen – Lösung des Konflikts jetzt Solidarität von deutscher Seite. Da das Grundgesetz den Einsatz deutscher Soldaten außerhalb des Nato-Gebietes verbietet, rücken sehr schnell Finanzfragen in den Vordergrund. In einem Telefonat am 30. August kündigt Präsident Bush den baldigen Besuch seines Außenministers James Baker in Bonn an. Bei allem Verständnis für die finanziellen Belastungen Deutschlands durch die sich abzeichnende Wiedervereinigung dürfe nicht aus dem Blickfeld geraten, dass die erheblichen Kosten des Irak–Kuwait-Konflikts nur gemeinsam getragen werden könnten. Der steigende Ölpreis und die sich verschlechternde wirtschaftliche Lage in einer ganzen Reihe von Ländern zeigten, dass die westliche Welt hier vor erheblichen Herausforderungen stehe. Diese könnten nur mit gemeinsamen Anstrengungen gemeistert werden. Mir ist klar, was das bedeutet: Auf Deutschland wird eine weitere erhebliche finanzielle Belastung zukommen, und zwar in Milliardenhöhe. Denn wir können schlecht von allen unseren Partnern Zustimmung zu einem vereinten, größer werdenden Deutschland erwarten, gleichzeitig aber unsererseits bei neuen internationalen Herausforderungen Solidarität verweigern. Und wer im Falle militärischer Auseinandersetzungen nicht selbst kämpfen kann oder will, wird umso größere finanzielle Lasten zu tragen haben. Auch das zeichnet sich bereits jetzt ab.

Die andere für uns zentrale internationale „Baustelle" sind die Zwei-plus-vier-Gespräche, die am 12. September abgeschlossen werden sollen. Vorher muss allerdings noch mit der Sowjetunion ein Einvernehmen über das Finanzpaket im Zusammenhang mit dem vorgesehenen Abzug der sowjetischen Truppen aus Ostdeutschland erzielt werden. Dabei geht es vor allem um Kosten für den Wohnungsbau für die zurückkehrenden 370.000 sowjetischen Soldaten. Dieses Thema hat für Gorbatschow große Bedeutung, weil es unmittelbar Interessen und Gefühlslage der sowjetischen Militärs berührt – ein Faktor, der für die politische Handlungsfähigkeit Gorbatschows durchaus von Bedeutung ist. Nach vorbereitenden Gesprächen, die zu keinem für beide Seiten akzeptablen Ergebnis geführt haben, findet am 10. September das entscheidende Telefonat zwischen dem Bundeskanzler und dem sowjetischen Präsidenten statt. Der Bundeskanzler schlägt einen Betrag von 11 bis 12 Milliarden DM vor. Gorbatschow verweist auf die schwierige wirtschaftliche Lage in seinem Land und bezeichnet 15 bis 16 Milliarden DM als unabdingbar, um die zu erwartenden Kosten abzudecken. Er macht zudem deutlich, dass eine Regelung dieser Frage im Blick auf den laufenden deutschen Einigungsprozess nicht nur im sowjetischen, sondern auch im deutschen Interesse liege. Der Bundeskanzler erläutert erneut sein Angebot von 11 bis 12 Milliarden DM, woraufhin Gorbatschow eindringlich auf die erheblichen Schwierigkeiten hinweist, innerhalb seines eigenen Apparates überhaupt Akzeptanz für die von ihm genannten 15 bis 16 Milliarden zu erreichen. Wenn sich dieser Betrag nicht realisieren lasse, müssten völlig neue Überlegungen angestellt werden. Der Bundeskanzler und die Kollegen, die in seinem Dienstzimmer das Telefongespräch mitverfolgen, spüren, dass ein kritischer Punkt erreicht ist. Der Bundeskanzler reagiert, indem er zusätzlich zu den angebotenen 12 Milliarden noch einen zinslosen Kredit von 3 Milliarden DM anbietet, also insgesamt 15 Milliarden DM. Gorbatschow stimmt zu, die Spannung, die sich im Verlauf des Gesprächs aufgebaut hat, verliert sich. Die kurzfristige Aufnahme von Expertengesprächen zur Klärung der Einzelheiten wird verabredet. Beide Herren verabschieden sich mit freundschaftlichen Worten.

Ein schwieriges Gespräch hat damit seinen Abschluss gefunden. Ich gehe nachdenklich zurück in mein Arbeitszimmer. Wäre nicht etwas mehr Großzügigkeit unsererseits angemessen gewesen, auch wenn man die zu erwartenden Belastungen aus dem Irak–Kuwait-Konflikt im Auge behält? Die erheblichen internen Schwierigkeiten, denen sich Gorbatschow im eigenen Apparat gegenübersieht, sind nach unserer Kenntnis durchaus real. Und hatte Gorbatschow nicht erst vor sechs Wochen in Sachen Nato-Mitgliedschaft und Truppenabzug zentralen deutschen Anliegen in vollem Umfang Rechnung getragen? Und wenn zehn Jahre früher die Sowjetunion angeboten hätte, ihre Truppen für eine Gegenleistung von 50 oder sogar 100 Milliarden DM aus der DDR zurückzuziehen, hätten wir dann Nein gesagt? Wie auch immer die Antwort lautet, ein letzter, wichtiger Meilenstein ist erreicht.

Zwei Tage später, am 12. September, kann jetzt mit der Unterzeichnung des „Vertrags über die abschließende Regelung in Bezug auf Deutschland" (Zwei-plus-vier-Vertrag) in Moskau das Gebäude der Wiedervereinigung fertig gestellt werden. Nach 45 Jahren erhält Deutschland von den Siegermächten des Zweiten Weltkriegs seine volle Souveränität und damit seine Selbstbestimmung zurück.

Am 1. Oktober beginnt in Hamburg, meiner Heimatstadt, der Vereinigungsparteitag der CDU. Nach einem Besuch bei meinen Eltern fahre ich zum Kongresszentrum am Dammtor-Bahnhof. Die Stimmung bei den Delegierten lässt erwartungsgemäß nichts zu wünschen übrig. Die jetzt kurz bevorstehende Wiederherstellung der Einheit Deutschlands und gute Umfragewerte verbreiten allseits Begeisterung. Diese erreicht ihren Höhepunkt, als die CDU-Landesverbände der wiedererstandenen ostdeutschen Länder Brandenburg, Mecklenburg-Vorpommern, Sachsen, Sachsen-Anhalt und Thüringen sowie von Berlin (Ost) ihren Beitritt zur Christlich-Demokratischen Union Deutschlands erklären. Nacheinander gehen die Vertreter dieser Landesverbände an das Mikrofon und erklären mit bewegenden Worten ihre Mitgliedschaft in der gemeinsamen CDU Deutschlands. Viele von ihnen und von den Delegierten haben Tränen in den Augen – unbeschreibliche Augenblicke des Glücks! „Einigkeit und Recht und Freiheit für das deutsche Vaterland ...", nie wurde die Nationalhymne auf einem Parteitag mit so viel Gefühl und Überzeugung gesungen. Da ist es dann fast schon keine Überraschung mehr, dass Helmut Kohl bei der Wahl zum Parteivorsitzenden der gesamtdeutschen CDU ein Rekordergebnis von 98,5 % der Delegiertenstimmen erzielt. Lothar de Maizière erhält als sein erster Stellvertreter mit 97,4 % ebenfalls eine überwältigende Zustimmung. Als wir das Kongressgebäude verlassen, schaue ich hinüber nach „Planten un Blomen", eine wunderschöne Parkanlage im Herzen der Hansestadt, die in meiner Kinderzeit in den fünfziger Jahren aus einer Trümmerlandschaft neu geschaffen wurde. So wie damals hat auch heute hier ein wirklicher Neubeginn stattgefunden.

Und dieser Tag, der 2. Oktober 1990, ist noch nicht zu Ende. Ich fliege in der Bundeswehrmaschine des Bundeskanzlers zusammen mit einigen Ministern und Kollegen von Hamburg nach Berlin – der erste Direktflug eines Bundeskanzlers mit einem deutschen Flugzeug nach Berlin seit dem Zweiten Weltkrieg! Wir landen in Berlin-Tempelhof und fahren von dort in die Stadt.

Um 9 Uhr abends beginnt der Festakt im Schauspielhaus am Gendarmenmarkt. Ministerpräsident Lothar de Maizière würdigt diesen historischen Augenblick. Er bringt zum Ausdruck, was alle empfinden:

„Das Ende der DDR ist gleichzeitig eine große Wende zum Positiven, wie sie die Geschichte nur selten bereithält. Wir haben wirklich allen Anlass zu Freude und Dankbarkeit. Es ist uns gegeben, die Einheit in Frieden und Freiheit zu erreichen, im Einvernehmen mit unseren Partnern und Nachbarn. Wir können einen neuen Anfang machen. Seine Vorzeichen sind

– die Freiheit, die wir selbst erstritten haben,
– die Einheit, die wir gewollt haben,
– das Recht, das wir zu lange entbehren mussten, und
– die Menschenwürde, die uns neu gegeben ist. ...

Nicht was wir gestern waren, sondern was wir gemeinsam sein wollen, vereint uns zum Staat.

Von morgen an wird es ein geeintes Deutschland geben. Wir haben lange darauf gewartet. Wir werden es gemeinsam prägen. Wir freuen uns darauf."

Dann lässt das Gewandhausorchester unter Leitung von Kurt Masur Ludwig van Beethovens 9. Symphonie erklingen. Wie könnte das, was die Menschen hier im Konzertsaal ebenso wie draußen im Land empfinden, besser zum Ausdruck gebracht werden? „Freude schöner Götterfunken …" – viele singen am Ende mit.

Noch benommen von diesen Gedanken und Empfindungen verlasse ich das Schauspielhaus. Eine wartende Autokolonne bringt uns – wegen der vielen Menschen auf den Straßen mit langsam-würdiger Geschwindigkeit – zum Reichstag. Als es auf Mitternacht zugeht, versammeln sich die Spitzen der Republik, viele Abgeordnete, Mitstreiter aus den unzähligen Besprechungen und Verhandlungen der letzten Monate, auf den Stufen auf der Westseite des Reichtags. Davor eine unübersehbare Menschenmenge, ungezählte Fahnen und winkende Hände. Die Atmosphäre ist eine einzigartige Mischung aus festlicher Feierlichkeit und jubelnder Freude. Als um Mitternacht die Bundesflagge hochgezogen wird und Helmut Kohl, Richard von Weizsäcker, Willy Brandt und Hans-Dietrich Genscher ganz nach vorn treten, singen wir alle das Deutschlandlied. Der Jubel kennt keine Grenzen.

Auf einer der oberen Stufen erkenne ich Detlev Rohwedder, den Chef der Treuhandanstalt. Ich gehe zu ihm, und wir sprechen über diesen einzigartigen Augenblick, der uns beiden wie ein Wunder vorkommt. Dann frage ich ihn, wie er die wirtschaftliche Entwicklung in den kommenden Monaten einschätzt. Nach einigen Momenten des Überlegens sagt er: „Da kommen eine Menge Probleme, wir haben zweifellos eine sehr schwierige Phase vor uns, 1,7 Millionen Kurzarbeiter sprechen eine klare Sprache. Aber", und jetzt schaute er mir direkt in die Augen, „alles, was ich bisher in den Unternehmen und Betrieben gesehen habe, vor allem die Menschen, die ich getroffen habe, ihre Entschlossenheit zu einem wirklichen Neubeginn, all das gibt mir das sichere Gefühl: Wir schaffen es!" In seiner unnachahmlichen, jungenhaften Weise lächelt er mir zu, winkt und verschwindet in der Menschenmenge. Ich schaue noch einmal auf die jubelnde, fahnenschwenkende Menschenmenge, drehe mich um und betrete das Reichstagsgebäude. Ich gehe den mir von früheren Besuchen ver trauten langen Gang entlang und schaue auf der gegenüberliegenden Seite aus dem Fenster auf das Reichstagspräsidentenpalais – genauer: dorthin, wo zwischen Reichstag und dem Palais die Mauer verlief. Wie oft habe ich in den letzten Jahren an dieser Stelle gestanden und auf die Mauer und über sie hinweg geschaut – so nah und alles dahinter doch so unerreichbar weit entfernt. Und jetzt ist diese Mauer verschwunden, alles ist offen, die Menschen bewegen sich hin und her, als ob es diese Mauer nie gegeben hätte. Wie hatte der Bundeskanzler vor wenigen Stunden doch im Fernsehen gesagt: „Ein Traum ist Wirklichkeit geworden." Wo ist dies wahrer als hier!

Es ist gegen 2 Uhr nachts, als wir im Dienstzimmer des Bundeskanzlers im zweiten Stock des Reichtags noch zusammensitzen. Helmut Kohl und Lothar de Maizière mit ihren Ehefrauen, dazu vonseiten de Maizières seine Tochter Henriette, das befreundete Ehepaar Mau und Fritz Holzwarth, der aus Bonn kommt, in den letzten Wochen und Monaten aber hier in Berlin den DDR-Ministerpräsidenten unterstützt hat. Aus dem Kanzleramt sind Horst Teltschik und Eduard Ackermann, Juliane Weber und Norbert Prill, Wolfgang Bergsdorf und ich mit dabei. Draußen auf dem weiten Platz vor den großen Treppen zum Reichstag feiern immer noch Tausende von Begeisterten. Immer wieder muss sich der Bundeskanzler am Fenster zeigen, immer wieder brandet Beifall auf. Noch nie hatte ich dieses Gefühl, mit dabei zu sein, wenn Geschichte eine neue Wendung nimmt, wenn ein neues Kapitel aufgeschlagen wird. Die Seiten dieses Kapitels sind noch unbeschrieben. Es liegt auch mit an uns, was später dort stehen wird.

Gegen halb drei machen wir uns auf den Weg zurück zum Hotel. Straßen und Plätze sind mit Scherben übersät. Das tut unseren Gefühlen keinen Abbruch. Die Wiedervereinigung Deutschlands ist Wirklichkeit.

6. Kapitel

Die Treuhandanstalt:
im Auge des Taifuns

7. Juni 1990, Dienstag nach Pfingsten. Vormittags hat Rudi Seiters, der Chef des Bundeskanzleramtes, die Chefs der Staats- und Senatskanzleien der Bundesländer eingeladen, also die engsten Mitarbeiter der Ministerpräsidenten. Sie werden wie schon häufiger zuvor über den aktuellen Stand der deutsch-deutschen Gespräche und Verhandlungen informiert. Der Beschluss über die Schaffung der Währungs-, Wirtschafts- und Sozialunion zum 1. Juli liegt hinter uns, die notwendige Zustimmung zu diesem Vertragswerk im Bundesrat am 22. Juni noch vor uns. Auf dem Weg dahin müssen noch viele praktische Fragen der Umsetzung geklärt werden. Wir brauchen auch noch Einvernehmen mit Ost-Berlin über das im Westen wie im Osten mit vielen Emotionen beladene Thema der offenen Vermögensfragen. Bei den Bundesländern sind die Meinungen zu Währungsunion und Vermögensfragen erwartungsgemäß unterschiedlich, verlaufen auch nicht einheitlich entlang der Parteilinien. Schließlich haben namhafte Vertreter der SPD, wie Ingrid Matthäus-Maier und der frühere Hamburger Bürgermeister Klaus von Dohnanyi, zu den ersten Befürwortern einer schnellen Währungsunion gehört und setzen sich weiterhin engagiert dafür ein, während andere, wie Kanzlerkandidat Oskar Lafontaine, unverändert eine eher ablehnende Haltung an den Tag legen. Hinzu kommen parteitaktische Überlegungen. Die Bundestagswahl gegen Ende des Jahres, aller Wahrscheinlichkeit nach dann

schon ein gesamtdeutsches Wählervotum, wirft ihre Schatten voraus. Wir informieren die „Abgesandten der Länderfürsten" daher nur in allgemeiner Form über den Stand der Gespräche mit Ost-Berlin, denn zu viele Einzelheiten zu wissen könnte für die Vertreter der SPD-geführten Bundesländer die Versuchung mit sich bringen, mit Hilfe der Ost-SPD, die ja in der DDR-Regierung mit dabei ist, sozusagen, wenn auch unsichtbar, zugleich auch auf der anderen Seite des Verhandlungstisches Platz zu nehmen. Das könnte sich als weniger hilfreich herausstellen.

Am Nachmittag fahre ich ins Bundeswirtschaftsministerium. Dort habe ich mich einmal mehr mit den Staatssekretären Dieter von Würzen (Wirtschaft) und Horst Köhler (Finanzen) verabredet. Wir kennen uns schon seit über zehn Jahren aus gemeinsamer Zeit im Wirtschaftsministerium, von Würzen damals schon Staatssekretär, Köhler und ich noch „junge Leute". Wir wollen über die Treuhandanstalt sprechen, genauer darüber, wer in den nächsten Wochen die Leitung dieser gigantischen, wahrscheinlich weltweit größten Unternehmensholding übernehmen könnte. Mir ist klar, dass dies eine der allerwichtigsten Fragen in diesen Wochen und Monaten ist. Immerhin muss die Treuhandanstalt so schnell wie möglich Lösungen finden, wie die mehr als 10.000 Industriebetriebe in Ostdeutschland ihren Weg aus der staatlichen Planwirtschaft in eine Marktwirtschaft mit internationalem Wettbewerb und weltoffenen Märkten finden können. Und aus dem sogenannten „Schürer-Bericht" vom 31. Oktober 1989 (einem internen Gutachten des SED-Spitzenfunktionärs Gerhard Schürer an das Zentralkomitee der SED) wissen wir, dass es um die wirtschaftliche Leistungsfähigkeit der ostdeutschen Betriebe – gemessen an internationalen Standards – schlecht bestellt ist. Schürer veranschlagt die durchschnittliche Ost-Industrieproduktivität bei etwa 30 % weniger als im Westen. (Später sollte sich herausstellen, dass es nicht 30 % weniger waren, sondern die Produktivität im Vergleich zu Westdeutschland nur bei 30 von 100 % lag!) Hinzu kommen noch 30.000 Läden und Handelsorganisationen, zahllose Grundstücke und riesige landwirtschaftliche Flächen – Wirtschaftsbereiche, in denen ebenfalls alle Anzeichen für einen erheblichen Nachholbedarf in Sachen Modernisierung sprechen. Die Bewältigung dieser Herausforderung von wahrlich historischen Dimensionen ist die Kernaufgabe für die kommenden Monate und Jahre. Hier würde sich nicht nur die Zukunft Ostdeutschlands entscheiden, sondern ganz Deutschlands, denn in einem geeinten Deutschland sitzen wir alle in einem Boot. Wenn die Sache gutgeht, kommt es allen zugute; wenn nicht, dann haben alle die Folgen zu tragen. Als der im Kanzleramt für Wirtschaft und Finanzen Verantwortliche bin ich im Blick auf das, was hier vor uns liegt, nicht zum ersten Mal fast erschrocken.

Wir treffen uns im Arbeitszimmer von Würzens, der uns wie immer freundschaftlich begrüßt. Nach dem Austausch über die Neuigkeiten der letzten Tage – und in dieser Zeit passiert in wenigen Tagen mehr als sonst in Monaten und Jahren – kommt von Würzen schnell auf unser Thema zu sprechen. Wir wissen, dass die Volkskammer das „Gesetz zur Privatisierung und Reorganisation des volkseigenen Vermögens", kurz Treuhandgesetz, wahrscheinlich am 17. Juni, also in zehn Tagen, verabschieden wird. Darin werden Organisation und Aufgaben der Treuhandanstalt festgelegt. Damit dieser gesetzlich vorgegebene Rahmen mit Leben erfüllt und die Treuhand handlungsfähig werden kann, muss jetzt geklärt werden, wer in dieser Organisation in Zukunft die Regie führen wird. Dabei erfolgt die Berufung zur Leitung der ostdeutschen Treuhandanstalt naturgemäß durch Ministerpräsident de Maizière und seine Regierung. Es geht also jetzt darum, einen Vorschlag zu machen, der aus unserer Sicht im Hinblick auf Kompetenz, Erfahrung, Durchsetzungsvermögen etc. erfolgversprechend ist, aber zugleich reale Chancen hat, auch in Ost-Berlin auf Akzeptanz zu stoßen. Und jetzt geschieht etwas ganz Ungewöhnliches: Der Kollege von Würzen stellt die Frage nach möglichen Personen, die hierfür in Frage kämen, in den Raum. Es dauert nur wenige Sekunden, und von allen dreien kommt im gleichen Augenblick die gleiche Antwort: Detlev Rohwedder. Wir – von Würzen, Köhler und ich – schauen uns etwas verblüfft an, dann ein kurzes Lachen. Wie kann es sein, dass wir alle die gleiche Idee haben?

Eine im buchstäblichen Sinne naheliegende Erklärung wäre, dass das Zimmer, in dem wir sitzen, das frühere Dienstzimmer eben Detlev Rohwedders ist, der vom legendären Bundeswirtschaftsminister Karl Schiller 1969 als Staatssekretär berufen wurde und hier bis 1978 gearbeitet hat, bevor er Vorstandsvorsitzender bei Hoesch in Dortmund wurde. Wie dem auch sei, was unserer übereinstimmenden Meinung nach wirklich für Rohwedder spricht, ist die Tatsache, dass er einerseits durch seine Zeit in diesem Haus mit der Arbeitsweise von Regierung, Parlament und Verwaltung bestens vertraut ist, er aber anderseits eben auch über langjährige Erfahrung in der Industrie, in der Führung eines großen Unternehmens sowie bei der Sanierung und Neuausrichtung nicht mehr wettbewerbsfähiger Industrieaktivitäten verfügt. Dabei wird uns einmal mehr bewusst, dass in Deutschland – im Unterschied etwa zu den USA – Führungspersönlichkeiten, die sowohl über Erfahrungen in Politik und Verwaltung wie auch in der Wirtschaft verfügen, absoluten Seltenheitswert haben. Seine starke, eindrucksvolle Persönlichkeit lässt im Übrigen die Erwartung zu, dass, wenn überhaupt jemand diese Herausforderung meistern kann, dieser Mensch Detlev Rohwedder ist. Hinzu kommt, dass Rohwedder in Gotha geboren wurde, also familiäre Wurzeln in der DDR hat. In seiner Zeit als Staatssekretär im Bundeswirtschaftsministerium war er unter anderem zuständig für die innerdeutschen Wirtschaftsbeziehungen; lange Zeit eine der wenigen offiziellen Verbindungen für Gespräche und Verhandlungen zwischen der Bundesrepublik und der DDR. In dieser Zeit war er regelmäßiger Besucher der Leipziger Messe – eine Gelegenheit, die er ebenso regelmäßig nutzte, seine Verwandten zu besuchen, auch um sich bei ihnen und nicht nur bei seinen offiziellen Gesprächspartnern über die realen Verhältnisse in der DDR zu informieren. Wir verabreden, dass ich den Bundeskanzler über unseren gemeinsamen Vorschlag informiere.

Dies tue ich noch am gleichen Abend. Der Bundeskanzler hält unseren Vorschlag für „wirklich interessant". Der Umstand, dass Rohwedder SPD Mitglied ist, ist bei genauer Betrachtung eher hilfreich, weil damit für jedermann erkennbar wird: Hier geht es um Qualität und Eignung von Person und Persönlichkeit für eine historisch einmalige Aufgabe, nicht um Parteizugehörigkeit. Jetzt geht alles sehr schnell; zunächst die notwendigen Abklärungen innerhalb von Koalition und Bundesregierung – mit positivem Ergebnis, überwiegend gibt es nachdrückliche Zustimmung. Dann spricht der Bundeskanzler mit Detlev Rohwedder und erreicht dessen Einwilligung. Es folgen Telefonate mit Ministerpräsident de Maizière, und es wird verabredet, dass sich beide Herren – de Maizière und Rohwedder – am Rande des bevorstehenden Kanzlerfestes zu einem ersten Gespräch treffen. Dies geschieht am 23. Juni. Ich bringe beide zusammen, und ihr Gespräch nimmt einen so ermutigenden Verlauf, dass sich der Ministerpräsident sehr bald den „Vorschlag Rohwedder" zu eigen macht. Wenige Tage später informiert de Maizière die Volkskammer, dass er beabsichtige, Herrn Rohwedder zum Vorsitzenden des Verwaltungsrats der Treuhandanstalt zu ernennen. Der entsprechende Beschluss der DDR-Regierung folgt am 4. Juli.

Am 15. Juli übernimmt Reiner Maria Gohlke, bis dahin Chef der Deutschen Bundesbahn, auf Vorschlag Rohwedders die Aufgabe des Präsidenten, also des Vorstandsvorsitzenden der Treuhandanstalt. Erste Empfehlungen, ihn auf diesen Posten zu berufen, sind zuvor von Hans-Olaf Henkel, damals Chef von IBM-Deutschland, gekommen, der Gohlke von seiner früheren Zeit bei IBM kennt. Auch ich habe mit Gohlke telefoniert. Daraufhin macht sich Rohwedder den Vorschlag kurzfristig zu eigen. Damit sind – so meine Einschätzung Mitte Juli – die wichtigsten Personalentscheidungen für die Treuhandanstalt sehr zügig getroffen worden, jetzt kann der Umbau der ostdeutschen Wirtschaft beginnen.

Doch was jetzt beginnt, ist erst in zweiter Linie die praktische Arbeit der Treuhandanstalt. Stattdessen kommt zunächst einmal ihre schwerste Krise. In der 8. Etage des „Hauses der Elektrotechnik" am Alexanderplatz, der ersten Bleibe der Treuhandanstalt, sitzen zwei gestandene, renommierte Wirtschaftsführer, die sich offensichtlich sehr schnell in gegenseitigem Nicht-Verständnis verbunden oder vielmehr nicht verbunden sind. Der eine – Reiner Maria Gohlke – stürzt sich mit aller Kraft in die Arbeit und versucht, für die rapide wachsende Zahl der Problemfälle Lösungen zu finden. Dem anderen – Detlev Rohwedder – geht es angesichts von mehr als 10.000 um ihr Überleben kämpfenden Unternehmen zunächst weniger um Lösungen im Einzelfall, sondern erst einmal um die Entwicklung von Konzepten und Strategien, wie sich die Treuhandanstalt eigentlich aufstellen und organisieren muss, um die Riesenwelle der auf sie zurollenden Probleme mit Aussicht auf Erfolg bewältigen zu können.

So jedenfalls die Beschreibung der „Zusammenarbeit" auf der 8. Etage, wie wir sie in Bonn zu hören bekommen, wenn wir uns nach dem Stand der Dinge am Alexanderplatz erkundigen, wobei die Akzentuierungen natürlich, je nachdem, mit wem man gerade gesprochen hat, immer etwas unterschiedlich ausfallen. Wir sind geschockt von dieser unerwarteten Entwicklung – als ob wir in diesen Tagen nicht schon auf genügend anderen politischen „Baustellen" gefordert wären. Wir, das heißt die Kollegen im Finanz- und im Wirtschaftsministerium sowie ich im Bundeskanzleramt, versuchen in einer ganzen Reihe von Krisengesprächen zu vermitteln, müssen aber nach wenigen Tagen zur Kenntnis nehmen, dass die Lage eher weiter eskaliert, statt zur Normalität zurückzukehren – allzu groß sind offensichtlich die Meinungsverschiedenheiten über die Art und Weise, wie die übergroßen Probleme denn nun eigentlich anzupacken seien. Auch auf der persönlichen Ebene gibt es offenbar keine gemeinsame „Wellenlänge". Bei mir entsteht zunehmend das Gefühl, dass wir uns bereits in einer Sackgasse befinden, ein Ausweg ist bei dieser Lage der Dinge nicht erkennbar.

Mitte August wird dieses Gefühl zur Gewissheit. Nach ergebnislosen Vermittlungsgesprächen erklärt Reiner Gohlke seinen Rücktritt als Präsident der Treuhandanstalt. In einer Pressemitteilung nennt er als Gründe die „Meinungsverschiedenheiten mit dem Verwaltungsratsvorsitzenden und seinem Stellvertreter [Otto Gellert] in Fragen der Organisation, der Personalführung und der Zusammenarbeit". Kein Wort des Vorwurfs an irgendjemanden, jetzt nicht und auch nicht Jahre später im Treuhand-Untersuchungsausschuss des Deutschen Bundestages. Die Pressemitteilung der Treuhandanstalt spricht ihrerseits von „unterschiedlichen Auffassungen zwischen ihm [Reiner Gohlke] und Mitgliedern des Verwaltungsrats über die Erfüllung der Aufgaben der Treuhandanstalt und die Zusammenarbeit zwischen Vorstand und Verwaltungsrat".

Rudi Seiters, Chef des Bundeskanzleramtes, und ich übernehmen die Aufgabe, Reiner Gohlke am 22. August im Bundeskanzleramt zu verabschieden. Es ist das schwierigste Gespräch dieser Art, das ich in meinem Berufsleben geführt habe. Denn Reiner Gohlke ist von uns kein Vorwurf zu machen, ganz im Gegenteil. Er hat sich vom ersten

Tag an mit großem persönlichen Engagement in seine neue Aufgabe „hineingekniet", hat alles aus seiner Sicht Mögliche getan, um zukunftsfähige Lösungen für notleidende DDR-Betriebe zu finden und umzusetzen. Auf der persönlichen Ebene kommt noch hinzu, dass Reiner Gohlke kurze Zeit vorher seine Frau verloren hat: auch ein Grund für ihn, seine Chefposition bei der Bundesbahn in Frankfurt aufzugeben und auf Bitten der Regierungen in Bonn und Ost-Berlin diese neue, einzigartige Herausforderung zu übernehmen. Dann nach wenigen Wochen das Aus, weil sich die notwendige Zusammenarbeit zwischen ihm und dem Vorsitzenden des Verwaltungsrates als nicht umsetzbar herausstellte.

Es bleibt festzuhalten, dass hier zwei herausragende Persönlichkeiten um den besten Weg gerungen haben, wie für Tausende von Unternehmen der Übergang in die neue Welt von Markt und Wettbewerb möglich gemacht werde könne – leider mit ganz verschiedenen, ja gegensätzlichen Schlussfolgerungen. Es ist so etwas wie eine „tragische Situation" in der griechischen Tragödie, für die es bekanntlich keine „richtige" Lösung gibt. Die Art und Weise, wie Reiner Gohlke damit umgegangen ist, und sein Zurückstellen zweifellos vorhandener persönlicher Verletzungen, beides hat Seltenheitswert. Reiner Gohlke gilt meine bleibende Hochachtung.

Die dringendste Aufgabe ist es jetzt, die Führung der Treuhandanstalt neu zu ordnen. In einem persönlichen Gespräch fragt der Bundeskanzler Detlev Rohwedder, ob er in dieser kritischen Situation bereit sei, selbst das Amt des Präsidenten der Treuhandanstalt zu übernehmen. Dieser erklärt sich einverstanden, wissend, dass er parallel dazu seine Aufgabe als Chef von Hoesch nicht dauerhaft würde weiterführen können – eine Entscheidung, die ihm sicher nicht leichtgefallen ist. Ministerpräsident de Maizière stellt ihm kurze Zeit später in Ost-Berlin die gleiche Frage und erhält die gleiche Antwort. Eine Woche später ist auch ein neuer Vorsitzender des Treuhand-Verwaltungsrats gefunden: Jens Odewald, Vorstandsvorsitzender der Kaufhof AG, erklärt sich auf Bitten des Bundeskanzlers und des DDR-Ministerpräsidenten bereit, die Leitung des Aufsichtsorgans der Treuhandanstalt zu übernehmen – eine Weichenstellung, über die ich mich freue, weil ich Jens Odewald zuvor bereits als einen kenntnisreichen, erfahrenen, durchsetzungsstarken Manager mit dem notwendigen Augenmaß kennengelernt habe. Und es war alles andere als selbstverständlich, dass Jens Odewald zu dieser Anfrage Ja sagen würde, denn es bedeutete, über seine ohnehin schon anspruchsvolle Aufgabe als Vorstandsvorsitzender der Kaufhof AG hinaus, eine weitere erhebliche, noch dazu ehrenamtliche Arbeitsbelastung für ihn. Im April 1993 übergibt Jens Odewald seine Aufgabe dann an Manfred Lennings, den ehemaligen Vorstandsvorsitzenden der Gutehoffnungshütte, der diese Arbeit in souveräner Weise fortführt.

Weitere Veränderungen im Treuhand-Verwaltungsrat erscheinen mir erforderlich. Angesichts der schon im Gang befindlichen und sich weiter verstärkenden Umbrüche in der ostdeutschen Wirtschaft, insbesondere in den Industriebetrieben, halte ich eine angemessene Vertretung der Gewerkschaften im Treuhand-Verwaltungsrat für unbedingt notwendig. Denn eine unserer wichtigsten Erfahrungen aus den Strukturveränderungen in Westdeutschland in den zurückliegenden Jahrzehnten ist, dass diese sich nur mit den Gewerkschaften und nicht gegen sie erfolgreich bewältigen lassen. Am 24. September empfängt der Bundeskanzler den Vorsitzenden des DGB, Heinz-Werner Meyer, früher Vorsitzender der IG Bergbau und Energie, Verfechter traditioneller Sozialpartnerschaft und ein erfahrener, offener, angenehmer Gesprächspartner. Die Unterhaltung dreht sich naturgemäß um die zunehmenden Alarmmeldungen aus ostdeutschen Industrieunternehmen. Der Bundeskanzler erläutert die zahlreichen Stützungsmaßnahmen, insbesondere die inzwischen deutlich über 20 Milliarden DM an staatlichen Bürgschaften für Kredite, mit denen die Unternehmen, die immer weniger Abnehmer für ihre Produkte finden, am Leben erhalten werden. Hinzu kommen Investitionszuschüsse und Steuervorteile für Neuinvestitionen. Er bittet Herrn Meyer, mit dafür zu sorgen, dass Wirtschaft und Gewerkschaften – ebenso wie die Bundesregierung – konkrete Beiträge dazu leisten, dass möglichst viele der jetzt gefährdeten Unternehmen mittels Investitionen und einer Lohnentwicklung mit Augenmaß in ihrer Existenz gesichert werden können.

Als sich Herr Meyer verabschiedet hat, erläutere ich dem Bundeskanzler meine Überlegungen zur Einbeziehung der Gewerkschaften in den Treuhand-Verwaltungsrat. Konkret schlage ich vor, dass die Vorsitzenden von DGB und DAG (Deutsche Angestellten-Gewerkschaft), Meyer und Issen, sowie der beiden wichtigsten Industriegewerkschaften, IG Metall und IG Chemie, Steinkühler und Rappe, Mitglieder des Treuhand-Verwaltungsrats werden. Darüber hinaus plädiere ich dafür, auch die Ministerpräsidenten der (einschließlich Berlin) sechs ostdeutschen Länder, die mit der Wiedervereinigung am 3. Oktober neu entstehen, in gleicher Weise in die Arbeit der Treuhandanstalt mit einzubeziehen. Denn ich halte es für abwegig, angesichts solch einer existenziellen Herausforderung die Spitzenrepräsentanten der betroffenen Länder nicht bei der Gestaltung dieser tiefgreifenden Veränderungen mit in die Verantwortung zu nehmen. Der Bundeskanzler stimmt dem Grundgedanken zu und beschließt unser Gespräch mit der Maßgabe: „Reden Sie darüber mit Rohwedder und Waigel, wir müssen hier etwas tun."

Ich tue dies umgehend – mit dem Ergebnis, dass Hermann Rappe bereits am 5. Oktober, Heinz-Werner Meyer und Roland Issen dann am 28. November von der Bundesregierung in den Treuhand-Verwaltungsrat berufen werden. Eine Wochen später folgt dann auch die Berufung eines Vertreters der IG Metall. Die Ministerpräsidenten der sechs ostdeutschen Länder folgen am 18. Dezember. Damit haben in diesem obersten Gremium der Treuhandanstalt sechs ostdeutsche Ministerpräsidenten, vier Spitzenvertreter der Gewerkschaften, dazu neun Vertreter aus der Wirtschaft und zwei Staatssekretäre der Bundesregierung (Finanzen und Wirtschaft) Sitz und Stimme. Dies erscheint mir im Blick auf die mehr als schwierige Tagesordnung in den kommenden Wochen, Monaten und Jahren die richtige Zusammensetzung. Hinzu kommt, dass seit November 1990 Eckart John von Freyend als zuständiger Abteilungsleiter im Bundesfinanzministerium die Verantwortung für die Treuhandanstalt übernommen hat. Er kommt vom Bundesverband der Deutschen Industrie und widmet sich seiner neuen Aufgabe mit großem Engagement. Zwischen uns entwickelt sich eine sehr gute, vertrauensvolle Zusammenarbeit, die erforderlichenfalls rund um die Uhr stattfindet.

Bei der IG Metall gestalten sich die Dinge – wie fast immer – komplizierter. Ihr Vorsitzender, Franz Steinkühler, will selbst in der Treuhandanstalt keine Mitverantwortung übernehmen, sondern beauftragt damit IG-Metall-Vorstandsmitglied Horst Klaus. Für mich ist damit klar, dass sich Steinkühler die Möglichkeit für eine Doppelstrategie offenhalten will – „draußen", wann immer angezeigt, Agitation gegen die Treuhandanstalt, und zugleich „drinnen" mit dabei sein, um jederzeit informiert zu sein und von eventuellen staatlichen Geldquellen zu profitieren, beispielsweise für Arbeitsbeschaffungsmaßnahmen (ABM), Qualifikation, Weiterbildung und Ähnliches. So kommt es dann auch. Als zu Beginn 1991 die Absatzzahlen in vielen ostdeutschen Unternehmen dramatisch einbrechen und Arbeitslosen- und Kurzarbeiterzahlen nach oben schnellen, sind Steinkühler und die IG Metall ganz vorn mit dabei, Protest und Demonstrationen gegen Treuhandanstalt und Bundesregierung zu organisieren. „Montagsdemonstrationen" werden wiederbelebt, diesmal mit der klaren Stoßrichtung gegen die Treuhandanstalt und gegen die Person ihres Chefs, Detlev Rohwedder. Am 22. März kommt es vor der Treuhandanstalt am Alexanderplatz in Berlin zu einer Großdemonstration gegen Massenarbeitslosigkeit. In Leipzig gehen einige Tage später 80.000 Menschen auf die Straße.

Die Bundesregierung erkennt die Dramatik dieser Entwicklung. Bundeskanzleramt, Finanz- und Wirtschaftsministerium entwerfen das Konzept für das „Gemeinschaftswerk Aufschwung Ost", das von der Bundesregierung – nach Abstimmung mit den ostdeutschen Ländern – am 6. März 1991 beschlossen wird. Mit ihm werden 17 Milliarden DM für zusätzliche öffentliche Investitionen in Ostdeutschland bereitgestellt. Am 14. März treffen sich unter Vorsitz des Bundeskanzlers die Bundesminister für Finanzen, Wirtschaft und Arbeit, die Ministerpräsidenten der ostdeutschen Länder und die Spitzen der Treuhandanstalt. Sie verständigen sich auf eine wesentlich engere Zusammenarbeit für den Aufschwung Ost. So werden ab sofort in allen ostdeutschen Ländern sogenannte Treuhand-Wirtschaftskabinette gebildet, um die Kooperation zwischen Landesregierungen und Treuhand schneller und wirkungsvoller zu machen. Ziel ist, dass Treuhandanstalt und Länder vor Ort ohne die üblichen bürokratischen Prozeduren kurzfristig reagieren können, um die Umstrukturierung von Unternehmen zu unterstützen und Arbeitsplätze zu sichern. Bundesarbeitsminister Norbert Blüm unterzeichnet einige Tage später ein Arbeitsmarkt-Sonderprogramm mit 280.000 Stellen für Arbeitsbeschaffungsmaßnahmen, mit denen Arbeitnehmer, die ihre Arbeit verloren haben, auf Zeit wieder beschäftigt werden können. Gleichzeitig gibt es erste Lichtblicke in Gestalt gewichtiger Privatinvestitionen. Um nur einige Beispiele zu nennen: Der erste in Eisenach montierte Opel „Vectra" läuft im Oktober vom Band. Volkswagen gibt den Bau eines Werkes in Mosel bei Zwickau bekannt. Mercedes steigt bei den IFA-Automobilwerken in Ludwigsfelde ein. Die BASF übernimmt das Synthesewerk in Schwarzheide in Brandenburg. Und Henkel kauft das Waschmittelwerk Genthin, das früher bereits einmal zur Unternehmensgruppe gehört hat.

Trotz solcher positiver Einzelerfahrungen mache ich mir keine Illusionen. Die Gesamtsituation in Ostdeutschland ist in diesen Wochen vor Ostern außerordentlich angespannt. Immer mehr machen sich die Verluste an Märkten und Kunden bei den Betrieben bemerkbar. Daran ändert auch die Erkenntnis nichts, dass es nicht zuletzt die Menschen in Ostdeutschland selbst sind, die ihren Ost-Produkten und damit ihren eigenen Unternehmen die Treue aufkündigen und lieber neue West-Produkte kaufen. Ergebnis ist, dass die Unternehmen in vielen Fällen nicht einmal mehr die Lohnkosten für ihre Belegschaft erwirtschaften können. Die Gefahr negativer Kettenreaktionen quer durch die ganze ostdeutsche Volkswirtschaft ist groß, es besteht akuter Handlungsbedarf.

Dabei muss es aus meiner Sicht um zweierlei gehen: einmal um Hilfen für diejenigen Arbeitnehmer, deren Betriebe auch mit staatlicher Unterstützung ganz offensichtlich keine Chance haben, in einer absehbaren Zeit Produkte und Herstellungsverfahren so zu modernisieren, dass sie sich dauerhaft am Markt behaupten können. Wartburg- und Trabant-PKWs sind dafür anschauliche Beispiele. Gestern noch jahrelange Wartelisten, heute Platzhalter, die keiner mehr haben will. Hier müssen Sozialpläne, Arbeitsbeschaffungsmaßnahmen, Umschulung, Qualifizierung, notfalls Arbeitslosengeld Brücken für den Übergang in andere, neue Beschäftigungsverhältnisse bauen.

Auf der anderen Seite geht es um diejenigen Unternehmen, die mit Hilfe von Investitionen, Qualifikationsmaßnahmen und Produktentwicklung so weit kommen können, dass sie nach einer Übergangszeit die Chance haben, auf eigenen Beinen zu stehen. Konkret bedeutet dies, dass die Unternehmen selbst in einem ersten Schritt Sanierungskonzepte in eigener Sache erarbeiten, das heißt die Frage beantworten sollen, wie aus ihrer Sicht Produkte, Produktionsanlagen und die dazugehörenden internen Abläufe so verbessert werden können, dass sie sich erfolgreich gegen die Konkurrenz zu behaupten vermögen. Natürlich besteht dabei die Gefahr, dass sich Unternehmensleitungen aus Eigeninteresse „reich rechnen", also ihrer „Muttergesellschaft" beziehungsweise Holding Treuhandanstalt Konzepte jenseits der Realität präsentieren – sowohl auf der Kosten- wie auf der Absatzseite.

Um das zu verhindern, werden diese Unternehmenskonzepte in einem zweiten Schritt vom sogenannten „Leitungsausschuss" geprüft – ein Gremium von unabhängigen Fachleuten, unterstützt von zwei Beratungsgesellschaften (Roland Berger und A. T. Kearney) und zwei Wirtschaftsprüfungsgesellschaften (KPMG und C&L Treuarbeit) –, um herauszufinden, ob sie tatsächlich tragfähig sind. Wird dies bestätigt, hat das Unternehmen grundsätzlich Anspruch auf finanzielle Treuhand-Unterstützung, auch wenn sich zunächst kein privater Investor findet, der neben Investitionen Markt- und Kundenkenntnisse mitbringt. Viele besonders schwierige Privatisierungen, zum Beispiel bei Chemie, Werften und Stahl, verlaufen nach diesem Muster, das heißt: Privatisierung erst nach Jahren in Eigenregie der Treuhandanstalt, weil – bei gegebenen Chancen, die Wirtschaftlichkeit zu erreichen – ein geeigneter Investor erst mit großer Zeitverzögerung gefunden werden kann.

In dieser Leitungsausschuss-Werkstatt spielt Horst Plaschna als Vorsitzender eine entscheidende Rolle. Auch wenn sein Gremium nur Empfehlungen an den Treuhand-Vorstand aussprechen kann, der seinerseits die notwendigen Entscheidungen treffen muss, kann an der zentralen Rolle, die er, der ehemalige Sanierer der Deutschen Anlage-Leasing, und seine Mitstreiter spielen, kein Zweifel bestehen. Viele tausend Konzepte gehen über seinen Tisch. In jedem Einzelfall muss herausgefunden werden, ob das Unternehmen sanierungsfähig ist, ob es eine Chance hat, mit angemessener finanzieller Unterstützung wirtschaftlich zu arbeiten und wettbewerbsfähig zu werden – oder ob das Unternehmen stillgelegt werden muss, weil die Mindestvoraussetzungen für den Weg in die Konkurrenzfähigkeit einfach nicht gegeben sind. Unter Plaschnas Regie setzt sich durch, dass im Leitungsausschuss alle Empfehlungen nur einstimmig abgegeben werden, notfalls dauern die Beratungen eben bis tief in die Nacht. Er erkennt, dass man über das Schicksal von Unternehmen und Arbeitnehmern nicht mit mehr oder weniger knappen Mehrheiten entscheiden kann. Die andere Seite der Medaille ist, dass die Leitungsausschuss-Mitglieder angesichts Tausender zu prüfender Einzelfälle, immer mit größter Dringlichkeit, fast regelmäßig an die Grenze ihrer physischen Leistungsfähigkeit stoßen. Hier treffe ich gelebten Patriotismus, ohne dass das Wort jemals ausgesprochen wird.

Diese Kernidee, dass jedes Unternehmen grundsätzlich eine reale Chance haben muss, sofern Mindestvoraussetzungen dafür gegeben sind, ist für mich der entscheidende Dreh- und Angelpunkt für die Umstrukturierung der ostdeutschen Wirtschaft. An ihr hängt die Glaubwürdigkeit unserer gesamten Politik für den Aufbau Ost. Sie ist der Ausgangspunkt für die Regierung und für die Arbeit der Treuhandanstalt. Darüber besteht zu jedem Zeitpunkt Einvernehmen zwischen den handelnden Personen in Bonn und Berlin. Kein vertretbares, sinnhaftes Sanierungskonzept scheitert an fehlendem Geld. Die Herausforderung liegt darin, dass die Erarbeitung von Sanierungskonzepten, deren Prüfung und Rückkopplung mit den betroffenen Unternehmen sowie die Suche nach geeigneten Investoren Zeit benötigt – Zeit für das Überleben, die im wahrsten Sinn des Wortes „gekauft" werden muss. Von daher müssen sich Bundesregierung und Treuhand mit erheblichen Finanzierungsgrößenordnungen anfreunden, die zur Umsetzung einer solchen glaubhaften Strategie unabweislich sind. So übernimmt die Treuhand Anfang Februar für ihre Unternehmen Liquiditätshilfen in Höhe von 28 Milliarden DM. Und der tatsächliche Finanzbedarf der Treuhandanstalt, also der negative Saldo aus Einnahmen und Ausgaben, liegt am Jahresende 1991 bei immerhin 24 Milliarden DM – Größenordnungen, die für alle handelnden Personen in Politik, Wirtschaft und Ministerien bis dahin kaum vorstellbar waren.

Aber es geht nicht nur um Geld für das Überleben und die Sanierung ostdeutscher Unternehmen. Es geht auch um die Unterstützung, die soziale Abfederung für diejenigen, deren Unternehmen ihr Personal verringern müssen oder die keine Aussichten auf Sanierung beziehungsweise Übernahme durch private Investoren haben, also eher früher als später stillgelegt werden müssen. Um hierüber zu sprechen, treffen sich am 23. März, dem Samstag vor Palmsonntag, Spitzenvertreter von Treuhandanstalt, Gewerkschaften und Bundesregierung im Kölner Hotel Excelsior. Neben Detlev Rohwedder und Jens Odewald sind Heinz-Werner Meyer, Roland Issen und Hermann Rappe dabei, vonseiten der Bundesregierung Horst Köhler, Dieter von Würzen, Bernhard Jagoda, Eckart John von Freyend und ich. Es geht um Leitlinien für Sozialpläne für ostdeutsche Betriebe, ein Thema, dessen Brisanz auf der Hand liegt.

Die Gespräche ziehen sich über den ganzen Tag hin. Gesucht wird ein Abfindungsbetrag je Arbeitnehmer, der hoch genug ist, um bei den Betroffenen eine Mindestakzeptanz zu finden, der aber gleichzeitig verhindert, dass die Gesamtbelastung für den Steuerzahler am Ende „durch die Decke schießt". Nach langem Hin und Her und vielen Einzelgesprächen einigen wir uns am Abend auf einen Betrag von 5.000 DM je betroffener Arbeitnehmer. Diese Verständigung bildet knapp vier Wochen später die Grundlage für den Abschluss eines Sozialpakts zwischen der Treuhandanstalt einerseits sowie DGB und DAG andererseits. Dieser Pakt hält; alle Beteiligten stehen zu den Verabredungen, auch wenn Zufriedenheit im Einzelfall naturgemäß nur selten erreicht wird. Hier hat die deutsche Sozialpartnerschaft funktioniert. Sie wird dringend gebraucht. Bis Ende März muss in 333 Treuhand-Betrieben die stille Liquidation eingeleitet werden, betroffen sind 87.000 Arbeitnehmer.

In solch turbulenten Zeiten ist es besonders gut, wenn Feiertage und Ferien zumindest ein gewisses Nachlassen der hektischen Betriebsamkeit erzwingen. Das gibt mehr Zeit zum Nachdenken, auch für neue Überlegungen. In diesem Sinn schreibt Detlev Rohwedder am 27. März, vier Tage vor Ostern, einen Brief an die Mitarbeiter der Treuhandanstalt mit der Überschrift: „Die Treuhand erfüllt ihren Auftrag: Schnelle Privatisierung – entschlossene Sanierung – behutsame Stilllegung". Er führt dies aus mit der Feststellung: „Privatisierung ist die wirksamste Sanierung. … Sanierung ist ständiger Auftrag der Treuhandanstalt für die Unternehmen auf dem Weg zur Privatisierung. … Stilllegungen sollen zum Kristallisationspunkt neuer Aktivitäten werden." Und er endet mit dem Appell: „Vorstand und Mitarbeiter müssen wohl volles Verständnis dafür haben, dass diese Arbeit mit kritischer Aufmerksamkeit begleitet wird. Anfeindungen und Verleumdungen sind aber keine Kritik und können uns daher nicht treffen."

Am späten Abend des Ostermontags wird Detlev Rohwedder im Arbeitszimmer seines Wohnhauses in Düsseldorf von der tödlichen Kugel des Mörders getroffen. In der Nacht zum Dienstag werde ich vom Lagezentrum des Bundeskanzleramts über den RAF-Anschlag informiert. Ich bin wie gelähmt. Kurz vor Ostern hatten wir noch telefoniert und über seinen Brief an die Treuhand-Mitarbeiter gesprochen. Jetzt wird es kein Gespräch mehr geben, ich kann es nicht glauben.

Am Dienstag sind meine Mitarbeiter und ich im Kanzleramt, wir sammeln alle verfügbaren Informationen. Und wir müssen uns, obwohl wir das, was geschehen ist, noch gar nicht fassen können, zu der Frage durchringen: Wie geht es jetzt weiter? Zusammen mit Eduard Ackermann, dem Kommunikationschef im Kanzleramt, telefoniere ich mit dem Bundeskanzler und informiere ihn über die Einzelheiten des Mordanschlags, soweit diese inzwischen bekannt sind. Er will mit Frau Rohwedder telefonieren, sobald dies möglich ist. Bei der Treuhandanstalt in Berlin hat Birgit Breuel als Rohwedders Stellvertreterin erst einmal die Leitung übernommen.

Acht Tage später, am 10. April, nimmt die Bundesrepublik Deutschland in einem bewegenden Staatsakt im Schauspielhaus am Berliner Gendarmenmarkt Abschied von Detlev Rohwedder. Hier an dieser Stelle, wo sich vor sechs Monaten die DDR, ebenfalls mit einem Staatsakt, durch den Beitritt zur Bundesrepublik Deutschland aus der Geschichte verabschiedet hat, würdigt jetzt Bundespräsident Richard von Weizsäcker einen Mann, für den das Erbe dieser DDR in den zurückliegenden Monaten zur größten Herausforderung seines Lebens geworden ist. Und der Bundespräsident tut dies mit einer großen, einfühlsamen Rede. Am Ende kommt er zurück auf Rohwedders vorösterlichen Brief und lässt ihn selbst zu Wort kommen: „Die Treuhandanstalt ist verpflichtet, unternehmerisch zu handeln – aber nicht im eigenen Interesse. Ihre Aufgabe ist Dienstleistung für das ganze Volk." Kein Zweifel, so hat Detlev Rohwedder seine Arbeit mit und für die Treuhandanstalt gesehen.

Auf dem Weg zurück zum Hotel beschäftigt mich die Frage, ob wir, ob die Bundesregierung und mit ihr die Treuhandanstalt, ob ich selbst unsere Aufgabe wirklich immer richtig verstanden habe. Dabei geht mir eine Passage aus Weizsäckers Rede durch den Kopf: „Wir wissen, wohin wir wollen, und wir vertrauen darauf, dass wir es schaffen. Aber zur Zeit gehen wir den Weg der Vereinigung mit innerer Unruhe. Die geistige Auseinandersetzung ist in einer schwierigen Phase. Die soziale Einheit ist voller Risiken. Im Osten blicken viele Menschen auf ihre Lage mit Enttäuschung und Verbitterung. Im Westen wird darauf mancherorts gereizt reagiert. Es macht uns Mühe, uns gegenseitig zu verstehen, wie wir wirklich sind." Ja, da ist etwas dran. Das kann man spüren, wenn man im Osten unterwegs ist und mit den Menschen ins Gespräch kommt. Mein Fazit: Unsere Konzepte und Strategien sind sicher gut überlegt, aber ich muss immer wieder neu überprüfen, ob sie die beiden Teile unseres Landes näher zusammen- oder weiter auseinanderbringen. Und es ist nicht nur wichtig, was wir tun, sondern auch, wie wir es tun, wie wir einander zuhören und wie wir miteinander reden.

Wenige Tage später fällt die Entscheidung, dass Birgit Breuel die Führung der Treuhandanstalt übernimmt. Zuvor hat der Bundeskanzler mehrfach mit mir darüber gesprochen. Ich kenne Frau Breuel von mehreren Begegnungen in den zurückliegenden Monaten und bin von ihrer Qualifikation und ihren Führungseigenschaften überzeugt. Einziges Problem ist, dass sie – im Gegensatz zu Detlev Rohwedder – über keine Erfahrung in der Führung von Unternehmen und in der praktischen Bewältigung schwieriger Um- und Restrukturierungsprozesse in Industriebetrieben vor Ort verfügt: ein Umstand, der seinerzeit bei der Berufung Detlev Rohwedders eine wichtige Rolle gespielt hatte. Hinzu kommt für mich noch das Gefühl, dass grundsätzliche, ordnungspolitische Orientierungen in der Breuel'schen Sicht von Wirtschaftspolitik durchaus eine Rolle spielen – Orientierungen, die sicher in Normalzeiten ihre Bedeutung haben, aber in der gegenwärtigen Ausnahmesituation des völligen Umbruchs aller Wirtschaftsstrukturen vielleicht nicht immer unbedingt zielführend sind. Andererseits ist niemand erkennbar, der Regierungs- wie auch unternehmerische Erfahrung in ähnlicher Weise wie der bisherige Treuhand-Präsident in einer Person miteinander verbindet. Für Birgit Breuel spricht, dass sie sich als Politikerin in Hamburg und Hannover vornehmlich mit Wirtschafts- und Finanzfragen beschäftigt hat, dass sie als verlässlich und belastbar gilt und dass ihr das Durchsetzen schwieriger, auch unpopulärer Entscheidungen zuzutrauen ist. Hinzu kommt, dass sie bereits Mitglied des Treuhand-Vorstands ist, also weiß, was auf sie zukommt. Der Bundeskanzler entscheidet sich für Birgit Breuel, und sie ist bereit, diese gigantische Aufgabe zu übernehmen – alles andere als eine Selbstverständlichkeit angesichts dessen, was in den letzten Wochen und Tagen geschehen ist und was in der nächsten Zeit an persönlichen Belastungen und unpopulären Entscheidungen zu erwarten ist.

In der ostdeutschen Wirtschaft, vor allem in den Industriebetrieben, stehen die Zeichen weiter auf Sturm. Ende April läuft der letzte Trabbi vom Band. Interflug stellt seinen Betrieb ein. Bei den Chemieunternehmen in Bitterfeld, Leuna und Schkopau ist die Absatzkrise unübersehbar, der Waggonbau in Halle-Ammendorf hat keine Erkenntnisse, ob seine Reisezugwagen für die Sowjetunion noch Abnehmer finden. In dieser Situation entschließt sich der Bundeskanzler, eine Einladung der Buna-Werke in Schkopau (Sachsen-Anhalt) anzunehmen und dort am 10. Mai vor den Mitarbeitern des Unternehmens zu sprechen. Ich habe diese Anfrage aus dem ostdeutschen Chemiedreieck nachdrücklich unterstützt und genauso auch die Idee, bei dieser Gelegenheit ein klares Zeichen für die Zukunft der Chemie in Ostdeutschland zu setzen. Es muss aus meiner Sicht deutlich werden, dass Bundeskanzler, Bundesregierung und Treuhand die derzeit laufenden dramatischen Einschnitte und Veränderungen in der ostdeutschen Industrie nicht einfach hinnehmen und warten, was bei den verschiedenen Privatisierungsinitiativen herauskommt, sondern dass sie alle gemeinsam das Ziel einer lebensfähigen, zukunftsfähigen Industrie in Ostdeutschland fest im Auge haben. In diesem Sinne schreibe ich den Redeentwurf für den Bundeskanzler, den ich ihm, wie immer, einige Tage vor dem Termin zuleite, damit er Text und Aussagen prüfen kann. Ich bekomme den Text ohne Änderungen zurück – allerdings mit der handschriftlichen Bemerkung auf dem Deckblatt: „Es gilt das gesprochene Wort! Ob ich diese Rede vor Ort so halte, ist *völlig offen!*"

Vor Ort in Schkopau kommt der Bundeskanzler in seiner Rede zu den Arbeitern sehr schnell auf den Punkt: „Deswegen bin ich hier, um zu sagen: Ich werde alles tun, dass dieses Chemiedreieck erhalten bleibt und eine Zukunft hat. Dies ist eine Kernregion im wiedervereinigten Deutschland." Und er fügt etwas für die Anwesenden sehr Wichtiges hinzu: „Sie können stolz darauf sein, was Sie in den Jahrzehnten unter schwierigsten Bedingungen geleistet haben. Sie haben dabei nicht auf der Sonnenseite deutscher Geschichte gestanden. Aber Sie haben unter den gegebenen Voraussetzungen Beachtliches geleistet. Gehen Sie davon aus, dass wir und ich persönlich das nicht vergessen." Die Botschaft wird verstanden, ja die Chemiearbeiter spüren, da spricht jemand, der aus einer Chemieregion kommt, der weiß, wovon er redet. Da passt es, dass der Bundeskanzler den anwesenden Chef der IG Chemie, Hermann Rappe, „besonders herzlich begrüßt". Beide stimmen darin überein: Der Strukturwandel darf nicht nur effizient „gemanagt", er muss an kritischen Punkten auch aktiv gestaltet werden. „Industrielle Kerne" stehen ab sofort mit auf der Tagesordnung von Wirtschaftspolitik und Treuhandanstalt. Bei seinem anschließenden Rundgang durch das Unternehmen, in Gesprächen mit der Belegschaft, mit dem Betriebsrat, mit dessen Vorsitzender, Ingrid Häußler, und dem Vorstandsvorsitzenden, Heinz Saalbach, spürt der Bundeskanzler die Erleichterung: Es gibt eine reale Chance für einen Neuanfang. Als wir uns am Werkstor verabschieden, ruft einer der Arbeiter herüber: „Danke, Helmut, mit der Chemie, das wird hier was!"

Auf dem Rückflug nach Köln/Bonn unterrichte ich den Bundeskanzler über weitere Einzelheiten zur Lage der großen Industrieunternehmen in Ostdeutschland. Das ist nicht so einfach, weil Helmut Kohl solche Flüge ja üblicherweise für einen zumal in diesen Zeiten auch verdienten Kurzschlaf nutzt. Die Zeit für Gespräche ist in Bonn aber so knapp geworden, dass ich diese Gelegenheit auf keinen Fall verstreichen lassen will. Mir gelingt es, seine Neigung, die Augen zu schließen, durch die Ankündigung „unter die Haut gehender Industrie-Realitäten Ost" zu überwinden. Wir sprechen über die Stahlunternehmen in den Städten Henningsdorf, Brandenburg und Eisenhüttenstadt, über die Werften in Wismar, Warnemünde, Rostock, Stralsund und Wolgast, die Mansfelder Kupfer und Messing GmbH, über die laufende Privatisierung der staatlichen Handelsorganisation HO mit ihren 30.000 Einzelobjekten, über den Maschinenbau SKET in Magdeburg, die Sanierung der Braunkohlealtlasten, die Personalrekrutierung der Treuhandanstalt, und, und, und. Ein Problem zieht sich wie ein roter Faden durch alles hindurch: Wir brauchen mehr Zeit – Zeit, um Unternehmenskonzepte zu prüfen, um seriöse Investoren zu finden, um, wo diese sich kurzfristig nicht finden lassen, notwendige Modernisierungsinvestitionen auf den Weg zu bringen, um möglichst viele Arbeitsplätze zu halten, wo immer es eine Chance auf Wirtschaftlichkeit gibt. Dabei wäre es eine große Hilfe, wenn die alten Lieferbeziehungen mit der Sowjetunion noch für eine gewisse Zeit funktionieren beziehungsweise wiederbelebt werden könnten. Als wir landen, sind wir noch mitten in unserer Landschaft von Unternehmen zwischen Zusammenbruch und Zukunft unterwegs. Der Bundeskanzler zückt seinen Kalender. „Anfang Juli sehe ich Gorbatschow in der Nähe von Kiew, wir sprechen mit ihm darüber. Bereitet das vor!"

Es ist der 5. Juli 1991. Am frühen Morgen starten der Bundeskanzler und seine Begleiter – darunter ich – mit einer Luftwaffen-Maschine in Richtung Kiew. Ziel ist das Gästehaus der Ukrainischen Kommunistischen Partei in Meschigorje, einem kleinen Ort etwa 40 Kilometer von Kiew entfernt. Dort verbringt Michail Gorbatschow einige Ferientage, die man ihm angesichts seiner bedrückenden Problemagenda nur gönnen kann. Heute geht es in erster Linie um die Vorbereitung des Weltwirtschaftsgipfels der weltweit sieben wichtigsten Industrienationen in der nächsten Woche in London. Der

Bundeskanzler will dort eine stärkere internationale Unterstützung der Sowjetunion bei ihren wirtschaftlichen Reformanstrengungen erreichen, und auf dem Weg dorthin hat er die Zustimmung seiner Gipfel-Kollegen erhalten, dass Präsident Gorbatschow im Rahmen dieses G-7-Gipfels zu einem Abendessen eingeladen wird – und damit überhaupt zum ersten Mal zu diesem jährlichen *Top*-Treffen der westlichen Welt. Er bekommt so die Gelegenheit, seine Reformüberlegungen den Staats- und Regierungschefs selbst zu erläutern, sie von deren Ernsthaftigkeit zu überzeugen und Zusagen für die Unterstützung eines solchen Umbaus seiner Wirtschaft zu gewinnen.

Im Windschatten dieses großen Themas segelt mein Anliegen mit erkennbarem Abstand hinterher. Dennoch, mein Ziel ist, dass die Sowjetunion im laufenden Jahr 1991 noch einmal in Milliardengrößenordnung Waren aus Ostdeutschland bezieht, und zwar im Rahmen der seit langem zwischen Firmen auf beiden Seiten etablierten Lieferbeziehungen. Solche Aufträge würden uns spürbar helfen, in den ostdeutschen Industrieunternehmen für die notwendigen Umstrukturierungen Zeit zu gewinnen. Außerdem ist es leichter, Investoren für Unternehmen zu finden, wenn in den Auftragsbüchern noch abzuarbeitende Aufträge stehen statt deprimierender Leere.

Nach herzlicher Begrüßung in einer Umgebung, die mit weiten Wäldern und Wiesen mehr zu Urlaub als zu ernsthaften Gesprächen einlädt, geht es schnell „in medias res". Der Bundeskanzler schildert die Ausgangslage für das Abendessen an der Themse, konkret die nach wie vor bestehende Skepsis bei vielen westlichen Regierungen im Hinblick auf die Reformentschlossenheit in der Sowjetunion, nicht zuletzt in Verbindung mit den Schwierigkeiten auf dem Weg zur staatlichen Neuordnung der Sowjetunion. Noch ist unklar, wie genau das Verhältnis zwischen der Zentralregierung der neuen Union und den neun beitrittswilligen Republiken (Republiken der noch existierenden Sowjetunion) aussehen soll. Hinzu kommt die verbreitete Einschätzung, dass ein Land von der Größe der Sowjetunion mit erheblichen Rohstoffvorkommen eigentlich selbst in der Lage sein müsste, zumindest die ersten Reformschritte aus eigener Kraft zu tun. Der Bundeskanzler unterstreicht noch einmal, dass es durchaus Chancen für Fortschritte gebe, dass aber noch einiges an Überzeugungsarbeit zu leisten sei. Präsident Gorbatschow seinerseits ist zuversichtlich, sowohl im Blick auf den neuen Unionsvertrag als auch hinsichtlich der beabsichtigten Wirtschaftsreformen. Er werde alles daransetzen, in London erfolgreich für seine Vorstellungen zu werben, für die er weitere, auch finanzielle Unterstützung brauche.

Dann gibt es ein spätes Mittagessen, das mir durch den hohen Alkoholkonsum in denkwürdiger Erinnerung geblieben ist. Nach jedem Gang wird ein Toast ausgebracht, bei dem unseren russischen Gastgebern Wein nicht angemessen erscheint – sie greifen jedes Mal zu den Wodkagläsern, die anschließend sofort wieder nachgefüllt werden. Und ich denke mit einiger Sorge daran, dass wichtige Themen, die einen einigermaßen klaren Kopf verlangen, noch vor uns liegen. Ich versuche, bei jeder Wodkarunde nur so viel zu trinken, dass die Grenzen der Höflichkeit gegenüber unseren Gastgebern nicht verletzt werden.

Nach dem Essen spricht der Bundeskanzler das Thema möglicher Warenlieferungen ostdeutscher Unternehmen in die Sowjetunion an und nennt eine Größenordnung von 30 Milliarden DM. Dabei gehe es um Produkte, die die Sowjetunion ohnehin brauche und die auch für den sowjetischen Markt bestimmt seien. Gute Beispiele seien die Reisezugwagen der Deutschen Waggonbau für die großen Distanzen in der Sowjetunion oder Spezialschiffe aus den Werften an der deutschen Ostseeküste. Die Begeisterung auf der anderen Seite des Tisches ist nicht gerade überschwänglich. Der Bedarf der Sowjetunion für Maschinen, Ausrüstung und Güter von den alten Stammlieferanten in Ostdeutschland wird aber erwartungsgemäß bestätigt. Wir sind auch zu Garantien bereit, die die tatsächliche Lieferung dieser Produkte sicherstellen, auch wenn ostdeutsche Unternehmen zwischenzeitlich in finanzielle Schwierigkeiten geraten sollten. Nach einigem Hin und Her erklärt sich Präsident Gorbatschow bereit, im laufenden Jahr 1991 noch einmal für 25 Milliarden DM Waren aus ostdeutscher Produktion abzunehmen. Ich bin erleichtert. Durch diese Zusage und die mit ihr verbundenen Lieferungen können wir wertvolle Wochen und Monate für den Umbau der ostdeutschen Wirtschaft gewinnen. Ich denke, Gorbatschow wollte angesichts des beträchtlichen Einsatzes des Bundeskanzlers für ihn bei seinen westlichen Gipfel-Kollegen nicht nachstehen und seinerseits etwas tun, was dem Bundeskanzler offensichtlich helfen würde. Wir auf deutscher Seite haben dabei sehr genau darauf geachtet, dass in den beiderseitigen Gesprächen zu keinem Zeitpunkt ein Zusammenhang zwischen beiden Themen hergestellt wurde. „Eine Hand wäscht die andere" – genau das wollten wir nicht.

Nach einer etwas improvisierten Pressekonferenz auf einer nahe gelegenen Waldlichtung und einem verkürzten Abendessen – erneut mit beachtlichen Wodkamengen – verabschiedet sich der Bundeskanzler. Dabei erwähnt er gegenüber Gorbatschow kursierende Gerüchte, die sich um einen eventuell bevorstehenden Militärputsch gegen den sowjetischen Präsidenten drehen. Gorbatschow winkt ab. „Das alles habe keinen realen Hintergrund, kein Anlass zu ernsthaften Sorgen", übersetzt uns der Dolmetscher. Wir sind beruhigt – und auch wieder nicht. Ich hoffe, dass er die Lage richtig einschätzt. Selten bin ich dann so froh gewesen, meinen Sitzplatz im Flugzeug erreicht zu haben. Der viele Wodka der letzten Stunden fordert seinen Tribut. In wenigen Minuten bin ich eingeschlafen.

Die Ernüchterung lässt nicht lange auf sich warten. Am 19. August, fünf Wochen nach dem Treffen von Kohl und Gorbatschow in der Ukraine, putschen führende Akteure in Armee und kommunistischer Partei gegen Gorbatschow. Auch wenn der Putsch nach drei Tagen scheitert, kann der sowjetische Präsident seine alte Machtposition nicht mehr zurückgewinnen, die mehr und mehr von den Einzelrepubliken, allen voran Russland mit Boris Jelzin an der Spitze, übernommen wird. Mit der Auflösung der Sowjetunion Ende 1991 zerfällt nicht nur das alte Sowjetreich. Auch der verbliebene Rest der früheren Wirtschafts- und Lieferbeziehungen mit Unternehmen in Ostdeutschland bricht ab. Die Absatzkrise der ostdeutschen Industrieunternehmen erreicht jetzt ihren Höhepunkt!

Die Lage auf dem ostdeutschen Arbeitsmarkt spiegelt diese kritische Entwicklung deutlich: Im Januar 1992 erreicht die Arbeitslosenzahl 1,3 Millionen, hinzu kommen noch rund 500.000 Kurzarbeiter. Die Zahlen lägen noch höher, wenn die Politik nicht in bisher nie dagewesenem Umfang mit vorgezogenem Ruhestand (800.000), Arbeitsbeschaffung (400.000) und Qualifizierung (500.000) dagegenhalten würde. Es kommt mir vor wie die Quadratur des Kreises: Wir brauchen den Umbau der ostdeutschen Wirtschaft, das heißt neue Produkte und leistungsfähige Betriebe, die sich im Wettbewerb behaupten können. Privatisierung und (wo dies zumindest auf kürzere Sicht nicht möglich erscheint, Modernisierung aber aussichtsreich ist) Umstrukturierung und Neuausrichtung – dies ist der Weg, den wir gehen müssen. Dabei gibt es einige Fortschritte, etwa bei der sogenannten „kleinen Privatisierung" von Läden, Kinos, Buchhandlungen und Ähnlichem. 22.000 von ihnen haben inzwischen einen neuen Inhaber gefunden. Schnelle Privatisierungen gelingen zum Beispiel bei Brauereien mit bekannten Markennamen wie Radeberger, Köstritzer, Lübzer und bei großen Regionalzeitungen. Die Stahlwerke in den Städten Hennigsdorf und Brandenburg können an den italienischen Stahlproduzenten Riva veräußert werden. Und eine erste Auswertung von DM-Eröffnungsbilanzen und Unternehmenskonzepten kommt zu dem Ergebnis, dass sieben von zehn ostdeutschen Unternehmen sanierungsfähig sind.

Dennoch, die Lage ist außerordentlich angespannt. Denn Sanierung und Privatisierung bedeuten in aller Regel den drastischen Abbau von Arbeitsplätzen, um einen internationalen Produktivitätsstandard zu erreichen. Ein Verlust von mehr als 50 % der Arbeitsplätze ist nicht die Ausnahme, sondern die Regel. Den Mitarbeitern ostdeutscher Industriebetriebe wird mehr zugemutet, als dies in Friedenszeiten jemals in Westdeutschland oder in anderen Industriestaaten der Fall war. Die Bundesregierung reagiert mit dem massiven Einsatz ihrer arbeitsmarktpolitischen Instrumente, das heißt mit Vorruhestand, Arbeitsbeschaffung und Qualifizierung – in Größenordnungen von weit über einer Million, die es ebenfalls in Deutschland zuvor noch nicht gegeben hat und für die schnell der Name „Mega-ABM" gebräuchlich wird. Der Treuhandanstalt gelingt es bis zum Jahresende 1991, über 5.000 Unternehmen mit etwa einer Million gesicherter Arbeitsplätze an private Investoren zu übergeben – doch gehen eben auch Hunderttausende von Arbeitsplätzen verloren, die nicht mit privatisiert werden können.

Am 16. Januar 1992 erhält die Zentrale der Treuhandanstalt an der Wilhelmstraße durch den Bundeskanzler den Namen „Detlev-Rohwedder-Haus". Helmut Kohl würdigt bei dieser Gelegenheit die Arbeit der Treuhandanstalt, das große personliche Engagement der Mitarbeiter und unterstreicht erneut die Unabhängigkeit dieser Kerninstitution des Aufbaus Ost. Wenige Tage später macht er bei einer Konferenz mit Wirtschaft, Gewerkschaften und den ostdeutschen Ministerpräsidenten in Bonn noch einmal klar, dass Aufgabenstellung und Politik der Treuhandanstalt unverändert bleiben. Zu dem von Detlev Rohwedder vorgegebenen Dreiklang – privatisieren, sanieren und, wenn keine Aussicht für eins von beidem besteht, stilllegen – gibt es keine überzeugende Alternative. Aber weiterhin gilt auch, dass jedes Unternehmen grundsätzlich eine Chance haben muss, dass es Anspruch darauf hat, dass sein Konzept für Markt und Wettbewerbsfähigkeit geprüft und fair bewertet wird und dass dieses Konzept von der Treuhand aktiv unterstützt wird, wenn ein privater Investor nicht zu vertretbaren Bedingungen gefunden werden kann.

Wobei das interessante Beispiel Zeiss Jena zeigt, dass es, zumindest für eine gewisse Wegstrecke, auch ohne privaten Investor funktionieren kann. Im Juni 1991 kommt es zu einer Vereinbarung zwischen dem Land Thüringen und der Treuhandanstalt über die Übertragung der Treuhand-Anteile an Zeiss Jena an das Land Thüringen – angesichts der Altschulden und des Sanierungsbedarfs des Unternehmens schießt die Treuhandanstalt dabei eine Mitgift von immerhin knapp 3 Milliarden DM zu. Dieses Geld (abzüglich Altschulden und Sozialplanaufwendungen) steckt Lothar Späth – der Thüringer Ministerpräsident Bernhard Vogel hat den früheren Ministerpräsidenten von Baden-Württemberg, auch „Cleverle" genannt, für dieses Kernprojekt seines Landes an Bord geholt – nicht in die Sanierung alter Industriestrukturen, sondern, durch ertragreiche Finanzgeschäfte noch vermehrt, in den Zukauf westlicher Firmen. Aus Resten des Kombinats Carl Zeiss Jena und diesen West-Zukäufen bastelt Lothar Späth einen handlungsfähigen Hightech-Konzern, der seinen Sitz nicht irgendwo im Westen, sondern in Ostdeutschland, in Jena hat. Und er achtet darauf, dass in den Abteilungen seines Unternehmens Ostdeutsche und Westdeutsche gemeinsam ihre Führungsaufgaben wahrnehmen, sozusagen auf Augenhöhe – offensichtlich mit guten Erfolgen.

Noch eine andere Besonderheit, die fast vergessen ist, gehört in diese Zeit. Nämlich die simple Frage: Wie findet man eigentlich heraus, wer in einem Unternehmen zu alten DDR-Zeiten andere in diesem Unternehmen aus politischen Gründen drangsaliert, benachteiligt oder ihnen sogar schwer geschadet hat, vor allem durch die Zusammenarbeit mit dem DDR-Staatssicherheitsdienst? Wenn Aussage gegen Aussage steht und sich frühere Situationen nicht ohne weiteres rekonstruieren lassen, wie geht man dann vor? Hier wird bei einem Treffen von Kollegen der Treuhandanstalt und aus den Bundesministerien bereits im Spätsommer 1990 die Idee geboren, kürzlich in Westdeutschland pensionierte Richter zu fragen, ob sie bereit sind, gegen eine angemessene Vergütung bei den Treuhandniederlassungen in Ostdeutschland für eine gewisse Zeit mit ihrer richterlichen „Dialogerfahrung" als neutrale Ermittler zur Verfügung zu stehen. Jeder Mitarbeiter eines Unternehmens kann sich direkt an sie wenden, und die Betriebe müssen diesen „Vertrauensbevollmächtigten", wie sie dann genannt werden, alle notwendigen Informationen zur Verfügung stellen und sie unterstützen.

Ergebnis dieses unkonventionellen Vorgehens: Spannungen aus innerbetrieblichen, politisch motivierten Konflikten aus DDR-Zeiten sind nach 1990 praktisch nie zu einem wirklichen Problem geworden, trotz ihrer beachtlichen Sprengkraft. Den 17 „Vertrauensbevollmächtigten" gelingt es, mit solchen explosiven politisch-menschlichen Herausforderungen vor Ort erfolgreich umzugehen, Lösungen zu finden, die ihrerseits Akzeptanz finden. Ab 1992 können sie nach und nach wieder ihre Koffer packen. Die Probleme mit der „menschlichen Hypothek der Vergangenheit" konnten gelöst worden, ohne dass es die bundesdeutsche Öffentlichkeit je wirklich beschäftigt hätte. Aus meiner Sicht ein gutes Beispiel für effektives, erfolgreiches Problemmanagement durch enge Zusammenarbeit von Beamten, die ihren in Krisenzeiten enorm gewachsenen Gestaltungsspielraum entschlossen für „innovative Lösungen" nutzen, und Treuhand-Akteuren, die sich der ostdeutschen Industrie und den diese Industrie tragenden Menschen verpflichtet fühlen.

In dem Ringen um akzeptable, nachhaltige Privatisierungslösungen für „schwierige Fälle" gibt es keine Pause. Dabei interessiert mich vor allem, dass zukunftsfähige Lösungen für die wichtigen Kernbestandteile der ostdeutschen Industrie gefunden werden. Ich nehme jetzt häufiger als Gast an den Sitzungen der Privatisierungsausschüsse des Treuhand-Verwaltungsrats teil, folge immer häufiger Einladungen, die ich von Krisenbetrieben erhalte. Bei diesen Besuchen vor Ort – organisiert und vorbereitet von Wilhelm Boucsein, später von Joachim Fried – profitiere ich häufig davon, dass Wolfgang Gimbel mit dabei ist, jetzt Mitarbeiter der Treuhandanstalt und früher Kollege im Bonner Wirtschaftsministerium. Er ist viel unterwegs und kennt die Situation in den Betrieben, vor allem in Sachsen. Ich schätze seine ungeschminkten Situationsberichte, sein Engagement für die Ost-Unternehmen und seine immer hilfreichen Empfehlungen.

Mit meinen Erfahrungen aus vielen Besuchen und Gesprächen vor Ort denke ich, dass ich zur Sicherung wichtiger Kernbestandteile der ostdeutschen Industrie beitragen kann. Bei den Werften an der Ostseeküste gelingen solche Lösungen ab März 1992. Die Bremer Vulkan AG und die norwegische Kværner-Gruppe übernehmen die großen Standorte, Hegemann aus Bremen die kleinere Peene-Werft in Wolgast. Auch hier der bittere Beigeschmack durch den Verlust Tausender von Arbeitsplätzen, und das in einer Region, wo in Sachen Industrie alles an den Werften hängt. Aber es gibt weiterführende Lösungen für alle Standorte, immerhin.

Für andere wichtige Ost-Industrieunternehmen sind noch keine weiterführenden Lösungen „in trockenen Tüchern", als sich die Zeit der Treuhandanstalt auf ihr Ende am 31. Dezember 1994 zubewegt. Dazu gehören EKO-Stahl, der SKET-Maschinenbau, die großen Unternehmen des mitteldeutschen Chemiedreiecks und eine ganze Reihe anderer Betriebe, bei denen sich die Suche nach tragfähigen Lösungen schwieriger gestaltet als zunächst gedacht. Gleichwohl, die Bilanz der Treuhandanstalt hat historische Dimensionen: 15.000 Privatisierungen von Unternehmen oder Unternehmensteilen, über 4.000 Reprivatisierungen und in Verbindung damit über eine Million von den neuen Eigentümern vertraglich zugesagte Arbeitsplätze sowie Investitionszusagen von schwindelerregenden 80 Milliarden DM.

Kein Zweifel, für diesen tiefgreifenden Umbau und Übergang einer ganzen Volkswirtschaft aus sozialistischer Planwirtschaft in freiheitlichen, weltoffenen Wettbewerb innerhalb von vier Jahren gibt es keine Parallele. In diese Wirklichkeit hinein musste die Treuhandanstalt einen nahezu vollkommenen Neubeginn gestalten. Und dies ist ihr – angesichts der enormen Schwierigkeiten dieses dramatischen Strukturumbruchs – in nicht zu erwartendem, hohem Maße gelungen. Detlev Rohwedder und Birgit Breuel als Präsidenten der Treuhandanstalt, Jens Odewald und Manfred Lennings als Vorsitzende des Verwaltungsrats, außerdem Vorstand und Verwaltungsrat, Führungskräfte und Mitarbeiter der Treuhandanstalt haben diese schwierigste Aufgabe des Aufbaus Ost übernommen und sich dieser historischen Herausforderung mit einer beispiellosen Kraftanstrengung gestellt. Es ist und bleibt eine gigantische Leistung! Und all denjenigen, die sich für diese Jahrhundertaufgabe der Treuhandanstalt zur Verfügung gestellt haben, die sich oft mit viel Idealismus in diese nationale Angelegenheit hineingekniet haben, vielfach über die Grenzen der Belastungsfähigkeit hinaus, ist großer Dank zu sagen. Dies gilt in besonderer Weise für Frau Breuel, die unter mehr als schwierigen Umständen Vorstand und Mitarbeiter der Treuhandanstalt immer wieder neu motiviert und inspiriert hat – und damit Zusammenhalt und Handlungsfähigkeit der Treuhandanstalt gewährleistet hat. Im Rückblick sind es Respekt und Bewunderung für dieses außerordentliche, patriotische Engagement, die bleiben.

Dies gilt umso mehr, als in weiten Teilen der bundesdeutschen Öffentlichkeit – wie so oft – Fehler, die bei dieser Herkulesaufgabe naturgemäß nicht ausbleiben konnten, das kollektive nationale Gedächtnis stärker prägen, als das, was hier im wahrsten Sinn des Wortes vom Kopf auf die Füße gestellt wurde. Karl-Heinz Paqué hat dies in seinem Buch *Die Bilanz* eindrucksvoll dargestellt. Festzuhalten bleibt: Weit über die Grenzen Deutschlands hinaus haben die Treuhandanstalt, das ihr zugrunde liegende Konzept sowie die Arbeit von Vorstand, Verwaltungsrat und Mitarbeitern zu Recht große Anerkennung erfahren.

Natürlich hat dieser weit über die Kernarbeit der Treuhand hinausgehende Umbau von nahezu allem und jedem in Ostdeutschland Spuren hinterlassen – Spuren, die das Bewusstsein der betroffenen Menschen und Regionen länger und nachhaltiger prägen als real-messbare Verbesserungen bei Einkommen, Lebensstandard und grenzenloser Bewegungsfreiheit. Rückgang der Arbeitsplätze von 9 auf 6,5 Millionen mit am Ende einer Million Arbeitslosen und noch einmal über einer Million Menschen in Kurzarbeit, Arbeitsbeschaffungsmaßnahmen, Qualifizierung, Frühruhestand und Ähnliches – und das in einer Bevölkerung, die Arbeitslosigkeit bis vor kurzem nur aus dem West-Fernsehen kannte. Auch das eine historische Dimension, die allenfalls erahnen lässt, welche Zumutungen damit verbunden waren und sind.

Was kann heute im Rückblick gesagt werden? War der Weg richtig, für den sich die Politik 1990 entschieden hat?

Ich glaube, ja. Zu dem entschlossenen Weg zu neuen Kunden und den von ihnen nachgefragten Produkten, zu durchgreifender Modernisierung oder auch Stilllegung, wo keine Zukunftschancen erkennbar waren, gab es keine wirkliche Alternative. Die alte Ostblockwelt hatte aufgehört zu existieren, ihre Märkte und Technikstandards waren unwiderruflich Vergangenheit. Es blieb nur der Weg nach vorn, in eine neue politische, aber eben auch wirtschaftliche Zukunft. Dabei spielte die Treuhandanstalt eine Schlüsselrolle, sie stand zwischen der Politik und den Betroffenen und musste den Weg, zu dem es keine Alternative gab, im Auftrag der Politik in praktisches Handeln übersetzen. Dass dieser Weg über viele, manchmal zu viele Brüche mit gewachsenen Strukturen und oft kaum vorstellbare Zumutungen für die Betroffenen führte, war nicht die Schuld der Treuhand, sondern das Erbe eines menschenverachtenden Regimes, das eine ganze Volkswirtschaft jahrzehntelang auf Verschleiß und Wertverlust gefahren und damit am Ende auf den wirtschaftlichen Nullpunkt gebracht hatte. Der Schürer-Bericht an das Zentralkomitee der SED vom Oktober 1989 belegt mit schonungsloser Offenheit, dass die DDR damals wirtschaftlich am Ende war, ganz unabhängig davon, wie es weitergehen würde. Und wer das nicht wahrhaben will, der sollte sich vergegenwärtigen, dass 1970 in der DDR-Chemie 10 000 Menschen für die laufenden Reparaturen benötigt wurden, 1988 mussten dagegen 60.000, also ein Fünftel aller Beschäftigten, aufgeboten werden, um eine Industrie noch am Laufen zu halten, die die Menschen in ihrer umweltzerstörten Region nur noch krank machte und jede Art von Wirtschaftlichkeit längst verloren hatte.

In diese Wirklichkeit hinein musste die Treuhandanstalt einen nahezu vollkommenen Neubeginn gestalten. Dass bei dieser Herkulesaufgabe Fehler unterlaufen sind, steht außer Frage, alles andere wäre angesichts der Größe der Herausforderung auch ein Wunder gewesen. Richtig ist allerdings auch, dass sich die kriminellen Verstöße gegen Recht und Gesetz bei genauem Hinsehen in erstaunlich engen Grenzen gehalten haben, auch wenn diese Feststellung kriminelles Handeln in jedem einzelnen Fall, in dem so gehandelt wurde, in keiner Weise relativiert oder erträglich macht. Festzuhalten bleibt, dass es bei 15.000 sogenannten „großen" Privatisierungen (Unternehmen und Betriebsteile), weiteren 25.000 „kleinen" Privatisierungen (Gaststätten, Hotels, Ladengeschäfte, Kinos etc.) sowie 4.000 Reprivatisierungen nach den von Barbara Bischoff und Thomas Wiepen 2010 zusammengetragenen Zahlen etwa 1.500 Ermittlungsverfahren gegeben hat, die letztendlich – je nach genauer Abgrenzung der erfassten Kategorien und Bereiche – zu 50 bis 100 gerichtlichen Urteilen geführt haben, wobei aus den statistischen Angaben nicht hervorgeht, ob auch Freisprüche gezählt wurden. Auch wenn man zusätzlich eine Dunkelziffer in Rechnung stellt, ist das angesichts der historischen Größe und Dringlichkeit der zu bewältigenden Aufgabe ein Befund, der eindrucksvoll dokumentiert, dass die Treuhandanstalt ihren Auftrag ungewöhnlich professionell und im Rahmen der ihr vorgegebenen Regeln erfolgreich erfüllt hat.

Im Blick auf diese insgesamt beeindruckende Treuhand-Bilanz möchte ich drei Dinge hinzufügen, bei denen ich aus heutiger Sicht die Akzente anders setzen würde:

Erstens war die Zeit für die Arbeit der Treuhandanstalt mit etwas mehr als vier Jahren – von 1990 bis 1994 – zu knapp bemessen. Ende 1994 war der Umbau der ostdeutschen Wirtschaft weit vorangeschritten, aber Wichtiges war noch unerledigt. Für bedeutende Industrieunternehmen waren noch keine nachhaltigen, stabilen Zukunftslösungen gefunden, und nicht alle Privatisierungen aus den letzten Monaten waren mit der notwendigen Umsicht und Ruhe ins

Werk gesetzt worden. Sogenannte Management-KGs (Management-Kommanditgesellschaften) waren als Mittel für noch zu findende Privatisierungslösungen einzelner Unternehmen grundsätzlich eine hilfreiche Idee, aber nicht in allen Fällen gleichermaßen geeignet. Noch wichtiger war aber, dass viele Menschen in ihrem eigenen Alltagsumfeld sahen, dass durchaus noch vieles zu tun war, und sie deswegen nicht verstanden, dass die Treuhandanstalt in Berlin ihre Arbeit für beendet und erledigt erklärte. Politik trifft früher oder später immer auf Wirklichkeit, und dann ist es wichtig, dass ihre Glaubwürdigkeit keinen Schaden nimmt. Der wesentlich reduzierte Handlungsspielraum der Treuhand-Nachfolgeorganisation BVS (Bundesanstalt für Vereinigungsbedingte Sonderaufgaben) war kein angemessener Ersatz für das, was noch zu tun war. Die Politik hat immer wieder zu Recht von allen Akteuren in Wirtschaft und Gesellschaft verlangt, ihr Handeln an die nach der Wiedervereinigung gewonnenen Erfahrungen anzupassen. Das ist an dieser Stelle von der Politik selbst nicht ausreichend beachtet worden.

Zweitens habe ich in den Jahren meiner Verantwortung für den Aufbau Ost gelernt, dass es nicht allein wichtig ist, was getan wird, sondern – fast noch wichtiger – auch, *wie* es getan wird. Ich glaube rückblickend, dass das allermeiste, was in Sachen Privatisierung, Sanierung und Stilllegung getan wurde, in der Sache richtig war. Ich stelle mir aber die Frage, ob wir auch in all diesen Fällen die richtige Sprache gefunden haben, darüber mit den Menschen zu reden, sozusagen auf Augenhöhe, in erster Linie natürlich mit den Betroffenen. In Zeiten, in denen sich für Menschen nahezu alles und jedes in ihrem Umfeld verändert, kann es nicht richtig sein, dass die Stilllegung eines Unternehmens und damit das Ende von Arbeit und Beschäftigung vor Ort per Fernschreiben mitgeteilt wird. Und hätte die Präsenz der Verantwortlichen nicht dort am größten sein müssen, wo auch die Probleme und die Zumutungen am größten waren? Meine Erfahrung aus vielen, sehr vielen, „Einsätzen vor Ort" war, dass die Betroffenen in aller Regel – für die es natürlich auch Ausnahmen gab – nicht die Erfüllung aller ihrer Wünsche erwarteten, aber doch, dass sie mit Verantwortlichen aus Politik und Treuhand reden konnten, dass die Verantwortung für das, was sich in ihrer Welt veränderte,

Gesicht und Stimme erhielt. Das war zu oft nicht der Fall. Zeit- und Arbeitsdruck, aber auch fehlende Erfahrung bei den häufig jungen Akteuren in der Treuhandanstalt haben hier sicher eine Rolle gespielt, was dieses Defizit teilweise erklärt, aber nicht behebt.

Drittens stelle ich mir rückblickend die Frage, ob wir den Hinweis von Ludwig Erhard genügend ernst genommen haben, dass Wirtschaft zu 50% mit Psychologie zu tun hat. Was meine ich damit? Bei Zeiss Jena beziehungsweise Jenoptik hat Lothar Späth mit der Treuhand-„Mitgift" von 3 Milliarden DM einen mittleren Konzern zusammengekauft – mit dem Ergebnis, dass in Jena zwar nicht alle Probleme der auch dort notwendigen Umstrukturierung der Industrie gelöst waren. Aber die Menschen hatten auf einmal das Gefühl, wir haben wieder ein Unternehmen, auf das wir stolz sein können, mit dem wir uns identifizieren können. Wir spielen irgendwie auch in der 1. bundesdeutschen Wirtschaftsliga mit und nicht nur in der Kreisklasse. Diese Beobachtung führt bei mir zu der Frage, warum wir eigentlich nicht in allen ostdeutschen Ländern etwas Ähnliches auf die Beine gestellt haben. Nachdem wir 1.000 Milliarden DM für die Beseitigung der jahrzehntelangen SED-Misswirtschaft ausgegeben haben beziehungsweise ausgeben konnten, wären die zusätzlichen 15 oder 20 Milliarden wirklich ins Gewicht gefallen? Und welchen Nutzen hätten sie gestiftet?

Ganz einfach: Sie hätten für Menschen gesorgt, die stolz sind, dass *ihr* Unternehmen ganz vorn mit dabei ist. Mit anderen zusammen voranlaufen macht eben mehr Spaß, als sich alles immer aus der zweiten Reihe anzusehen.

7. Kapitel

Industrie:
Kern einer wettbewerbsfähigen Ost-Wirtschaft

Um die Jahreswende 1992/1993 ändert sich die wirtschaftliche Lage. Die Konjunktur in Westdeutschland bricht ein – bedingt durch die deutsche Sonderkonjunktur im Gefolge der deutschen Einheit zwei Jahre später als in den anderen westlichen Industrieländern. Die Arbeitslosenzahl hat in Westdeutschland zum ersten Mal seit 1989 wieder die Zwei-Millionen-Marke überschritten. Damit verschärfen sich natürlich auch die Probleme in Ostdeutschland, denn angesichts rückläufiger Nachfrage sinkt die Bereitschaft der Unternehmen, sich mit zusätzlichen Investitionen an neuen Standorten im östlichen Teil Deutschlands zu engagieren. Gleichzeitig drückt die nachlassende Konjunktur auf die Steuereinnahmen von Bund, Ländern und Gemeinden, wodurch die finanziellen Spielräume für die Förderung von Investitionen und die soziale Abfederung des Strukturumbruchs in Ostdeutschland enger werden.

Mehrfach spreche ich mit dem Bundeskanzler über die sich verändernde gesamtwirtschaftliche Lage. Er ist wie immer gut informiert, nicht zuletzt durch die ausführlichen monatlichen Informationen und Erläuterungen meiner Kollegen zur aktuellen Wirtschaftsentwicklung, ergänzt durch Ad-hoc-Vorlagen bei wichtigen Meldungen zu Beschäftigung, Arbeitslosigkeit und Auftragseingängen. Am 11. Januar, dem ersten Montag nach der Weihnachtspause, gibt es abends um 20.30 Uhr ein ausführliches Gespräch im Kanzlerbungalow, an dem auch Friedrich (Fritz) Bohl, Chef des Bundeskanzleramtes, Eduard Ackermann, Chef der Kanzler-Kommunikation, und Juliane Weber, Leiterin des persönlichen Büros des Bundeskanzlers, teilnehmen. Ich erläutere die neuesten Wirtschaftsdaten, einschließlich ihrer Auswirkungen auf den Aufbau Ost. Der Bundeskanzler macht anschließend unmissverständlich deutlich, dass wir an unserer Strategie für den Aufbau Ost festhalten. Das bedeutet: Die Arbeit der Treuhandanstalt in Sachen Privatisierung, Sanierung und im äußersten Fall Stilllegung wird weiterhin voll unterstützt, auch die bestehenden Programme zur sozialen Abfederung der enormen Umbrüche in Wirtschaft und Industrie mit Arbeitsbeschaffungsmaßnahmen, Qualifizierung und Vorruhestand müssen weiterlaufen, ebenso wie die Generalüberholung der ostdeutschen Infrastruktur und die konsequente Förderung von Unternehmensinvestitionen. Ich weise darauf hin, dass mit großer Wahrscheinlichkeit zusätzliche Finanzmittel für 1993 und 1994 notwendig werden, um nachlassende Investitionen und schwächere Steuereinnahmen auszugleichen – voraussichtlich in Milliardenhöhe. Es besteht sehr schnell Einigkeit, dass die bevorstehenden Verhandlungen mit Bund und Ländern im Rahmen des angestrebten „Solidarpakts" genutzt werden müssen, um die finanziellen Voraussetzungen für eine konsequente Fortführung des Aufbaus Ost abzusichern. Ich vervollständige das Bild mit der Schilderung der Lage in den industriellen Brennpunkten zwischen Ostsee und Erzgebirge: Werften, EKO-Stahl, Braunkohle, Waggonbau, mitteldeutsches Chemiedreieck, SKET, Mansfelder Land und andere. Überall sind Sanierungsmaßnahmen im Gange, begleitet von einer drastischen Reduzierung der Zahl der Arbeitsplätze. Die völlig unzureichende Produktivität der meisten Betriebe lässt keine andere Wahl, wenn Schritt für Schritt Wettbewerbsfähigkeit erreicht werden soll, damit diese Unternehmen auf den deutschen und den internationalen Märkten überleben können. Es gibt auch in nahezu allen Fällen Privatisierungsüberlegungen, bei den Werften sogar erste Vertragsabschlüsse, ansonsten allerdings noch kaum wirklich tragfähige Lösungen. Der Bundeskanzler bekräftigt seine Entschlossenheit, trotz wachsender Schwierigkeiten am Ziel des Aufbaus einer lebensfähigen ostdeutschen Industrie festzuhalten. Er will auch die intensiven Gespräche mit Wirtschaft und Gewerkschaften fortführen, denn auch von den Sozialpartnern müssen klare Signale kommen, dass nicht nur die Politik, sondern auch sie zur Lösung der anstehenden Probleme eigene Beiträge leisten werden. Als wir auseinandergehen, ist es – wie in diesen Zeiten eigentlich immer – spät geworden, weit nach Mitternacht. Der Bundeskanzler gibt mir am Schluss noch einmal seine grundsätzliche Linie mit auf den Weg: „Im Zweifel für Ostdeutschland!"

Die Gespräche des Bundeskanzlers mit Spitzenvertretern von Wirtschaft und Gewerkschaften sind seit 1990 fester Bestandteil der Politik zur Bewältigung der besonderen Herausforderungen des Aufbaus Ost geworden. In jedem Quartal, in der Regel an einem Montag zwischen 10 und 14 Uhr, gibt es im Nato-Saal des Kanzleramts eine große Runde mit den Präsidenten von Industrie, Handwerk, Arbeitgebern und Kammern, ferner den Gewerkschaftschefs von DGB, DAG, Chemie und Metall, außerdem der Präsidentin und dem Verwaltungsratsvorsitzenden der Treuhandanstalt, den ostdeutschen Ministerpräsidenten und den Bundesministern für Wirtschaft, Arbeit und Finanzen sowie dem Chef des Bundeskanzleramtes. Je nach Tagesordnung sind auch einzelne Unternehmer oder Arbeitnehmervertreter aus besonders betroffenen oder engagierten Unternehmen mit dabei. Zweck dieser Veranstaltungen ist es, alle zusammenzubringen, die beim Aufbau Ost eine Rolle spielen – getreu dem Motto: Es ist besser, miteinander zu reden als übereinander, gerade dann, wenn die Schwierigkeiten besonders groß sind. Dieses Prinzip hat sich durchgehend bewährt, der Gesprächsfaden zwischen den Hauptakteuren ist zu keinem Zeitpunkt abgerissen, egal wie groß die Probleme und Meinungsverschiedenheiten waren. Insgesamt hat es in den Jahren nach der Wiedervereinigung etwa 40 Spitzentreffen dieser Art gegeben, eine Intensität des gesellschaftlichen Dialogs, die in der Geschichte der Bundesrepublik ohne Beispiel ist. Dass immer wieder Wege gefunden werden, mit den vielfältigen Spannungen und Widersprüchen im Gefolge der wirtschaftlichen Vereinigung so umzugehen, dass Politik und Gesellschaft gemeinsam nach Lösungen suchen und sie in den meisten Fällen auch finden, hat wesentlich mit der Überzeugung Helmut Kohls zu tun, dass in solchen Grenzsituationen der Dialog in einer Gesellschaft allemal weiter hilft als die Konfrontation.

Noch wichtiger als diese großen Treffen sind die noch häufigeren Gespräche im kleinen Kreis, meist in Verbindung mit einem Abendessen im Kanzlerbungalow. Dazu lädt der Bundeskanzler die Spitzenrepräsentanten von Wirtschaft und Gewerkschaften ein, entweder gemeinsam oder getrennt, je nach aktueller Problemlage. Wichtig ist, dass der Kreis so klein bleibt, dass keine „Fensterreden" gehalten werden, sondern dass man tatsächlich miteinander ins Gespräch kommt – und dass diese Treffen so gut vorbereitet werden, dass konkrete, weiterführende Ergebnisse erreicht werden können. Dabei spielen die Hauptgeschäftsführer der vier Spitzenverbände der deutschen Wirtschaft eine wichtige unterstützende Rolle. Franz Schoser (Deutscher Industrie- und Handelskammertag; DIHT), Hanns-Eberhard Schleyer (Zentralverband des Deutschen Handwerks; ZDH), Ludolf von Wartenberg (Bundesverband der Deutschen Industrie; BDI) und Fritz-Heinz Himmelreich (Bundesvereinigung der Deutschen Arbeitgeberverbände; BDA) sind in diesen ungewöhnlichen Zeiten tatkräftige und erfahrene Helfer. Aufseiten der Gewerkschaften sind es Günther Horzetzky und Wolfgang Uellenberg-van Dawen, die das Ihre tun, damit wir in den anstehenden Fragen tatsächlich weiterkommen.

Am 3. November 1992 folgen Heinz-Werner Meyer (DGB), Hermann Rappe (IG Chemie), Franz Steinkühler (IG Metall) und Monika Wulf-Mathies (ÖTV) solch einer Einladung des Bundeskanzlers zu einem „kleinen" Treffen im Kanzlerbungalow. Mit dabei sind die Bundesminister Waigel (Finanzen), Möllemann (Wirtschaft), Blüm (Arbeit), Bohl (Chef des Kanzleramtes) und ich. Die Gewerkschaften machen deutlich, dass ihnen zweierlei besonders wichtig ist: erstens die Sicherung industrieller Kerne in Ostdeutschland, also die Gewährleistung zentraler Unternehmen beziehungsweise Bestandteile der ostdeutschen Industrie – Grundlage und Impulsgeber für den Neuaufbau einer modernen, lebensfähigen ostdeutschen Wirtschaft –; und zweitens das Auseinanderhalten von Tarifverhandlungen einerseits und Bund-Länder-Finanzgesprächen im Rahmen des anvisierten Solidarpakts mit eventuellen Steuererhöhungen andererseits. Die Tarifautonomie soll vom Aufbau Ost nicht überlagert oder „vereinnahmt" werden. Der Bundeskanzler unterstreicht seinerseits, dass mehr für Ostdeutschland getan werden müsse, auch für die Sicherung industrieller Kerne, dass hierfür aber angesichts der schlechter laufenden Konjunktur zusätzliche Anstrengungen notwendig seien. Deutschland als Ganzes sei hier gefordert. Dabei spielten natürlich auch die bevorstehenden Tarifverhandlungen für den öffentlichen Dienst eine Rolle, weil sich daraus eben mehr oder weniger verkraftbare Belastungen für die öffentlichen Haushalte ergäben, die ihrerseits in Ostdeutschland noch stärker gefordert seien als bisher. Auch wenn die Tarifautonomie voll respektiert werde, und dafür sei er als Bundeskanzler trotz mancher Kritik immer öffentlich eingetreten, dürfe man diesen Gesamtzusammenhang nicht aus dem Auge verlieren. Möllemann ergänzt, dass die Lohnstückkosten in Ostdeutschland unverändert deutlich über denen in Westdeutschland liegen, dass Löhne und Produktivität also weiterhin nicht zusammenpassen – ein erhebliches Hindernis für die Gewinnung neuer Investitionen und Investoren. Meyer, Rappe und Steinkühler stellen noch einmal die Notwendigkeit einer aktiven Industriepolitik in Ostdeutschland heraus. Rappe, kurz und knapp, wie man es von ihm kennt: „Die Erhaltung wichtiger Industriestandorte, also industrieller Kerne, hat für uns zentrale Bedeutung. Deindustrialisierung darf nicht stattfinden. Darüber müssen wir beim nächsten Mal weiter sprechen. Und natürlich sind wir nicht weltfremd und wissen, dass all dies auch etwas mit der Entwicklung von Löhnen und Gehältern zu tun hat." Der Bundeskanzler stimmt zu, verweist noch einmal auf den nicht wegzudiskutierenden Zusammenhang von Löhnen, Produktivität und Investitionen sowie auf die noch ungelösten Finanzierungsprobleme. „Das, was wir offensichtlich gemeinsam in Ostdeutschland erreichen wollen, kann nur gelingen, wenn jeder die Wirtschafts- und Finanzlage so sieht, wie sie ist, und dann seine Verantwortung wahrnimmt. Jede D-Mark kann am Ende eben nur einmal ausgegeben werden."

Am 16. November und am 10. Dezember 1992 sowie am 12. Januar 1993 werden die Gespräche zwischen Bundesregierung und Gewerkschaften im kleinen Kreis fortgesetzt. Mit Unternehmern spricht der Bundeskanzler am 23. November 1992, mit den Chefs der Wirtschaftsverbände am 25. Januar 1993, ebenfalls im kleinen

Kreis. Dabei ist festzustellen, dass das gegenseitige Einander-Zuhören die Erkenntnis befördert, dass erheblicher Handlungsbedarf besteht, dass aber alles mit allem zusammenhängt und dass deswegen alle Beteiligten nicht etwa nur Zuschauer sind, sondern etwas tun müssen – Wirtschaft und Gewerkschaften ebenso wie die Politik –, wenn bei deutlich geringerem Wirtschaftswachstum und spürbar steigender Arbeitslosigkeit in ganz Deutschland die Ziele des Aufbaus Ost weiterhin Gültigkeit behalten sollen. Das Ergebnis lässt sich im Jahreswirtschaftsbericht 1993 nachlesen, der am 11. Februar von der Bundesregierung beschlossen wird. Dort heißt es wörtlich: „Im Hinblick auf die Erhaltung und Erneuerung industrieller Kerne wird sie [die Treuhandanstalt] mit ihren intensiven Sanierungsbemühungen fortfahren, dabei jedoch deutlichere Akzente setzen." Und weiter: „Bei der Beurteilung der Sanierungsfähigkeit von Unternehmen sollen weniger die konjunkturelle Lage als die mittelfristigen Aussichten ausschlaggebend sein. … Die Treuhandanstalt wird für ihre sanierungsfähigen Unternehmen die Umsetzung der vereinbarten Unternehmenskonzepte nicht an der Finanzierung scheitern lassen." Damit wird erneut klargestellt, was der Bundeskanzler bereits in seiner Rede im Mai 1991 bei der Buna AG ausgesprochen hat: Die Neuausrichtung der ostdeutschen Wirtschaft und Industrie kann nicht davon abhängig gemacht werden, ob im Einzelfall kurzfristig ein privater Investor gefunden werden kann oder nicht. Ausschlaggebend ist die Beantwortung der Frage, ob die Sanierungsfähigkeit gegeben ist, das heißt, ob Modernisierung und Wettbewerbsfähigkeit mit angemessenen Investitionsmitteln erreicht werden können.

Diesen Ankündigungen lässt die Politik zügig Taten folgen. In einer Klausurtagung des Bundeskanzlers mit den Regierungschefs der Länder wird am 13. März Einigung über den sogenannten „Solidarpakt" erzielt. Mit dieser Vereinbarung wird die längerfristige Finanzierung der deutschen Einheit auf eine verlässliche Grundlage gestellt, zusätzliche Mittel im Milliardenbereich werden für die neuen Länder und den Aufbau Ost zur Verfügung gestellt, auch bereits für das laufende Jahr 1993. Für die weiterhin notwendige aktive Arbeitsmarktpolitik kommen kurzfristig noch einmal 2 Milliarden DM hinzu. Auf der Finanzierungsseite werden diese Ausgaben unter anderem durch die Einführung eines Solidaritätszuschlags von 7,5 % (auf Einkommensteuer beziehungsweise Körperschaftssteuer) in ganz Deutschland ermöglicht, zu dem alle deutschen Steuerzahler beitragen, im Westen ebenso wie im Osten, und der mit Rücksicht auf die derzeit schlechte Konjunkturlage erst am 1. Januar 1995 in Kraft tritt.

Mit dieser Verstärkung des finanziellen Fundaments für den Aufbau Ost sind die akuten Probleme in den ostdeutschen Betrieben natürlich noch nicht gelöst. Eine Großdemonstration der IG Metall in Bonn am 26. März macht das, was den handelnden Akteuren in Politik, Wirtschaft und Gewerkschaften ohnehin mehr als bewusst ist, noch einmal deutlich. Für mich ist klar, wir müssen jetzt weiter vorankommen in der Frage, wie mit den Strukturumbrüchen in der ostdeutschen Industrie in der richtigen Weise umgegangen werden soll, damit wir den Weg in die Zukunft nicht verbauen. Der Bundeskanzler will die hier anstehenden Probleme erneut mit den Spitzen von Wirtschaft und Gewerkschaften sowie den ostdeutschen Ministerpräsidenten besprechen. Bei beiden Treffen, am 26. April und am 14. Juni, kommt von Ministerpräsidenten und Gewerkschaftschefs noch einmal die klare Botschaft, dass die Politik zur Erhaltung und Erneuerung industrieller Kerne verstärkt werden muss, damit die industrielle Basis für den Aufbau einer lebensfähigen Wirtschaft nicht zu schmal wird. Kurt Biedenkopf bringt es in der Runde im Nato-Saal des Kanzleramtes auf den Punkt: „Wir brauchen die ganz enge Verzahnung von Treuhand und Ländern in den einzelnen ostdeutschen Regionen. Unternehmen von besonderer regionaler Bedeutung dürfen nicht zur Disposition gestellt werden, sondern benötigen gezielte Unterstützung."

Diesen intensiven Dialog zwischen allen, die für die wirtschaftliche Entwicklung in Ostdeutschland Verantwortung tragen, hat der Bundeskanzler in den zurückliegenden Monaten bewusst forciert, um alle Beteiligten angesichts der gewaltigen konjunkturellen und strukturellen Probleme zu konkretem Handeln zu veranlassen. Der Jahreswirtschaftsbericht der Bundesregierung im Februar und der Solidarpakt im März haben die Ausgangslage bereits erheblich verbessert – sowohl im Hinblick auf die längerfristig verfügbaren Finanzmittel wie auch auf das konkrete Vorgehen von Treuhand und Landesregierungen vor Ort. Ich selbst dränge bei den Staatssekretären Köhler (Finanzen) und von Würzen (Wirtschaft) darauf, dass Bundesregierung und Treuhand ihr Vorgehen zur Sicherung und Erneuerung industrieller Kerne in einem klaren Konzept darstellen, damit für alle Beteiligten und für die Öffentlichkeit unsere Entschlossenheit erkennbar wird, die Probleme mit einer aktiven Industriepolitik anzugehen. Unsere traditionelle Wirtschaftsphilosophie – keine staatliche Vorgabe wirtschaftlicher Strukturen; Markt und Wettbewerb liefern die Orientierungspunkte, an denen sich die Unternehmen ausrichten müssen; der Staat setzt mit Steuer-, Regional- und Förderpolitik allgemeine Rahmenbedingungen – bleibt grundsätzlich richtig, reicht in dieser Umbruchsituation, in der sich alle Veränderungsprozesse dramatisch beschleunigen, aber nicht aus.

Dies gilt umso mehr, als Sanierungen ehemaliger DDR-Betriebe wesentlich komplexer sind, als wir dies aus Westdeutschland kennen. Es geht hier immer um die Neuausrichtung ganzer Unternehmen und nicht nur von Unternehmensteilen. Noch dazu fehlen fast immer wettbewerbsfähige Produkte und aufnahmefähige Absatzmärkte, Anlagen und Maschinen sind veraltet, Technologie und Produktivität nicht auf dem Stand der Zeit, das bisherige Management verfügt in der Regel über keine Sanierungserfahrungen. Selbst Sanierungen im Westen, die verglichen mit diesen komplexen Problemen „einfach" sind, benötigen in aller Regel ein Jahr und mehr. Wir brauchen also eine nachhaltige, auf längere Fristen ausgerichtete, aktive Industriepolitik in enger Verknüpfung mit den unterschiedlichen regionalen Gegebenheiten – eine Politik, von der angesichts der vom Zusammenbruch bedrohten Industrien im Osten unsere politische Glaubwürdigkeit immer stärker abhängt.

Im Juni 1993 zieht die Bundesregierung den Schlussstrich unter den konzeptionellen „Adjustierungsprozess" des letzten halben Jahres, und zwar mit der Vorlage ihres „Konzepts zur Sicherung und Erneuerung industrieller Kerne durch die Treuhandanstalt in den neuen Bundesländern" vom 21. Juni 1993. Dieses Konzept knüpft an die vorangegangenen Schritte an – also an die Aussagen des Jahreswirtschaftsberichts zum Umgang mit industriellen Kernen und an den Solidarpakt. Unter Punkt 2.4 wird es dann konkret: mit der „Neuakzentuierung der Sanierungspolitik der THA [Treuhandanstalt] zur Sicherung und Erhaltung industrieller Kerne". Wesentliche Industriestandorte wie EKO-Stahl, Deutsche Waggonbau, SKET Maschinen- und Anlagenbau sowie Böhlen, Schkopau und Leuna für die Großchemie werden in diesem Dokument einzeln aufgelistet als Beispiele für andauernde Sanierung mit späterer, weil derzeit noch nicht möglicher Privatisierung – ein klares Signal, dass sanierungsfähige Treuhand-Unternehmen eine reale Zukunftschance haben. Ferner wird klargestellt, dass den Betrieben die notwendige Zeit zur Umstrukturierung gegeben werden muss, im Regelfall mindestens ein Jahr.

Die Sanierung selbst wird vor Ort von der zuständigen Unternehmensleitung in eigener Verantwortung durchgeführt. Damit dies erfolgreich ist, muss in stärkerem Maße als bisher geeignetes und erfahrenes Managementpersonal gesucht und engagiert werden. Und: Sanierungen müssen zu Kosteneinsparungen führen, denn die Treuhand-Unternehmen zusammengenommen haben 1992 im Durchschnitt einen Verlust von 20 bis 30 % ihres Umsatzes gemacht – Zahlen, die dringenden Handlungsbedarf signalisieren. Folgerichtig wird ein pauschaler Stopp aller Entlassungen abgelehnt, denn jeder weiß, dass die Produktivität besser werden muss, und dazu gehören Personalanpassungen an internationale Standards. Richtig ist auch, dass Sanierungen zunächst einmal Geld kosten, bevor die Kosten sinken und die Wettbewerbsfähigkeit steigt. Deswegen erweitert die Bundesregierung den Kreditrahmen für die Treuhandanstalt. Über die für 1993 und 1994 bereits verfügbaren Mittel von jeweils 30 Milliarden DM hinaus kommen noch einmal jeweils 8 Milliarden DM hinzu. Da es beim Geld bekanntermaßen ernst wird, unterstreichen Bundesregierung und Treuhandanstalt mit dieser erheblichen Ausweitung des Finanzierungsrahmens angesichts ansonsten allenthalben enger werdender Finanzspielräume, dass sie es mit ihrem Engagement für die Sicherung und Erneuerung industrieller Kerne in Ostdeutschland ernst meinen.

*

Damit diese Industriepolitik Ost und der Aufbau Ost insgesamt funktionieren können, muss nicht nur vor Ort unkonventionell und über alle üblichen Grenzen hinweg zusammengearbeitet werden. Ähnliches gilt auch für die Bundesregierung selbst. Die herkömmlichen Entscheidungswege durch die Hierarchien von Bundesministerien und Bundesverwaltung hinauf und hinunter dauern viel zu lange, um rechtzeitig auf kurzfristige Entwicklungen und Veränderungen auf den zahlreichen Baustellen des Aufbaus Ost reagieren zu können.

Deswegen habe ich bereits im Frühsommer 1990 einen Staatssekretärskreis eingerichtet, der sich regelmäßig an jedem Dienstagmorgen um 7 Uhr im Bundeskanzleramt, später im Bundeswirtschaftsministerium trifft, um alle anstehenden Fragen und Probleme mit wenig Zeitvorlauf besprechen und entscheiden zu können. Auch neue Ideen und Lösungsansätze werden hier diskutiert, ihre weitere Ausarbeitung in Auftrag gegeben. An dieser Runde nehmen – bis 1994 unter dem Vorsitz des Chefs des Bundeskanzleramtes, ab Januar 1995 unter meinem Vorsitz als Beauftragter der Bundesregierung für die neuen Bundesländer – Staatssekretäre aller wichtigen Ressorts teil, also insbesondere Finanzen (Peter Klemm, später Manfred Overhaus; Eckart John von Freyend für den Aufgabenbereich Treuhandanstalt), Wirtschaft (Dieter von Würzen, ab 1995 Werner Birner, später Eike Röhling als Leiter des Leitungsstabs neue Bundesländer im Bundeswirtschaftsministerium), Arbeit und Soziales (Werner Tegtmeier), Inneres (Johannes Vöcking, später Eckart Werthebach), Umwelt (Clemens Stroetmann, später Erhard Jauck), Landwirtschaft (Walter Kittel, später Franz-Josef Feiter), Verkehr (Wilhelm Knittel, später Hans Jochen Henke), Bau (Herbert Schmülling, später Christa Thoben) und Bundespresseamt. Dazu kommen, je nach Themen und Tagesordnung, weitere Staatssekretäre. Diese Runde ist das Schaltzentrum des Aufbaus Ost – jedenfalls soweit die Bundesregierung betroffen ist beziehungsweise ich für die Bundesregierung Handlungsbedarf sehe, was keineswegs immer identisch ist. Als Entschädigung für die, zumindest für westdeutsche Verhältnisse, frühe Stunde sorge ich für ein nach Beamtenmaßstäben eher üppiges Frühstück.

Häufig werden die Ergebnisse dieser Treffen ein oder zwei Tage später in Berlin mit Treuhand-, Länder- und/oder Unternehmensvertretern nachgearbeitet, vertieft und operativ umgesetzt. Diese Bonner Staatssekretärsrunde arbeitet, ohne Unterbrechung, zuverlässig und geräuschlos bis zu meinem Ausscheiden aus der Bundesregierung 1997, also sieben Jahre lang. Sie ist so etwas wie eine kleine „Nebenregierung Ost", die auch mein Nachfolger als Beauftragter für die neuen Bundesländer, Rudi Geil, bis zum Regierungswechsel 1998 fortgeführt hat.

Von großer Bedeutung für das politische Innenleben in Bonn sind ferner die in den Parlamentssitzungswochen stattfindenden Treffen mit den Ost-CDU-Abgeordneten – eine Gruppe, die nach der Bundestagswahl 1990 mit immerhin 73 Abgeordneten erkennbar stärker ist als die CSU. Vorsitzender dieser Gruppe ist bis 1994 Günther Krause (bis Mai 1993 neben seinem Amt als Bundesminister für Verkehr), danach Paul Krüger aus Neubrandenburg. Diese Treffen finden im Bundeskanzleramt statt, üblicherweise mittwochs und ebenfalls um 7 Uhr morgens (mit Frühstück), um Überschneidungen mit den Terminen des Parlamentsbetriebs zu vermeiden. Mit dabei sind alle sogenannten „Funktionsträger" aus der Gruppe der Ost-CDU-Abgeordneten, das heißt diejenigen, die als Abgeordnete eine besondere Funktion oder Aufgabe übernommen haben, wie die CDU-Bundesminister aus Ostdeutschland (zum Beispiel Günther Krause und Angela Merkel), der von den Ost-CDU-Abgeordneten gestellte Parlamentarische Geschäftsführer, Landesgruppenchefs, Arbeitsgruppenvorsitzende, Sprecher für bestimmte Sachgebiete etc. Vonseiten der Regierung nehmen – ähnlich wie bei der regierungsinternen Dienstagsrunde – die Staatssekretäre der Ministerien teil, aus deren Bereich jeweils Themen zur Diskussion anstehen. Eigentlich immer dabei sind Dieter von Würzen (Wirtschaft), Peter Klemm und später Manfred Overhaus (Finanzen), Eckart John von Freyend (Finanzen/Treuhandanstalt) sowie Werner Tegtmeier (Arbeit und Soziales). Vorsitzender der Gesamtrunde mit etwa 20 bis 25 Teilnehmern ist der Chef des Bundeskanzleramtes, Bundesminister Fritz Bohl, weshalb dieses Treffen, für dessen Organisation sowie Vor- und Nachbereitung ich verantwortlich bin, auch als „Bohl-Runde" firmiert.

Diese Runden sind außerordentlich nützlich, weil wir dadurch im Regierungsapparat direkte Rückmeldungen aus den Wahlkreisen, also von der „Front" des Aufbaus Ost, erhalten und damit ein besseres Gefühl für die tatsächliche Situation vor Ort bekommen. Umgekehrt können wir die Abgeordneten unmittelbar über alle laufenden und geplanten Aktivitäten und Initiativen der Bundesregierung informieren und ihre Hinweise und Erfahrungen zeitnah mit einbeziehen.

Neben den jeweils aktuellen Tagesfragen wird auch immer wieder über vorher verabredete Schwerpunktthemen diskutiert. Dabei sind mir Landwirtschaft und industrienahe Forschung besonders im Gedächtnis geblieben. Im ersten Fall geht es um grundsätzliche politische Orientierungen für Verpachtung, Erwerb und Verwertung landwirtschaftlicher Flächen in Ostdeutschland – eine Diskussion, die viele unterschiedliche Interessen berührt, die aber schließlich zu konkreten Schlussfolgerungen von Regierung und Parlament führt, die im sogenannten „Bohl-Papier" vom November 1992 festgehalten werden. Bei der industrienahen Forschung sehen die ostdeutschen Abgeordneten zu Recht die Gefahr, dass schnelle Restrukturierung und tiefgreifender Umbau der ostdeutschen Industrie zum Verlust wichtiger Forschungspotenziale und -aktivitäten führen könnten. Auf Grundlage dieser Hinweise werden gezielte Förderprogramme zur Unterstützung der industrienahen Forschung in Ostdeutschland auf den Weg gebracht. Erwähnenswert ist auch die in dieser Runde diskutierte und dann umgesetzte Idee, Arbeitslosenunterstützung für eine begrenzte Zeit und unter bestimmten Bedingungen als Lohnkostenzuschuss zu gewähren, wenn ein Unternehmen einen Arbeitslosen zusätzlich einstellt – eine Idee, die in der damaligen Ausnahmesituation zu Einstellungen in beachtlichem Umfang geführt hat.

Insgesamt gesehen waren diese regelmäßigen frühmorgendlichen Treffen zwischen Ost-CDU-Abgeordneten und Bundesregierung eine wirkungsvolle Plattform für die Geltendmachung ostdeutscher Interessen und Erfahrungen im Blick auf das laufende Handeln der Bundesregierung. Das große persönliche Engagement des jeweiligen Vorsitzenden dieser Gruppe und vieler ihrer Mitstreiter aus Ostdeutschland sorgte dafür, dass das entsprechende Problembewusstsein in der Bundesregierung durchgehend präsent und spürbar war. Die „Bohl-Runde" existierte bis 1998.

Der Name Fritz Bohl verbindet sich nicht von ungefähr mit beiden wöchentlichen 7-Uhr-Steuerungsrunden: der bis 1994 unter seinem Vorsitz stattfindenden regierungsinternen am Dienstag und der mit den Ost-CDU-Abgeordneten in den Sitzungswochen des Bundestages am Mittwoch. Nicht nur seine Position als Chef des Bundeskanzleramtes gibt ihm diese zentrale Rolle. Auch seine weitgespannten Sachkenntnisse und seine große politische Erfahrung – beides in Verbindung mit freundlicher Unaufgeregtheit und zielgerichteter Arbeitsweise – machen ihn zum einflussreichen Generalmanager der Regierung, aber gleichzeitig auch zu einem wichtigen Stützpfeiler des Aufbaus Ost. Das weithin bekannt gewordene „Bohl-Papier" zum Thema Landwirtschaft in Ostdeutschland steht stellvertretend für seine viel umfassendere, tatkräftige Unterstützung aller Belange in den östlichen Bundesländern.

Sehr hilfreich sind auch die mehr oder weniger regelmäßig stattfindenden speziellen Treffen der Ost-Ministerpräsidenten, der Chefs der Ost-Staatskanzleien (die jeweils die rechte Hand der Ministerpräsidenten darstellen) sowie der Ost-Wirtschaftsminister, an denen ich vielfach für die Bundesregierung teilnehme. Zu vielen dieser Sitzungen sind die Spitzen der Treuhandanstalt ebenfalls eingeladen. Bei diesen Gelegenheiten können aktuelle Wirtschafts- und Finanzierungsprobleme besprochen und meistens auch gleich gelöst werden. Ich erinnere mich, verschiedentlich aus diesen Sitzungen heraus in Bonn angerufen zu haben, um mit den betroffenen Ministerien definitive Verabredungen zu treffen, die dann sofort umgesetzt werden. Daran lässt sich erkennen, dass Regieren in quasirevolutionären Zeiten durchaus auch Spaß machen kann. Für Bürokratie und lange Dienstwege ist einfach keine Zeit. Und das Erstaunliche ist: Niemand regt sich darüber auf, alle arbeiten engagiert mit. Es ist einfach so. Und wenn doch einmal Sand ins Entscheidungsgetriebe Ost kommt, kann ich mit der Rückendeckung des Bundeskanzlers in aller Regel den Knoten durchhauen. Denn jeder kennt den Kompass des Bundeskanzlers: „Im Zweifel für Ostdeutschland."

Eine wichtige Koordinierungsfunktion haben auch die sogenannten „Treuhand-Kabinette", in denen die jeweiligen Ost-Landesregierungen, meist der Ministerpräsident und der Wirtschaftsminister, ihre wirtschafts- und regionalpolitischen Aktivitäten mit der Treuhand abstimmen. Gerade im Blick auf die industriellen Kerne kommt es darauf an, dass regionale Prioritäten mit denen der Treuhandanstalt zusammenpassen. Ist dies einmal nicht der Fall, gibt es klare Verfahrensregeln für Konfliktfälle.

Für mich persönlich spielt auch der von mir nach Übernahme der Aufgabe als Beauftragter der Bundesregierung für die neuen Bundesländer eingerichtete „Beirat neue Bundesländer" eine große Rolle. Hier treffe ich mich, in der Regel samstags in Berlin, mit besonders erfahrenen und engagierten Persönlichkeiten, um mit etwas Abstand vom Tagesgeschehen gemeinsam unsere Strategie für den Aufbau Ost immer wieder zu überprüfen und gegebenenfalls zu ändern oder zu ergänzen. Zu dieser Runde gehören IG-Chemie-Chef Hermann Rappe (und ab Herbst 1995 sein Nachfolger Hubertus Schmoldt, der die Arbeit von Hermann Rappe mit dem gleichen Engagement und der gleichen Verlässlichkeit erfolgreich fortgesetzt hat), der frühere Hamburger Bürgermeister und Treuhand-Berater Klaus von Dohnanyi, der Unternehmer, BDI-Präsident und Ostdeutschland-Unterstützer Tyll Necker, der „Wirtschaftsweise" Professor Rüdiger Pohl, der frühere SPD-Fraktionsvorsitzende in der Volkskammer Professor Richard Schröder, der frühere Regierungspräsident von Dessau und spätere Oberbürgermeister von Braunschweig Gert Hoffmann und der Oberbürgermeister von Jena, Peter Röhlinger. Dieser „Gedankenaustausch über den Tag hinaus" ist mir ein wichtiges Anliegen, weil ich im politischen Betrieb zu oft erlebt habe, dass vor lauter Hektik und Betriebsamkeit das Nachdenken zu kurz kommt und die grundsätzliche Orientierung verloren zu gehen droht. Dem will ich auf jeden Fall vorbeugen.

Dieser Koordinierungs- und Entscheidungsmechanismus arbeitet effizient und in aller Regel geräuschlos, das heißt vertrauensvoll, ohne Indiskretionen. Die Arbeitsbelastung aller Beteiligten ist außerordentlich hoch. Klaus von Dohnanyi sagt einmal nach einer Sitzung, die wieder erst nach Mitternacht zu Ende geht, zu den begleitenden

Beamten: „Wenn draußen im Lande bekannt wäre, wie hier gearbeitet wird, dann wäre der Ruf des öffentlichen Dienstes und der Beamten ein anderer." Wie auch immer, in jedem Fall wächst durch die enge Zusammenarbeit über Monate und Jahre der zwischenmenschliche Zusammenhalt, man kann sich aufeinander verlassen, auch und gerade in schwierigen Situationen. Kollegialität und gegenseitiger Respekt sind selbstverständliche Grundlage unserer Arbeit. Alle verbindet das gleiche Ziel: Der Aufbau Ost findet statt, Herausforderungen werden angenommen, Lösungen werden gefunden, die Verbindungen zu den Akteuren vor Ort werden gehalten, die Umsetzung wird sichergestellt. Wir wollen eine lebens- und leistungsfähige Wirtschaft in Ostdeutschland. Wir alle sind entschlossen, dieses Ziel Wirklichkeit werden zu lassen.

8. Kapitel

Ostdeutsche Betriebsräte:
Eckpfeiler des Neubeginns

Ein wichtiger industrieller Kern in Ostdeutschland ist die Chemie, insbesondere das mitteldeutsche Chemiedreieck Buna–Bitterfeld–Leuna. Bereits in seiner Rede vor der Buna-Belegschaft in Schkopau im Mai 1991 hat der Bundeskanzler deutlich gemacht, dass es in dieser Region auch in Zukunft Chemie geben werde. Aber wie kann dies umgesetzt werden? Mehrere Konzepte werden entwickelt, um die Marktchancen der Chemieaktivitäten an den drei Standorten zu verbessern und um Optionen für eine frühere oder spätere Privatisierung zu ermöglichen. Es zeigt sich schnell, dass dieses Ziel erhebliche Umstrukturierungen und Neuordnungen sowohl der Chemieanlagen als auch der Unternehmen notwendig macht – Veränderungen, die Zeit brauchen und die für Unternehmensleitungen und Belegschaften mit großen Unsicherheiten hinsichtlich der Frage verbunden sind, ob und wie es denn weitergehen wird.

Ein erster wichtiger Fortschritt ist der sogenannte Leuna-Minol-Vertrag im Juli 1992 zwischen der Treuhandanstalt und einem französisch-deutschen Konsortium aus den Firmen Elf Aquitaine und Thyssen. Mit diesem Vertrag wird die in Ostdeutschland flächendeckend vertretene und daher für Investoren interessante Minol-Tankstellenkette an das Konsortium veräußert, zusammen mit der Verpflichtung zum Neubau einer Raffinerie am Standort Leuna mit dem Erhalt von mindestens 2.500 Arbeitsplätzen – ein Projekt mit veranschlagten Kosten von nahezu 6 Milliarden DM, zu denen Treuhand, Bundesregierung und das Land Sachsen-Anhalt etwa 4 Milliarden DM beisteuern, auch zur Abdeckung der Kosten für Altlastensanierung, Personalanpassung und Verlustausgleich. Dies ist zweifellos ein hoher Preis, aber angesichts mangelnder Alternativen bietet sich dadurch eine – vielleicht die einzige echte – Chance für eine belastbare Lösung mit realen, nachhaltigen Bestandsaussichten. Daran änderten auch das spätere Ausscheiden Thyssens aus dem Konsortium sowie Personalveränderungen an der Spitze von Elf Aquitaine nichts.

Weniger erfolgreich sind die Bemühungen am Standort Bitterfeld-Wolfen. Eine Zukunft für die Filmfabrik Wolfen als Ganzes ist nicht erkennbar, für ihre veraltete Technologie gibt es einfach keine Kunden mehr. Eine Reihe von Geschäftsfeldern der Chemie AG können privatisiert, andere müssen stillgelegt werden. Gleichzeitig können neue Investitionen, wie etwa die Aspirin-Produktion von Bayer sowie neue Produktionsanlagen von Heraeus und Linde, für den Standort gewonnen werden. Ab 1994 nimmt der Chemiepark Bitterfeld-Wolfen Gestalt an. Seine spätere Übernahme durch den Unternehmer Jürgen Preiss-Daimler bringt zusätzlichen Schub in die Entwicklung. Nach etwa zehn Jahren haben rund 12.000 Menschen in mehr als 300 Unternehmen Arbeit und Lohn.

Besonders schwierig erweist sich die Zukunftsgestaltung für die alte Buna AG. Ideen für die Privatisierung von interessant erscheinenden Teilbereichen wechseln ab mit wiederholt sich verändernden Konzepten für eine Gesamtlösung. Da sie alle nicht richtig überzeugen können, wird gleichzeitig weiter in dringende Modernisierungen und den bitter notwendigen Umweltschutz investiert. Das alles verstärkt die ohnehin schon bestehenden Unsicherheiten in der Belegschaft, die bereits deutlich reduziert worden ist. Das Erstaunliche und in dieser Situation alles andere als Selbstverständliche ist, dass die Gewerkschaft die grundsätzliche Notwendigkeit akzeptiert, die Personalkosten zu verringern, um Wirtschaftlichkeit und Wettbewerbsfähigkeit zu verbessern. Gleichzeitig besteht die IG Chemie darauf, Auffanglösungen für die betroffenen Arbeitnehmer zu schaffen. Mit dieser Zielsetzung verhandelt IG-Chemie-Chef Hermann Rappe mit der Treuhand und erreicht im März 1993 die Gründung und Finanzierung des „Qualifizierungswerks Chemie". Mit dieser „Sozialinnovation" erhalten 12.000 Arbeitslose aus der Chemieregion das Recht auf eine Stelle in einer Beschäftigungsgesellschaft, sie können jetzt – was bis dahin nicht möglich war – direkt aus einem Treuhandunternehmen in eine staatlich geförderte Sanierungsgesellschaft überwechseln. Und diese Gesellschaften, für die ordentliche Tarifverträge abgeschlossen werden, haben Arbeit für Jahre, um all die völlig veralteten, zum Teil noch aus der IG-Farben-Zeit der 1920er Jahre stammenden Chemieanlagen mit ihren katastrophalen Umweltbelastungen für die ganze Region zu demontieren und abzureißen. Als ich 1991 zum ersten Mal durch eine solche Anlage gehe, kann ich nicht glauben, dass hier noch vor wenigen Monaten Menschen gearbeitet haben.

Inzwischen ist nach mehreren mehr oder weniger ausgereiften Umstrukturierungs- und Privatisierungsideen deutlich geworden, dass Einzellösungen an den verschiedenen Standorten keinen dauerhaften Erfolg versprechen. Gebraucht wird eine Gesamtlösung, in deren Mittelpunkt die sogenannte Olefinchemie steht. Es geht um die Verflechtung von Rohstoffversorgung und Produktion an den Standorten Schkopau, Böhlen und Leuna, um eine Energieversorgung zu wettbewerbsfähigen Preisen, eine Rohstoffpipeline von Rostock nach Böhlen und eine durchgreifende Ertüchtigung und Modernisierung bestehender, weiterverwendbarer Anlagen. Der Name des Chemiemanagers Bernhard Brümmer ist eng mit diesem Konzept verbunden. Erste Investitionen für die Realisierung dieses Vorhabens werden von der Treuhand freigegeben. Doch eine Privatisierung und damit eine dauerhafte Lösung zeichnet sich über Jahre nicht ab.

Im Herbst 1994 betritt das weltweit tätige amerikanische Chemieunternehmen Dow Chemical überraschend die Bühne und bekundet sein Interesse an einem Engagement für dieses Chemie-Verbundkonzept. Hier, wie auch bei der Herstellung von Kontakten zu vielen anderen amerikanischen Investoren, darf ein Name nicht unerwähnt bleiben: Fred Irwin, Präsident der Amerikanischen Handelskammer in Deutschland. Wie kein anderer hat er sich in den 1990er und 2000er Jahren darum bemüht, amerikanische Investoren nach Deutschland zu bringen, insbesondere nach Ostdeutschland. Er hat einen maßgeblichen Beitrag zur Stärkung der deutsch-amerikanischen Beziehungen geleistet, der sowohl in der Wirtschaft als auch in höchsten Regierungskreisen Anerkennung erfahren hat. Seine wichtige Rolle bei der Lösung der Opel-Krise 2009/2010 hat dies noch einmal unterstrichen. Es passt, wenn eine große deutsche Zeitung ihn einen „deutschen Amerikaner" nennt.

Die Verhandlungen zwischen Dow Chemical und der Treuhandanstalt beginnen und erreichen im Frühjahr 1995 einen kritischen Punkt. Ich selbst spreche mehrfach mit Elmar Deutsch, der die Verhandlungen für Dow führt, sowie mit IG-Chemie-Chef Hermann Rappe und der Betriebsratsvorsitzenden Ingrid Häußler. Für mich geht es jetzt um die Zukunft eines zentralen Industriekerns Ostdeutschlands, hier darf es keine Lösung geben, die sich später als nicht tragfähig erweist. Streitig ist insbesondere die Zahl der Arbeitsplätze, die von Dow im Blick auf eine Privatisierung für die Zukunft zugesagt werden sollen. Aus der Sicht der Amerikaner können es nicht mehr als 2.200 sein – zum Vergleich: 15.000 waren es Anfang 1991, 8.000 am Jahresende. IG Chemie und Betriebsrat lehnen dies als inakzeptabel ab. Die Gespräche drohen festzufahren – was gleichbedeutend mit einer Infragestellung des Vertragsabschlusses insgesamt ist. Die Zeit drängt, alle anderen Fragen – selbst die hohen Milliardenzuschüsse für Altlasten und Neuinvestitionen – sind weitgehend geklärt. In dieser Situation schlägt Hermann Rappe vor, zu einem Spitzengespräch zusammenzukommen und den Versuch zu unternehmen, für die kaum überbrückbar erscheinenden Meinungsverschiedenheiten eine Lösung zu suchen. Er bittet mich, die Leitung dieses Gesprächs zu übernehmen; auch die Amerikaner stimmen zu. Wir einigen uns auf Sonntag, den 2. April 1995, 14 Uhr, in der Gewerkschaftszentrale der IG Chemie in Hannover.

Es ist ein warmer Frühlingssonntag. Ich setze mich in Bonn in den Zug und versuche, die bevorstehenden Verhandlungen gedanklich durchzugehen. Ich sehe Elmar Deutsch als Verhandlungsführer von Dow vor mir und habe das Gefühl, dass sein Spielraum nicht sehr groß sein wird. Zu stark wird das Denken der Amerikaner von Rentabilität, Profitabilität und Marktbedingungen geprägt. Außerdem wissen sie, dass sie gegenwärtig die einzigen ernsthaften Interessenten sind und also eine starke Verhandlungsposition haben. Auf der anderen Seite sind da die IG Chemie, deren Chef Hermann Rappe und der Buna-Betriebsrat mit seiner Vorsitzenden Ingrid Häußler. Sie haben schon den Verlust Tausender von Arbeitsplätzen an den Standorten Schkopau, Böhlen und Leuna mitgetragen. Jetzt sind noch etwa 6.000 übrig geblieben, eigentlich ist für sie die absolute Schmerzgrenze längst erreicht. Wo also könnte eine Kompromisslinie verlaufen, mit der beide Seiten am Ende leben könnten? Ich komme zu dem Schluss, dass es bei dem Angebot von Dow für 2.200 Arbeitsplätze nicht bleiben kann; nach meiner Kenntnis der geplanten Investitionen ist in und um den Olefinverbund herum bei gutem Willen mehr möglich. Die Kunst wird darin bestehen, herauszufinden, zu welchen Zugeständnissen Dow in Sachen Arbeitsplätze gebracht werden kann, ohne dass das Projekt in Frage gestellt wird.

Die Gespräche im modernen IG-Chemie-Hauptquartier in Hannover beginnen pünktlich. Wegen des Sonntags sind wir von einer großen Ruhe umgeben. Die Stimmung ist bei den Dow-Kollegen aufmerksam-gespannt, bei den Arbeitnehmervertretern reichlich gedrückt. Beide Seiten wiederholen ihre Ausgangspositionen: 2.200 zugesicherte Arbeitsplätze hier, die Ablehnung dieses Angebots als inakzeptabel dort. Ich hinterfrage die Annahmen, die den Zahlen der Amerikaner zugrunde liegen, bekomme aber eher allgemeine Antworten, die wenig bis keine Flexibilität erkennen lassen. Nachdem mich auch einige weitere Nachfragen nicht weiterbringen, unterbreche ich die Sitzung und gehe mit den Dow-Vertretern vor die Tür. Dort erkläre ich ihnen, dass wir unmittelbar vor dem Scheitern der Gespräche stehen, wenn sie nicht mehr Entgegenkommen zeigen. Sie signalisieren daraufhin 2.500 zugesagte Arbeitsplätze. Ich erwidere, dass das nach meiner Einschätzung zu wenig sei, dass die Arbeitnehmervertreter damit zu Haus in Schkopau keine Chance auf Akzeptanz hätten, und teile mit, dass ich jetzt einen abschließenden Vorschlag machen werde.

Zurückgekehrt in den Verhandlungsraum schlage ich als Kompromiss die Formel „3.000 Plus" vor, wobei „Plus" für die moralische Pflicht von Dow stehe, die mitteldeutschen Standorte über die 3.000 Arbeitsplätze hinaus weiter auszubauen, auch unter Einbeziehung neuer Arbeitsplätze in den Chemieparks rund um die Dow-Produktionsanlagen herum. Ein erster Schritt in diese Richtung wäre die Ansiedlung einer „Umwelt-Service-Gesellschaft" von Dow, dann der Bau zusätzlicher Neuanlagen und die aktive Einwerbung weiterer Firmen und Kooperationspartner für die Chemieparks. Zunächst herrscht für einige Minuten Schweigen, dann bittet die Dow-Seite, das „Plus" noch einmal zu erläutern. Ich tue dies, daraufhin schlagen beide Seiten eine Auszeit vor. Nach zehn Minuten bitten mich die Amerikaner in ihre Runde und äußern Zweifel, ob sie für diese Formel die Zustimmung ihres Vorstands in den USA erhalten können. Ich sage, dass ich im Blick auf die mehr als schwierige Situation der Arbeitnehmer und ihrer Vertreter keine andere Möglichkeit sehe, und bitte um telefonische Rückkopplung mit den Dow-Verantwortlichen. Zurück im Verhandlungsraum bin ich wieder allein. Durch mehrere geschlossene Türen hindurch bekomme ich mit, dass es bei Betriebsrat und Gewerkschaft lautstarke „Ansagen" gibt. Ich glaube, die Stimme von Hermann Rappe zu erkennen, irgendwie mit einem ziemlich fordernden Unterton.

Nach etwa einer halben Stunde sind beide Seiten wieder im Raum. Elmar Deutsch signalisiert Zustimmung, wenn auch ohne erkennbare Begeisterung. Ingrid Häußler ebenfalls, wobei ich den Eindruck habe, dass ihr und ihren Kollegen im Betriebsrat diese Zustimmung unendlich viel schwerer fällt. Auch das Gesicht von Hermann Rappe lässt Spuren der vorangegangenen internen „Meinungsbildung" erkennen, er wirkt noch um einiges ernster und entschiedener als sonst. Ich bedanke mich und stelle fest, dass der Vorschlag „3.000 Plus" auf beiden Seiten Zustimmung gefunden hat. Der Weg für die im Vertragsentwurf vorgesehene schrittweise Übernahme der unternehmerischen Eigentümerverantwortung durch Dow Chemical ist frei.

Auf dem Weg von der IG-Chemie-Zentrale zur Eröffnung der Hannover-Messe spüre ich keine Erleichterung, nichts fällt mir von der Seele – trotz der erreichten Einigung, die nicht unbedingt zu erwarten gewesen war. Zu groß war die Betroffenheit der Betriebsräte darüber, dass eine andere, eine bessere Lösung mit mehr Arbeitsplätzen nicht zu erreichen gewesen war. Ohne dass ein einziges Wort fiel, war zu spüren, dass sie noch nicht wussten, wie sie die Nachricht zu

Hause den Kollegen vermitteln sollten. Am Eingang zur Messehalle treffe ich Hermann Rappe. Wir gehen einige Schritte nebeneinander, dann sagt er: „Es war die einzig mögliche Lösung, abgesehen vom Scheitern. Danke." Wenige Minuten später unterrichte ich den Bundeskanzler. Er ist erleichtert. An diesem Abend kommt bei mir keine Freude auf.

*

In diesen bewegten Zeiten ist das Chemiedreieck nicht die einzige Region, in der sich der gewaltige Strukturumbruch allenthalben bemerkbar macht. Am 19. Juni 1992 besucht der Bundeskanzler die Niederlausitz, genauer das BASF-Werk in Schwarzheide im südlichen Brandenburg, direkt an der Autobahn Berlin–Dresden. Die BASF und ihr Chef, Jürgen Strube, haben bereits 1990 das frühere Synthesewerk Schwarzheide übernommen und sind dort dabei, immerhin 1,5 Milliarden DM in Infrastruktur und neue Produktionsanlagen zu investieren. Auch wenn sich hier am Standort Schwarzheide alles auf einem mehr oder weniger guten Weg befindet, gilt für die umliegende Region eher das Gegenteil. Sie ist stark von der Niederlausitzer Braunkohle geprägt, das heißt, es gibt einerseits erhebliche Altlasten, veraltete Anlagen zur Braunkohleveredlung und „Mondlandschaften" als Hinterlassenschaft eines jahrzehntelangen ökologischen Raubbaus, auf der anderen Seite ist eine weitreichende Modernisierung der laufenden Braunkohleförderung für die Stromerzeugung mit zeitgemäßer Produktivität erforderlich, was aber eben auch mit einer spürbaren Einbuße an Arbeitsplätzen einhergeht.

Auf Einladung von Betriebsräten verschiedener Unternehmen der Region bin ich schon einige Tage zuvor hier gewesen, habe also eine erste Übersicht zu den schwierigen Strukturproblemen vor Ort erhalten. Der Wunsch der Betriebsräte, direkt mit dem Bundeskanzler zu sprechen, ist nachvollziehbar, ein entsprechendes Treffen zu Beginn des Besuchsprogramms ist geplant. Betriebsräte aus Lauchhammer und Finsterwalde, Ortsvertreter von IG Chemie und IG Metall, Mitglieder des Notstandskomitees Lauchhammer und der Arbeitslosenzentren – insgesamt acht Personen – nehmen an diesem

Treffen teil und schildern dem Bundeskanzler die mehr als schwierige Lage in der Region: starker Arbeitsplatzabbau, desolate Landwirtschaft, Abwanderung junger Leute und Kritik an den Privatisierungskonzepten der Treuhandanstalt. Sie fordern ein abgestimmtes, koordiniertes, wirksames Regionalkonzept, das alle Akteure der Region mit einbezieht und tatsächliche Verbesserungen bringt. Der Bundeskanzler hört aufmerksam zu. Am Ende verspricht er gegenüber den Gesprächsteilnehmern ebenso wie später gegenüber der Presse, den etwa 500 Demonstranten und der Öffentlichkeit, sich für ein mit allen Beteiligten koordiniertes, wirksames Regionalkonzept nicht nur einzusetzen, sondern dieses auch finanziell zu unterstützen. Wörtlich: „Ich habe gesagt, und ich stehe dazu, dass es in den neuen Bundesländern einige Regionen gibt, die eine ganz besondere Hilfe brauchen. Dabei denke ich zum einen an die Küstenregion. Dies gilt zum anderen aber ebenso für das Chemiedreieck und für diese Region. Ich sage Ihnen zu, dass ich mich hier ganz persönlich engagieren werde." In seiner Rede an die Mitarbeiter der BASF-Schwarzheide fügt er etwas später den Schlüsselsatz des Aufbaus Ost hinzu: „Für mich gibt es in der deutschen Innenpolitik eine ganz klare Leitschnur, und die heißt: Vorrang für die neuen Bundesländer. Und wenn wir in diesem Jahr allein aus öffentlichen Mitteln 140 Milliarden DM zugunsten der neuen Bundesländer aufbringen, dann bekommen Sie eine Vorstellung davon, wie sehr wir auf Zukunft setzen."

Dieses Gesprächs- und Hilfsangebot des Bundeskanzlers wird in den Folgemonaten in den drei sogenannten „Sallgaster Gesprächen" umgesetzt. In deren Rahmen treffe ich mich im September 1992 sowie im Februar und Mai 1993 mit Vertretern der Region. Darunter, neben weiteren Betriebsräten und Kommunalvertretern, allen voran Hans Harald Gabbe, Bevollmächtigter der IG Metall und so etwas wie der nie ermüdende Antriebsmotor dieser regionalen „konzertierten Aktion". Ich bringe aus Bonn Regional- und Arbeitsmarktexperten aus dem Wirtschafts- und dem Arbeitsministerium sowie aus Berlin Treuhand-Kollegen mit. Das Land Brandenburg ist durch die Staatskanzlei vertreten. In dieser Runde diskutieren wir alle relevanten Themen und Sorgen der Region, und zwar nicht jeden Fall isoliert für sich, sondern im regionalen Gesamtzusammenhang, so wie sich die Situation im Alltag auf die Menschen in der Region auswirkt. Wir beginnen mit dem Forderungskatalog der örtlichen IG Metall, es folgen die unzureichende Verkehrsanbindung und dann die Probleme der notleidenden Unternehmen und der Kommunen. Nichts wird ausgeklammert, alles, was hilft, kommt auf die Tagesordnung, Konzepte von DGB und IG Metall für die Region sind willkommen. In den Gesprächen lernen wir uns kennen und bemerken schnell, dass wir alle das gleiche Anliegen haben: Was kann konkret für diese besonders mitgenommene Region getan werden?

Im Ergebnis verständigen wir uns auf ein Gesamtkonzept mit konkreten Vorschlägen für die konsequente Nutzung aller verfügbaren Finanzierungsinstrumente der Regional-, Struktur- und Verkehrswegepolitik sowie der Treuhand-Hilfen, um die Region voranzubringen. So erreichen wir in Gesprächen mit Land und Bund, dass die Verkehrsverbindungen für Pendler, also für diejenigen, die ihre Arbeit in der Region verloren haben und jetzt weite Wege zur Arbeitsstelle in Kauf nehmen müssen, zügig ausgebaut und verbessert werden. Wir erreichen auch, dass sich die Treuhand bereiterklärt, den Kommunen dringend benötigte Flächen für den Ausbau der örtlichen Infrastruktur und für die Neuansiedlung von Betrieben kostenlos oder zumindest preisgünstig zu überlassen. Wir schreiben also keine abstrakten Papiere, sondern identifizieren konkrete Punkte mit Handlungsbedarf und handeln dann auch gemeinsam und in aller Regel erfolgreich. Dabei ziehen alle am gleichen Strang und in dieselbe Richtung: Bundeskanzleramt, Bundesministerien, Gewerkschaften, Treuhand, Landesregierung, Kommunalpolitik. Diese eher ungewöhnliche „Niederlausitz-Koalition" ist in ihrer Zusammenarbeit verlässlich und stabil, sie gibt zusätzliche Schubkraft und bringt handfeste Fortschritte, auch wenn uns bewusst ist, dass damit noch nicht alle Probleme gelöst sind.

Immer wieder berichte ich dem Bundeskanzler über diese ganz besondere Allianz, gemeinsam organisiert von Kanzleramt und örtlicher IG Metall, von unseren Aktivitäten vor Ort, von Bonn aus gesehen am anderen Ende Deutschlands, mit denen die im Juni 1992 in Schwarzheide gegebene Hilfszusage des Bundeskanzlers an diese Region in praktisches Handeln umgesetzt wird. Helmut Kohls anfängliche Skepsis ist mit Händen zu greifen, weicht aber im Lauf der Wochen einer gewissen Neugier. Er sieht, dass hier etwas praktiziert wird, was eigentlich in keines der üblichen Klischees oder Lehrbücher passt. Das wiederum findet er gut, ja spannend. Was bleibt, ist die Freude über das, was hier gelingt, allerdings gepaart mit der Erfahrung, dass solche Allianzen über alle ansonsten üblichen politisch-gesellschaftlichen Grenzen und Scheuklappen hinweg Ausnahmen bleiben und sich leider nicht zur Regel machen lassen. Wie sehr diese ungewöhnliche Zusammenarbeit eine Gratwanderung ist, macht mir die Bemerkung von Hans Harald Gabbe, dem Bevollmächtigten der IG Metall vor Ort, am Ende eines unser vielen Treffen klar: „Immer wenn ich in Frankfurt aus dem Zug oder dem Flugzeug steige, weiß ich nicht, ob die Kollegen aus der Zentrale der IG Metall gekommen sind, um mich zu begrüßen oder um mich zu steinigen!"

Vor Ort passt es auf jeden Fall gut, dass der Aufsichtsrat von TAKRAF (dem ehemaligen DDR-Kombinat „Tagebau-Ausrüstungen, Krane und Förderanlagen", das sich mit Schwermaschinenbau und Fördertechnik beschäftigt) in Lauchhammer im Februar 1993 den Bau einer neuen Fabrik beschließt. 100 Millionen DM werden freigegeben – Hoffnungszeichen in einer Region, in der es an vielen Stellen bisher eher rückwärts- als vorwärtszugehen scheint. Vorsitzender des TAKRAF-Aufsichtsrats ist der frühere Hamburger Bürgermeister Klaus von Dohnanyi – ein Umstand, der uns und unserem Anliegen hilft, denn ich kenne und schätze Klaus von Dohnanyi, sein persönliches Engagement für den Aufbau Ost und seine Entschlossenheit, Neues, Zukunftsfähiges auch gegen vielfältige Widerstände auf den Weg zu bringen. Ich setze mich für diese Investition und deren Finanzierung durch die Treuhandanstalt nachdrücklich ein. Gerade hier, wo vieles schwieriger ist als anderenorts, muss auch Neues entstehen, muss es Investitionen in eine industrielle Zukunft geben.

Im Herbst 1994 nähert sich die neue Fabrik ihrer Vollendung. Eigentümer und Betreiber ist die inzwischen von der Treuhand erfolgreich privatisierte MAN TAKRAF. Ich lasse es mir nicht nehmen, bei der Einweihung im Dezember dabei zu sein. In meiner kurzen Ansprache bei der Einweihungsfeier unterstreiche ich noch einmal das Konzept der Bundesregierung zur Sicherung und Erneuerung industrieller Kerne und unsere Entschlossenheit, dieses Konzept an besonders schwierigen und leidgeprüften Standorten wie hier in Lauchhammer in reale Politik umzusetzen. Ich füge hinzu: „Wir gewinnen gut 500 moderne, sichere Arbeitsplätze. Darüber freuen wir uns heute. Aber wir wissen auch, dass heute hier in diesem Unternehmen 2.000 Menschen weniger beschäftigt sind als zu Beginn der neunziger Jahre. Unser politisches und wirtschaftliches Engagement ist also weiterhin gefordert. Der Aufbau Ost geht weiter."

*

Wie dieser Aufbau Ost auch funktionieren kann – zugegebenermaßen in eher ungewöhnlicher Weise –, lässt sich nur zwanzig Kilometer von Lauchhammer entfernt besichtigen: anhand der Kjellberg Elektroden und Maschinen GmbH in Finsterwalde. Dieses von dem Schweden Oscar Kjellberg 1922 gegründete Unternehmen wird 1991 im Schnellgang an einen belgischen Investor privatisiert – mit neuen Hoffnungen für die nach der Wende stark dezimierte Belegschaft: Hoffnungen, die aber schnell enttäuscht werden. Der neue Eigentümer denkt zuerst an sich, macht Grundstücke des Unternehmens zu Geld und bedient in erster Linie seine heimatlichen Interessen, auch mit der Mitnahme von Schweißgeräten aus Finsterwalde. Unternehmen und Belegschaft in Finsterwalde haben das Nachsehen. Als sich dann noch ausstehende Lohnforderungen häufen, nehmen Belegschaft und örtliche IG Metall 1996 ihr Schicksal in die eigenen Hände. Betriebsratschef Klaus-Dieter Stoffregen und IG-Metall-Bevollmächtigter Hans Harald Gabbe überrumpeln den Mann aus Belgien, indem sie die Arbeitsmittel in der Firma im Gegenzug für ausstehende Lohnforderungen pfänden lassen. In einem dramatischen Rechtsverfahren werden sie den „ungetreuen" Eigentümer los und setzen ein neues Management ein. Es entsteht so etwas wie ein „Zwangs-MBO" (Management-Buy-out, hier also eine durch die besondere Lage im Unternehmen notwendig gewordene Übernahme des Unternehmens durch das Management). Die Stadt Finsterwalde, vor allem ihr Bürgermeister Johannes Wohmann, hilft mit einer Bürgschaft von 800.000 DM. Und damit das Ganze kein Balanceakt mit unsicherem Ausgang bleibt, sondern ein sicheres Fundament erhält, soll das Eigentum an Kjellberg in eine Stiftung überführt werden – eine echte Gabbe-Idee. Das Brandenburger Innenministerium lehnt dies wegen fehlender rechtlicher Grundlagen ab. Der daraufhin angesprochene Regierungspräsident von Gießen, Hartmut Bäumer, schafft es auch so. Die Kjellberg-Stiftung steht, ihr offizieller Sitz ist zwar in Hessen, aber die Unabhängigkeit ist gesichert. Erst Jahre später kehrt der Stiftungssitz zurück nach Brandenburg.

Aber das Happy End ist noch nicht erreicht, ja es rückt erst einmal wieder in weite Ferne. Kaum ist die Stiftung unter Dach und Fach, kommt nicht die ansonsten weit verbreitete Absatzkrise, sondern ein handfester Liquiditätsengpass. Das Geld wird knapp, Löhne und Gehälter können nicht pünktlich gezahlt, notwendiges Material nicht vorfinanziert werden. Im Februar 1999 spricht sich der aus Potsdam herbeigeeilte Wirtschaftsminister Burkhard Dreher für die Insolvenz mit anschließendem Neustart aus und drängt auf sofortiges Handeln. Für Belegschaft, Betriebsrat, Gewerkschaft und Management wäre die gerade gewonnene Unabhängigkeit mit Zukunftsperspektive dahin. Hans Harald Gabbe greift nach dem letzten noch verbliebenen Rettungsstrohhalm, dem „Betriebsräte- und Regionalfonds" von IG Metall und Treuhand oder vielmehr deren Nachfolgeorganisation BVS, der Bundesanstalt für Vereinigungsbedingte Sonderaufgaben. Dieser Fonds, dessen Gründung ich vor einigen Jahren selbst mit auf den Weg gebracht habe, stellt Gewerkschaft und Betriebsräten Geld für Beratungsaktivitäten in kritischen Unternehmenslagen zur Verfügung. Hans Harald Gabbe ruft Hasso Düvel an, Bezirksleiter der IG Metall in Sachsen. Der versteht, was auf dem Spiel steht, und sorgt dafür, dass 800.000 DM bereitgestellt werden, Darlehen ohne Sicherheiten in wahrlich unsicheren Zeiten. Hans Harald Gabbe und Norbert Pietsch, Vorstandsmitglied der Kjellberg-Stiftung, stehen für die Rückzahlung ein.

Was folgt, ist ein mühsames, monatelanges Ringen von Belegschaft, Stiftung, Geschäftsführung und der gesamten Region um die Sicherung der Liquidität für Kjellberg Finsterwalde, und das wohlgemerkt bei guter Auftragslage. Inzwischen gibt es in Potsdam einen neuen Wirtschaftsminister, Wolfgang Fürniß, und im Spätherbst 1999 stellt die Investitionsbank des Landes Brandenburg dann endlich Geld für die Wachstumsfinanzierung von Kjellberg zur Verfügung – um dann ebendieses Geld Anfang Dezember wegen zu großer Unsicherheiten wieder zurückzufordern. Je widersprüchlicher die Nachrichten aus dem Potsdamer Wirtschaftsministerium werden, desto geschlossener machen die Kjellberg-Akteure Druck – Stiftung, Geschäftsführer, Betriebsrat, Gewerkschaft und Belegschaft. Und diese Geschlossenheit beeindruckt dann schließlich auch die handelnden Personen im Ministerium: Die Rückzahlung wird ausgesetzt – das ist die Wende. Von da an geht es aufwärts, Schritt für Schritt. Oder, um es mit den Worten von Hans Harald Gabbe zu sagen: „Gute Arbeit lohnt sich wieder!" Heute liefert das 400-Mann-Unternehmen Kjellberg aus Finsterwalde hochwertige Plasmaschneidemaschinen und Schweißtechnik in alle Länder der Welt – Aufbau Ost „at its best"!

*

Ähnlich wie bei Kjellberg in Finsterwalde wird auch in einem anderen wichtigen Unternehmen um die Sicherung der wirtschaftlichen Zukunft gerungen: EKO-Stahl in Eisenhüttenstadt an der Oder. Hier wurde in den 1950er Jahren ein Großprojekt der DDR für die Stahlherstellung aus dem Boden gestampft. 1990 sind rund 12.000 Arbeiter beschäftigt. Auch hier beginnt sehr schnell nach der Wiedervereinigung die Suche nach einem geeigneten Investor – mit zwei aufeinanderfolgenden Fehlschlägen. 1992 erhält die Firma Krupp den Zuschlag, verliert aber kurze Zeit später das Interesse, wahrscheinlich im Gefolge der nahezu zeitgleichen Übernahme von Hoesch in Dortmund. Bis zu diesem Zeitpunkt hat sich die Belegschaft bereits in etwa halbiert, wie immer mit dem Ziel, die Kosten zu senken und die Produktivität näher an den internationalen Standard heranzubringen.

1993 betritt dann der italienische Stahlproduzent Emilio Riva die Privatisierungsbühne – ein Unternehmer, der bereits die Stahlwerke in Brandenburg und Hennigsdorf übernommen hat. Auch er verabschiedet sich bereits im Folgejahr. Was ihn dazu bewegt, darüber darf spekuliert werden. Auf jeden Fall haben seine etwas hemdsärmeligen

Auftritte in Eisenhüttenstadt seine Beliebtheit bei Belegschaft und Management nicht gerade gefördert. Wie dem auch sei, Unternehmensleitung, Betriebsrat und Belegschaft machen mit geräuschvollen Demonstrationen in der Öffentlichkeit auf ihre Sache aufmerksam. Sie wollen nicht zur Manövriermasse von Privatisierungsoptionen werden, die sich mehr oder weniger zufällig ergeben. Im Spätherbst 1994 gelingt es dann doch, mit dem belgischen Stahlunternehmen Cockerill-Sambre einen seriösen Investor zu gewinnen, allerdings nicht ohne fürstliche Mitgift in Gestalt eines weiteren umfassenden Investitions- und Modernisierungsprogramms in Milliardengrößenordnung, nachdem bis zu diesem Zeitpunkt bereits knapp 2 Milliarden von der Treuhand in das Unternehmen geflossen sind. Aufsichtsrat und Belegschaft begrüßen die Übernahme durch den belgischen Investor, vor allem weil sein Konzept den Ausbau des Werks zu einem modernen integrierten Stahlstandort vorsieht.

Ich besuche EKO-Stahl am 24. August 1994, genau in dieser kritischen Zwischenphase – nach dem Abgang von Emilio Riva und vor dem Auftritt von Cockerill-Sambre. Ich spreche mit Hans-Joachim Krüger, dem Vorsitzenden der Geschäftsführung, seinem langjährigen Vorgänger Karl Döring, jetzt im Vorstand für das Ressort Technik verantwortlich, ebenso wie mit Wolfgang Ramthun, dem Vorsitzenden des Betriebsrats. Dabei spüre ich die große Verunsicherung nach vier Jahren Investorensuche, die, nach zwei Fehlschlägen, letztlich ergebnislos verlaufen ist. Ich mache einmal mehr deutlich, dass dennoch kein Grund zur Resignation oder zum Aufgeben besteht. EKO-Stahl ist als sanierungsfähig eingestuft, hat als Flachstahllieferant erhebliche Bedeutung für die industrielle Zukunft Ostdeutschlands und ist in dem Industrielle-Kerne-Konzept der Bundesregierung vom Juni 1993 ausdrücklich als Industriestandort aufgeführt, dessen Sanierung noch andauert – mit dem Anspruch auf entsprechende, „zukunftsgerichtete Investitionen".

Ich betone, dass Bundesregierung und Treuhandanstalt verlässliche Partner sind und bleiben, was übrigens bei EKO-Stahl nicht zuletzt durch die etwas eigentümliche Besonderheit zum Ausdruck kommt, dass Otto Gellert, stellvertretender Vorsitzender des Treuhand-Verwaltungsrats, bis vor kurzem auch Vorsitzender des

EKO-Aufsichtsrats war – eine Mandatskombination ohne Parallele! Inzwischen hat Treuhand-Vorstand Hans Krämer diese Aufgabe übernommen. Ich mache deutlich, dass die Bundesregierung weitere „produkt- und marktbezogene Neuinvestitionen" unterstützen wird, sollte sich dies mangels anderer Perspektiven als erforderlich und hilfreich erweisen. Das für Ende 1994 angekündigte Ende der Treuhandanstalt sei in diesem Zusammenhang unerheblich, da deren Arbeit von der Nachfolgeorganisation BVS im Blick auf das Thema industrielle Kerne unverändert fortgeführt werde. Wie auch an anderen „Brennpunkten" des Aufbaus Ost erkläre ich meine ausdrückliche Bereitschaft, gegebenenfalls auch kurzfristig erneut nach Eisenhüttenstadt zu kommen, sollte dies dort von Geschäftsführung oder Betriebsrat gewünscht werden.

Mit dem Investitionspaket, das die Privatisierung an Cockerill-Sambre begleitet, wird 1996/97 auch das schon zu DDR-Zeiten fehlende Warmwalzwerk finanziert und errichtet. Der Bundeskanzler selbst nimmt diese wichtige Vervollständigung der EKO-Produktionsanlagen zusammen mit dem Auszubildenden Reiko Raute am 22. Juli 1997 in Betrieb. Eine weitere Verzinkungsanlage kommt 1999 hinzu. Insgesamt gibt es ab 1996 eine solide Zukunftsperspektive für den industriellen Kern EKO-Stahl – allerdings unvermeidlich mit drastisch verringerter, jetzt aber endlich internationalem Standard entsprechender Belegschaft und erhöhter Leistungsfähigkeit: 3.000 Arbeitsplätze (nimmt man vorangegangene Ausgliederungen und Dienstleistungen mit hinzu, sind es sogar 5.500) mit einer Kernausstattung für weltweite Wettbewerbsfähigkeit und für die zukünftige Entwicklung der Region.

*

Fehleinschätzungen bei der Suche nach geeigneten Investoren gibt es auch bei einem anderen wichtigen industriellen Kern, dem Schwermaschinenhersteller SKET (Schwermaschinenbau-Kombinat „Ernst Thälmann") in Magdeburg mit einer ganzen Reihe weiterer Betriebe an Standorten in fast allen Teilen der DDR. SKET ist so etwas wie ein Vorzeigeunternehmen der DDR mit zum Zeitpunkt der Wende rund

30.000 Arbeitnehmern. Schwerpunkt ist Magdeburg mit dem Walz-werks- und Verseilmaschinenbau und etwa 13.000 Arbeitsplätzen. Der Auftragsbestand beläuft sich 1990 auf gut 3 Milliarden DM, da-von 80 % aus östlich-kommunistischen Ländern. Der damalige Un-ternehmenschef Klaus Oberländer bringt – ähnlich wie Karl Döring bei EKO-Stahl – erste notwendige Anpassungen zur Steigerung von Leistungsfähigkeit und Wirtschaftlichkeit auf den Weg. Bis Anfang 1992 wird die Belegschaft in Magdeburg auf etwa 6.000 Mitarbeiter abgebaut. Gleichzeitig sichern Liquiditätskredite in dreistelliger Mil-lionenhöhe das wirtschaftliche Überleben.

Anders als Karl Döring in Eisenhüttenstadt kann sich Klaus Ober-länder – trotz durchaus vorzeigbarer Fortschritte – wegen seiner Ver-gangenheit nicht an der Spitze des Unternehmens halten. Nach einer kommissarischen Zwischenlösung übernimmt im Oktober 1992 Karl-Wilhelm Marx, ehemals Chef der SMAG Salzgitter Maschinenbau GmbH, die Führung des Unternehmens – und lässt als eine seiner ersten Maßnahmen über Nacht das Thälmann-Denkmal vor dem Haupteingang des Werkes entfernen. Als Meinungsverschiedenheiten über neue Unternehmenskonzepte für den Walzwerks- und Verseil-maschinenbau hinzukommen, verschlechtert sich die Stimmung im Unternehmen. Betriebsversammlungen verlaufen zunehmend aggres-siv. Es beginnt eine Spirale aus zunächst auskömmlich kalkulierten Aufträgen, die sich dann im Gefolge weiter sinkender Auftragsbestän-de als defizitär erweisen. Die Zusammenarbeit zwischen Treuhand, Aufsichtsrat und Landesregierung wird zunehmend schwieriger, not-wendige Anpassungen der Belegschaft erfolgen zu spät. Das Unter-nehmen läuft der realen Entwicklung mehr und mehr hinterher.

In dieser Situation erscheinen 1994 Carsten Oestmann und Helmut Borchert als Investoren auf der Bildfläche. Sie kommen aus Salzgitter, haben dort ein eher kleineres Unternehmen saniert und bekommen als scheinbar „erfahrene Sanierer" von der Treuhandan-stalt im Herbst den Zuschlag. Die Belegschaft begrüßt diese Verän-derung, denn beide Herren sind die einzigen Interessenten für eine Fortführung des Unternehmens als Ganzes. Die nächsten Monate zeigen dann sehr schnell, dass dieser Zuschlag ein folgenschwerer Fehler war. Die neuen Eigentümer nehmen Aufträge herein, die sich später als nicht werthaltig erweisen. Bei der bald aufkommenden Unsicherheit über den Fortbestand des Unternehmens gehen selbst Ostaufträge verloren. Im Januar 1996 ist die Privatisierung gescheitert – eine Privatisierung, die übrigens wegen fehlender EU-Genehmigung nie rechtskräftig geworden ist.

Jetzt übernimmt Werner Kirchgässer, ehemaliger Chef von Klöckner-Humboldt-Deutz, die Leitung von SKET. Am 21. März 1996 besuche ich das Unternehmen und informiere mich über die schwierige Lage. Im Oktober wird ein weiterer Versuch unternommen, das Unternehmen mit einem realistischen Sanierungskonzept auf eine tragfähige Grundlage zu stellen. Die Treuhand-Nachfolgeorganisation BVS ist bereit, dafür noch einmal Millionen DM zur Verfügung zu stellen, allerdings nur unter der Bedingung, dass die notwendige erneute Verringerung der Beschäftigtenzahl auch von der Arbeitnehmerseite im Aufsichtsrat mitgetragen wird. Am Montag, den 14. Oktober soll im Aufsichtsrat der Versuch unternommen werden, dafür die entsprechende Unterstützung zu finden.

Ich selbst bin an diesem Tag in Magdeburg. Der Bundeskanzler spricht dort auf dem Kongress der Deutschen Angestellten-Gewerkschaft (DAG). Über das Wochenende bin ich von der SKET-Unternehmensleitung über die sich zuspitzende Situation informiert worden. Angesichts dessen, was auf dem Spiel steht, halte ich es für richtig, mich vor Ort selbst zu informieren. Der Bundeskanzler stimmt diesem Vorschlag zu. Ich fahre vom DAG-Kongress zum Hotel Herrenkrug auf der anderen Elbseite, wo der SKET-Aufsichtsrat tagt. Dabei sehe ich, dass mehrere Hundert demonstrierende Arbeiter in einem Autokorso auf dem Weg zum Tagungshotel sind. Dort angekommen, spreche ich während einer Unterbrechung der Aufsichtsratssitzung zunächst mit den BVS-Vertretern im Aufsichtsrat, Peter Breitenstein und Rudolf Bohn, sowie dem Unternehmenschef Werner Kirchgässer und dem Aufsichtsratsvorsitzenden Rudolf Blum. Sie erläutern mir, dass ein nochmaliger Neubeginn möglich ist, dass die BVS dafür auch ein weiteres Mal frisches Geld zur Verfügung stellen werde, dass aber die Belegschaft so angepasst werden müsse, dass das zu erwartende Auftragsvolumen zu wettbewerbsfähigen Preisen und Kosten hereingenommen und abgearbeitet werden könne. Deswegen sei die

Zustimmung der Arbeitnehmer im Aufsichtsrat unbedingt notwendig. Die Erfahrung der letzten Jahre, in denen die zwischen Unternehmensleitung, Betriebsrat sowie den unterschiedlichen Gruppen im Aufsichtsrat bestehende Uneinigkeit über Strategie und Unternehmenskonzept immer wieder dazu geführt habe, dass notwendige Entscheidungen blockiert oder unmöglich gemacht wurden, dürfe sich nicht wiederholen.

Dann treffe ich die Arbeitnehmervertreter, allen voran Claus Matecki von der IG Metall und den Betriebsratsvorsitzenden Günther Oeltze. Sie verlangen, dass SKET als Ganzes weiterarbeiten kann und eine reale Zukunftschance erhält. Ich stimme dem zu, mache aber auch klar, dass dies nur realistisch sei, wenn sich jetzt alle Gruppen im Aufsichtsrat geschlossen hinter das vorgelegte Unternehmenskonzept stellten – mit den vorgesehenen zusätzlichen Finanzmitteln, aber auch dem darin enthaltenen Arbeitsplatzabbau. Ich bitte darum, diesen Gesamtzusammenhang fest im Auge zu behalten. Nur auf dieser Grundlage könne mit Aussicht auf Erfolg an der Zukunft von SKET gearbeitet werden. Dafür sage ich die Unterstützung der Bundesregierung zu.

Mit dieser Botschaft verlasse ich den „Herrenkrug". Am späteren Abend erfahre ich, dass sich die Arbeitnehmervertreter in der wiederaufgenommenen Aufsichtsratssitzung gegen den als notwendig angesehenen Arbeitsplatzabbau ausgesprochen haben. Damit ist die Geschäftsgrundlage für die Bereitstellung weiterer Finanzmittel entfallen, die Insolvenz oder vielmehr deren ostdeutsche Variante „Gesamtvollstreckung" ist unvermeidbar. Es ist für mich der erste Fall in sechs Jahren Aufbau Ost, dass der Fortbestand eines wichtigen Industrieunternehmens an der mangelnden Kooperationsbereitschaft, am fehlenden Sinn der Arbeitnehmervertreter und der IG Metall für unabweisbare Realitäten gescheitert ist. Ohne ihr aktives Mittun kann ich eine weitere Bewilligung von Steuermitteln nicht unterstützen.

In jedem Fall muss jetzt ein völlig neuer Anlauf unternommen werden. Die BVS stellt zusätzliche Gelder zur Verfügung, um aus der Insolvenz heraus Auffanggesellschaften zu gründen. Ernsthafte Interessenten für die Übernahme des Gesamtunternehmens können nicht gefunden werden, so dass unter einem vorläufigen gemeinsamen Dach eine Reihe von Einzelgesellschaften für die wichtigsten Geschäftsfelder geschaffen wird. Ziel ist es, für diese Einzelgesellschaften Interessenten zu finden, was dann Schritt für Schritt auch gelingt. Größter Erfolg ist zwei Jahre später die Übernahme der SKET Maschinen- und Anlagenbau GmbH durch die Investoren Aloys Wobben und Heinz Buse, die für den Ausbau der Windenergie neue Produktionsstätten für ihre Anlagen benötigen. Die Anteile werden auf die Enercon GmbH übertragen, einen der großen Hersteller von Windkraftanlagen. Heute arbeiten an zwei Standorten in Magdeburg 5.000 Menschen, bei Berücksichtigung vorangegangener Ausgründungen sind es sogar 6.000.

Man fragt sich rückblickend, wie die Privatisierung im Herbst 1994 überhaupt geschehen konnte. Wie konnte man ein so großes, bedeutendes Unternehmen, einen wirklichen industriellen Kern mit gewaltigen Restrukturierungsherausforderungen, zwei Managern überlassen, deren Erfahrung und Kenntnisse auf diesen Märkten sich bei näherer Nachprüfung sehr schnell als unzureichend hätten herausstellen müssen? Es dauerte ganze eineinhalb Jahre, bis den Verantwortlichen klar wurde, dass dem unternehmerischen Handeln der beiden Amateurinvestoren jede vernünftige wirtschaftliche Basis fehlte. Auch die Tatsache, dass in den vier Jahren bis 1994 kein branchenerfahrener Investor hatte gefunden werden können und dass die allgemeine Einschätzung der Überlebenschancen von SKET als Walzwerkbauer wenig zuversichtlich war, ist keine wirkliche Entschuldigung für diese nicht tragfähige Privatisierungsentscheidung.

Durch die fehlgeschlagene Sanierung und Privatisierung sind über eine Milliarde DM verloren gegangen. Das ist viel, zeigt aber gleichzeitig, dass Treuhandanstalt und ihre Nachfolgeorganisation BVS durchaus bereit waren, auch in kritischen Fällen hohe Finanzbeträge einzusetzen, um eine angestrebte Sanierung durchzuführen. Schlimmer als dieser Verlust an Geld ist allerdings, dass von den ursprünglich knapp 13.000 Arbeitsplätzen nach der Insolvenz 1996 nur noch gut 600 übrig bleiben. Falsche Entscheidungen für die Besetzung der Unternehmensleitung, der starke, kurzfristig nicht zu ersetzende Einbruch der Ostmärkte, zu häufig wechselnde Konzepte und Strategien und vor allem das nahezu völlige Fehlen des Zusammenwirkens zwischen Unternehmensleitung, Eigentümer, Betriebsrat, Gewerkschaft und Landesregierung zum Wohle des Unternehmens und seiner Arbeitnehmer haben SKET zugrunde gerichtet – eine deprimierende Bilanz, ganz zu schweigen von dem Verlust an Glaubwürdigkeit für Politik, Treuhandanstalt und IG Metall. SKET ist einer der wenigen Fälle in Ostdeutschland, bei dem vieles möglich gewesen wäre, bei dem es am Ende aber nur Verlierer gab. Dass der späte Auftritt von Aloys Wobben und Heinz Buse mit der Firma Enercon dann doch noch für ein fast versöhnliches Ende gesorgt hat, gehört zu den nicht unbedingt zu erwartenden Wundern des Aufbaus Ost.

*

Nicht weniger dramatisch als in Magdeburg verläuft auch die Entwicklung an der Ostseeküste. Hier gibt es eine ganze Reihe von Werftstandorten, so in Wismar, Warnemünde, Rostock, Stralsund und Wolgast, für die Zukunftslösungen gefunden werden müssen, noch dazu auf einem internationalen Markt für Schiffsneubauten, der durch die zunehmende Konkurrenz aus Asien unter erheblichem Preis- und Wettbewerbsdruck steht. Als erste wird im April 1992 die kleinere Peene-Werft im vorpommerschen Wolgast privatisiert und geht an den Bremer Bauunternehmer Detlef Hegemann über, wenige Monate später folgen die MTW Werft in Wismar, die von der Bremer Vulkan AG, und die Warnow-Werft in Warnemünde, die vom norwegischen Kværner-Konzern übernommen wird. Ein Jahr später geht die Volkswerft in Stralsund an ein Konsortium, an dem der Bremer Vulkan mit 49 % ebenfalls maßgeblich beteiligt ist. Auch die Schiffsreparaturaktivitäten am Standort der Neptun Werft in Rostock übernimmt der Bremer Vulkan.

Diese Konzentration bei der Bremer Vulkan AG gefällt nicht allen. Der Ministerpräsident von Mecklenburg-Vorpommern, Alfred Gomolka, möchte eine breitere Streuung der neuen Eigentümer, um neue Abhängigkeiten zu vermeiden. Treuhand und IG Metall halten dagegen. Überhaupt spielen IG Metall und ihr Bevollmächtigter Frank Teichmüller in dieser Auseinandersetzung eine gewichtige und lautstarke Rolle, wobei Letzterer auch stellvertretender Aufsichtsratsvorsitzender beim Bremer Vulkan ist – ein unübersehbarer Interessenkonflikt. Sie tun alles, um den Bremer Vulkan in die Werften-Schlüsselposition an der Ostsee zu befördern. Am Ende setzen sich Treuhand und IG Metall durch, Ministerpräsident Gomolka tritt zurück, sein Nachfolger Berndt Seite billigt die „Bremer Kompaktlösung", die mit einem Finanzierungszuschuss an den neuen Eigentümer für Modernisierung und Neuinvestitionen in Höhe von über 600 Millionen verbunden ist. Insgesamt werden etwa 6.000 Werftarbeitsplätze an der Ostseeküste garantiert – wegen des starken internationalen Wettbewerbs- und Kostendrucks nur etwa ein Viertel bis ein Drittel der Belegschaften von 1990.

Im Sommer 1995 gibt es erstmals Gerüchte, dass bei der Verwendung der Gelder, die die Treuhand bei der Privatisierung dem Bremer Vulkan für Modernisierung und Neuinvestitionen in den übernommenen Werften zur Verfügung gestellt hat, etwas nicht in Ordnung sein könnte. Das Wirtschaftsprüfungsunternehmen PWC bestätigt der Treuhand nach entsprechender Prüfung, dass das Geld für die vorgesehenen Investitionen weiterhin zur Verfügung stehe. Ein halbes Jahr später schlägt die Bombe ein: Am 21. Februar 1996 meldet die Bremer Vulkan AG Insolvenz an.

Ich sitze in meinem Büro – inzwischen im Bundesministerium für Wirtschaft als Staatssekretär und Beauftragter für die neuen Länder – und denke, mich trifft der Schlag. Mit dieser Insolvenz ist alles in Frage gestellt, die Existenz der Werften, die Sicherheit für die Arbeitsplätze vor Ort, die wirtschaftliche Zukunft der ganzen Küstenregion. Aller Voraussicht nach sind auch Hunderte von Millionen an Steuergeldern verloren, die für die weitere Ertüchtigung und Modernisierung der Werften gedacht waren. Dadurch ist auch das Vertrauen der EU-Kommission, die die Privatisierung an den Bremer Vulkan im Rahmen der sogenannten Beihilfekontrolle genehmigt hat, in die Arbeit der Treuhandanstalt erschüttert – eine Veränderung, die spätere Beihilfeverfahren bei Privatisierungen in Ostdeutschland nun wesentlich erschweren sollte. Meine Mitarbeiter kommen mit der Nachricht, dass es am nächsten Tag bei der MTW Werft in Wismar eine Belegschaftsversammlung geben werde – und es gibt eine Anfrage, ob ich dort teilnehmen und zu den Mitarbeitern sprechen könne. Ich bespreche dies kurz mit Eike Röhling, dem Leiter des Arbeitsstabs neue Länder im Bundeswirtschaftsministerium, und dem Leiter meines Büros, Lars Beneke – Kollegen, mit denen ich in allen ostdeutschen Fragen eng zusammenarbeite und die die dortige Situation sehr gut kennen. Beide raten dazu, diese Einladung anzunehmen. In dieser kritischen Situation erscheint es ihnen und mir wichtig, Flagge zu zeigen und unsere Entschlossenheit zu bekräftigen, gerade jetzt unsere Verantwortung wahrzunehmen.

Ich telefoniere mit dem Bundeskanzler, der meine Entscheidung unterstützt. Dann rufe ich den Chef der Staatskanzlei in Schwerin an, Thomas de Maizière, den ich aus der Zeit der Wiedervereinigung kenne und dessen Urteilsvermögen und Rat ich seither schätze, und bespreche mit ihm die über Nacht völlig veränderte Situation. Später spreche ich mit Ministerpräsident Berndt Seite und verabrede ein Treffen mit ihm in Wismar. Ich halte es für unbedingt notwendig, dass Bundesregierung und Landesregierung in dieser kritischen Situation zusammen vor Ort ein deutliches Zeichen setzen. Am späteren Abend, nachdem alle Termine abgearbeitet sind, fahren wir in Bonn los. Mein Fahrer, Herr Ruland, fährt die knapp 600 Kilometer nach Wismar durch, irgendwann am frühen Morgen sind wir da. Nach zwei oder drei Stunden Schlaf geht es zur Werft.

Von allen Seiten strömen die Arbeiter in die große Halle, etwa 2.000 kommen zusammen. Die Atmosphäre ist gedrückt, einige wenige Pfiffe, schwer lastet im Raum die Frage: Wie geht es weiter? Der Geschäftsführer der Werft, Oswald Müller, eröffnet und beschreibt, was geschehen ist. Auch er kann jetzt, unmittelbar nachdem die Insolvenz eingetreten ist, wenig dazu sagen, wie es weitergeht. Aus seinen Worten spricht aber auch die Entschlossenheit, hier weiter Schiffe zu bauen, auf jeden Fall nicht aufzugeben. Ähnlich geht es der Betriebsratsvorsitzenden Inge Pohlmann. Sie bringt die Sorgen der Belegschaft zum Ausdruck und natürlich die Enttäuschung darüber, dass es überhaupt so weit kommen konnte und dass offensichtlich alle Sicherungsmechanismen gegenüber dem Bremer Vulkan versagt haben. Aber man werde sich nicht unterkriegen lassen, egal wie groß die Probleme seien. Dann spricht der Ministerpräsident. Er betont, dass sich das Land vollständig mit der Werft und ihrer Belegschaft solidarisiere. Falls notwendig, werde sich die Landesregierung auch finanziell für die Zukunftssicherung der Werft engagieren. Als er seine kurze Ansprache beschließt, gibt es einige Pfiffe, aber auch schüchternen Beifall.

Jetzt bin ich an der Reihe. Ich sage den Arbeitern und der Geschäftsführung, dass ich in diesem Augenblick, in dem ich Mühe habe, diese unfassliche Nachricht aus Bremen überhaupt erst einmal zu begreifen, natürlich noch nicht sagen kann, wie die Zukunft aussehen wird. Ich füge dann hinzu: „Aber ich bin die Nacht durch von Bonn hierhergefahren, um eines für die Bundesregierung hier vor Ort vor Ihnen zu sagen und klarzustellen: Mit der Insolvenz des Bremer Vulkans fällt die Eigentümerverantwortung wieder zurück an die Bundesregierung und die Treuhand-Nachfolgeorganisation BVS. Und wir, die Bundesregierung, werden uns dieser Verantwortung stellen. Wir werden mit großer Sorgfalt und mit aller notwendigen Ruhe nach einer neuen Eigentümerlösung suchen, die wirklich trägt. Und in der Zwischenzeit sind wir der Eigentümer, das heißt, das Investitionsprogramm zur Erneuerung und Modernisierung der Werft geht weiter. Darauf können Sie sich verlassen."

Zögerlicher Beifall, so als ob man nach den Enttäuschungen der letzten Tage so etwas eigentlich nicht mehr glauben kann, aber gleichzeitig die Hoffnung doch nicht aufgeben will. Ich verstehe das, spreche noch mit einigen Arbeitern, aus deren Gesichtern die Sorge um ihre Zukunft spricht. Ich spüre die Betroffenheit, aber auch wieder ein klein bisschen Offenheit und Hoffnung. Vielleicht kann man verloren gegangenes Vertrauen Stück für Stück wieder zurückgewinnen. Im Übrigen: Von Herrn Teichmüller und der IG Metall ist bei dieser Belegschaftsversammlung am 22. Februar 1996 weit und breit nichts zu sehen.

Dann treffen Ministerpräsident Berndt Seite und ich mit dem MTW-Betriebsrat sowie mit Abordnungen der Volkswerft Stralsund, der Neptun-Industrie Rostock und des Dieselmotorenwerks Rostock zusammen. Wir machen noch einmal in aller Deutlichkeit klar, dass ihre Unternehmen in dieser Stunde null nicht alleingelassen werden. Die laufenden Modernisierungs- und Investitionsprogramme gehen selbstverständlich weiter. Bundesregierung, Landesregierung und

BVS stehen dafür. Im Übrigen werde mit aller Sorgfalt nach neuen, tragfähigen Eigentümerlösungen gesucht, wofür man sich die notwendigen Zeit nehmen werde. Das, was wir gerade mit dem Bremer Vulkan erlebt haben, darf sich unter keinen Umständen wiederholen. Ein Betriebsrat aus Stralsund fragt zum Schluss: „Ist auf Ihr Wort wirklich Verlass? Können wir dies den Kollegen zu Haus so berichten?" Meine Antwort: „Ist Ihnen ein Fall bekannt, dass ich mein gegebenes Wort in irgendeiner Krisensituation des Aufbaus Ost nicht eingehalten habe? Berichten Sie den Kollegen, was ich gesagt habe! Und laden Sie mich in einem Jahr nach Stralsund ein. Dann sehen wir gemeinsam, was aus meinem Wort geworden ist."

Am Werkstor verabschieden mich Oswald Müller und Inge Pohlmann: „Danke, dass Sie da waren! Das hilft!"

In einem Wismarer Hotel treffe ich dann Ministerpräsident Berndt Seite und Wirtschaftsminister Harald Ringstorff. Wir sind uns einig, dass wir die Linie, die wir mit den Vertretern der Werften und ihrer Belegschaften besprochen haben, jetzt gemeinsam umsetzen. Gerade jetzt brauchen wir einen engen Schulterschluss, damit verloren gegangenes Vertrauen sich Schritt für Schritt wieder aufbauen kann. Auf dem Weg zum Flughafen telefoniere ich mit dem zuständigen Kollegen in der Treuhandanstalt. Er meint, dass eine erneute Privatisierung beider Werften, in Wismar und in Stralsund, schwierig, vielleicht kaum möglich sein werde. Meine Antwort: Wie groß die Schwierigkeiten auch immer sein mögen, wir kämpfen für eine Lösung für jede einzelne Werft, mit allen zur Verfügung stehenden Mitteln. Wir werden alle Optionen prüfen und jede reale Chance nutzen, bis wir eine tragfähige Lösung gefunden haben. Dies ist die Auffassung des Bundeskanzlers. Auf dieser Basis arbeiten wir! Das gilt für alle Beteiligten!

In den folgenden zwei Jahren gelingt die Zweitprivatisierung aller Ostseewerften aus dem Vulkan-Verbund. Von der Bundesregierung werden dafür noch einmal einige Hundert Millionen DM zusätzlich bereitgestellt, um Arbeitsplätze an der Küste zu sichern. Wichtig ist aber auch: Die Glaubwürdigkeit der Bundesregierung hat am Ende keinen wirklichen Schaden genommen. In jeder Werft ist mein Besuch willkommen.

*

Das Thema Werften wäre in meiner Ost-Erfahrungswelt unvollständig ohne einen kleinen Nachtrag zum Thema Infrastruktur. Genauer:
zur Peene-Werft in Wolgast und zur Brücke von Wolgast hinüber zur
Insel Usedom.

Diese Brücke ist 1992 mehr oder weniger baufällig, und die Durch-
fahrtsbreite für die Schiffe der Werft muss in jedem Fall vergrößert
werden. Ein Neubau der Brücke ist also unvermeidlich. Gleichzeitig
zeigen Untersuchungen für die Eisenbahn auf der Insel Usedom, dass
eine Instandsetzung ihrer Gleise und Brücken nur Sinn hat, wenn sie
mit dem Festland verbunden wird und damit deutlich mehr Fahrgäs-
te befördern kann. Die frühere Eisenbahnbrücke bei Karnin war kurz
vor Kriegsende zerstört worden, ihr Wiederaufbau wäre kurzfristig
nicht zu realisieren. Die einzige Alternative ist es, die ohnehin neu zu
bauende Wolgaster Brücke mit einem Gleis zu versehen und auf diesem Weg die Verbindung zwischen Inselbahn und Festland wieder
herzustellen.

Für den 2. Februar 1993 hat der frühere Staatssekretär der De-
Maizière-Regierung, der Anfang 1991 zum Bundesverkehrsminister
avancierte Günther Krause, – nach einem vorangegangenen Besuch
sechs Monate zuvor – Vertreter von Bundes- und Landesregierung,
der Region sowie der Bahn-, Schifffahrts- und Straßenbauverwal-
tung zu einer Besprechung nach Bonn eingeladen. Dort gibt er bekannt, dass die neu zu bauende Brücke in Wolgast um ein Bahngleis
erweitert werde. Dafür sollen Lösungsvorschläge erarbeitet werden.

Bei einem Besuch vor Ort informiere ich mich, einem Hinweis
von Günther Krause folgend, über den Stand des Projekts und über
das Gesamtkonzept für den Verkehr zwischen Festland und Insel.
Es ist ohne weiteres zu erkennen, dass ein nachhaltiger Ausbau des
Tourismus auf der Insel Usedom ohne Bahnanbindung nur geringe
Chancen hat. Dabei höre ich auch von Schwierigkeiten bei der Finanzierung. Im Absprache mit Günther Krause bitte ich alle Beteiligten
am 24. März 1994 ins Bundeskanzleramt, um die Finanzierungsfrage
abschließend zu klären. Es gelingt mir, allen Verantwortlichen verständlich zu machen, dass ich die Sitzung nicht ohne ausreichende,
tragfähige Zusagen beschließen möchte. Diesem Wunsch wird, nach

anfänglichem Zögern, dann auch entsprochen. Die gute Bewirtung des Bundeskanzleramtes und ein Kurzaufenthalt im Arbeitszimmer des auf Reisen befindlichen Bundeskanzlers erleichtern die Entscheidungsfindung.

Wenige Tage später bin ich wieder vor Ort in Wolgast, diesmal zusammen mit Ministerpräsident Berndt Seite und dem Unternehmer Detlef Hegemann. Wir besuchen eine Betriebsversammlung auf der Peene-Werft, bei der es um einen wichtigen Auftrag für die Werft geht. Ich nutze die Gelegenheit, um die Öffentlichkeit der Region auch darüber zu informieren, dass die Finanzierung für die neue Brücke, inklusive Bahngleis, definitiv unter Dach und Fach ist. Im April 1995 beginnen die Bauarbeiten. Der Straßenverkehr rollt bereits im Dezember 1995 über die neue Brücke, der erste Zug folgt am 26. Mai 2000. Aus der Inselbahn ist nach 55 Jahren wieder eine Bahn mit Festlandanschluss geworden – die Usedomer Bäderbahn (UBB), deren Beiratsvorsitzender ich heute noch bin, und zwar mit Leidenschaft. Auch das ist Aufbau Ost!

*

Ein anderes wichtiges industrielles Kernunternehmen Ostdeutschlands ist die Deutsche Waggonbau AG (DWA). Sie hat bei ihrer Neugründung im Frühjahr 1990 etwa 24.000 Mitarbeiter, verteilt auf zwanzig ehemalige Kombinatsbetriebe. Das Hauptprodukt sind Langstreckenreisewagen für die Eisenbahnen der Sowjetunion, bei denen die DWA so etwas wie eine Monopolstellung auf den Ost-Eisenbahnmärkten besitzt. Von daher laufen die Geschäfte in den ersten Jahren (1991 bis 1993) besser, als dies bei anderen Ost-Industrieunternehmen bei ihrem Start in die offenen internationalen Märkte zu beobachten ist. Leider wird die gute Marktposition im Osten ab 1993 dadurch beeinträchtigt, dass die Zahlungsfähigkeit der östlichen Staaten angesichts der sich dort erheblich verschlechternden Wirtschaftslage deutlich nachlässt. Für solche Risiken von Zahlungsausfällen existiert das traditionelle Instrument der staatlichen „Hermesbürgschaft", das auch nach der Wiedervereinigung umfassend eingesetzt wird.

Im Gefolge der schlechteren Wirtschaftsentwicklung zeichnet sich auch für die DWA eine spürbare Beeinträchtigung des Ost-Geschäftes ab. Umso stärker werden die Bemühungen, die noch möglichen Eisenbahnaufträge aus diesen Ländern mit Hermesbürgschaften abzusichern. Insbesondere der DWA-Standort Halle-Ammendorf ist stärker als alle anderen von den Langstreckenreisewagen für den russischen Markt abhängig, zumal die Kapazitäten hierfür auf Wunsch der Sowjetunion in den letzten Jahren deutlich erweitert und modernisiert worden sind.

Am 10. September 1993 besuche ich das DWA-Werk Halle-Ammendorf. Dort treffe ich den DWA-Chef Peter Witt, der seit Mitte 1990 für die Geschicke des Unternehmens die Verantwortung übernommen hat. Zunächst gilt seine Zusage nur für eine kurze Zeitspanne, um als Finanzchef die Einführung eines zeitgemäßen Rechnungswesens auf den Weg zu bringen. Zunehmend fasziniert ihn jedoch die besondere Aufbauherausforderung dieses Unternehmens, so dass er sich entschließt, zu bleiben und 1991 die Leitung der DWA zu übernehmen. Ebenfalls mit dabei sind Siegfried Hausschild, der Werksleiter, Siegfried Möbius als Vertriebsvorstand sowie Rainer Knothe, der Betriebsratsvorsitzende in Ammendorf. Die Stimmung im Unternehmen hat Auftrieb erhalten durch den in der Öffentlichkeit unerwarteten „Gewinn" des Auftrags für neue Berliner S-Bahn-Wagen im August – mit einem Auftragswert von immerhin rund 2 Milliarden DM. Damit hat die DWA gezeigt, dass sie auch bei neuen Produkten wettbewerbsfähig ist und mit den etablierten westdeutschen Anbietern durchaus mithalten kann, auch wenn der Auftrag später – im Gefolge massiven Drucks der Wettbewerber und auf „Empfehlung" der Landesregierung Brandenburg – mit der AEG geteilt werden muss.

Gleichzeitig bleiben Hermesbürgschaften für die traditionellen Lieferungen von Reisezugwagen für die russischen Eisenbahnen weiterhin ein zentrales Thema. Beim Rundgang durch die Fertigungshallen kann ich mich davon überzeugen, dass hier – anders als in den meisten ostdeutschen Industriebetrieben – seit Ende der 1980er Jahre umfassend investiert und modernisiert worden ist. Gleichwohl, eine so starke Abhängigkeit von einem Produkt, nämlich dem Reisezugwagen, und von einem maßgeblichen Kunden, der russischen Eisenbahn, bringt zwangsläufig Risiken mit sich, die eine breitere Diversifizierung von Produkten und Kunden geboten erscheinen lassen – verbunden mit Umstellungen für das Unternehmen, die Zeit benötigen und nicht über Nacht realisiert werden können. Der neue Auftrag für S-Bahn-Wagen in Berlin ist ein erster wichtiger Schritt in diese Richtung. Lieferungen nach Russland können und müssen helfen, Zeit für die Einwerbung weiterer Aufträge anderer Kunden mit verlässlicher Zahlungsfähigkeit, die dafür benötigte Produktionsumstellung sowie die Suche nach seriösen Privatisierungsmöglichkeiten zu gewinnen.

Ich verspreche, mich in Bonn für die Zusage der noch ausstehenden Hermesbürgschaften für 1994 einzusetzen. Ich verschweige dabei nicht, dass der erst wenige Wochen zurückliegende 13-tägige Streik der IG Metall in Ostdeutschland, auch bei der DWA, um auch ohne real-wirtschaftliche Basis Lohnanhebungen durchzusetzen, für die Mehrheit der betroffenen Ost-Betriebe das Werben um Verständnis für die besonderen Herausforderungen der Industriebetriebe in Ostdeutschland nicht gerade leichter gemacht hat. Dies gilt umso mehr, als die IG Chemie gleichzeitig vorführt, wie Ost-Standorte erfolgreich und nachhaltig gesichert werden können, wenn auch bei der Lohnentwicklung die wirtschaftlichen Realitäten nicht aus dem Auge verloren werden.

Wir sprechen auch über die bisher erfolglosen Privatisierungsbemühungen der Treuhandanstalt. Ist es richtig, die DWA mit ihren verschiedenen Standorten weiter zusammenzuhalten und einen privaten Investor für das Gesamtunternehmen zu suchen, oder wäre es nach einer ganzen Reihe erfolgloser Versuche chancenreicher, für einzelne Betriebe spezielle, weiterführende Lösungen zu entwickeln? Die DWA-Runde in Ammendorf setzt – auch mit Unterstützung der Treuhandanstalt – weiterhin auf ihr Unternehmen als ganzheitlichen Systemanbieter, wofür aus meiner Sicht wegen der anspruchsvollen Komplexität der Eisenbahnprodukte sehr viel spricht.

Fünf Monate später gibt es gute Nachrichten für Ammendorf und die DWA: Der sogenannte Interministerielle Ausschuss der Bundesregierung genehmigt für 1994 Ausfuhrdeckungen für Waggonlieferungen nach Russland in Höhe von knapp 600 Millionen DM, davon rund 400 Millionen für Ammendorf. Im Gefolge des Besuchs des russischen Präsidenten Boris Jelzin in Bonn im Mai 1994 erklärt die russische Regierung zudem ihre Bereitschaft, im laufenden Jahr Waggons im Wert von 500 Millionen DM abzunehmen – ein wichtiger Schritt zur Sicherung vieler Arbeitsplätze, auch wenn er nicht ausreicht, um die DWA-Kapazitäten insgesamt auszulasten.

Am 20. Mai bin ich wieder in Ammendorf, um das Gespräch vom vergangenen September im gleichen Kreis fortzusetzen. Die Hermesbürgschaften für das laufende Jahr sind unter Dach und Fach, die russischen Partner haben die Abnahme „ihrer" Reisezugwagen bestätigt, die ersten 100 Viertelzüge des S-Bahn-Auftrags mit einem Wert von 500 Millionen DM sind definitiv bestellt. Von daher besteht Grund zur Zuversicht. Trotz dieser Erfolge können aber beträchtliche DWA-Kapazitäten nicht genügend ausgelastet werden; die damit verbundenen Kosten belasten das Unternehmen und seine Zukunftsfähigkeit. Anders als in den Vorjahren muss für 1994 mit einem Verlust gerechnet werden. Angesichts von Überkapazitäten in der gesamten Branche und Kurzarbeit für einen erheblichen Teil der Belegschaft müssen neue Überlegungen für eine tragfähige Zukunftsstrategie angestellt werden. Auch wenn hier nicht mit Beifall zu rechnen ist, weder innerhalb noch außerhalb des Unternehmens, verlasse ich Ammendorf mit dem klaren Eindruck, dass Peter Witt und der DWA-Vorstand hierzu die Initiative ergreifen werden. Ich werde sie mit allen Kräften unterstützen.

Zur Vorbereitung dieses „Strategiekonzepts DWA 2000" trifft sich am 9. September 1994 in Berlin eine größere Runde von Spitzenvertretern der Treuhandanstalt, der DWA-Führung sowie von Landespolitik und IG Metall. Nach zähem Ringen verständigt man sich kurz vor Mitternacht auf ein Sechs-Punkte-Programm, das den DWA-Konzernverbund erhalten und seine Konkurrenzfähigkeit gewährleisten will. Der damit unvermeidbare Personalabbau soll sozialverträglich gestaltet und von Treuhand und betroffenen Ländern finanziert werden. Auf dieser Basis soll der DWA-Vorstand möglichst schnell ein Restrukturierungskonzept erstellen. Am 8. März 1995 ist es dann so weit. Der DWA-Aufsichtsrat verabschiedet das fertiggestellte „Strategiekonzept DWA 2000", das insbesondere das Auslaufen der Serienproduktion von Schienenfahrzeugen am Standort Dessau vorsieht – im hundertsten Jahr seines Bestehens! Proteste der Dessauer Waggonbauer begleiten verständlicherweise die abschließenden Beratungen. Die übrigen Standorte – Ammendorf, Görlitz, Bautzen, Niesky, Vetschau und Berlin – werden neu ausgerichtet und aufeinander abgestimmt. Wichtig ist am Ende die Zusicherung, dass von den derzeit etwa 6.000 Mitarbeitern am Ende des Jahrzehnts 3.200 Beschäftigte sichere Arbeitsplätze haben werden.

Mitten in die Abschlussarbeiten am DWA-Konzept 2000 platzt am 14. Dezember 1994 – zwei Wochen vor dem Ende der Treuhandanstalt und der Übergabe der unerledigten Sanierungen und Privatisierungen an ihre Nachfolgeorganisation BVS – die Nachricht, dass die Treuhandanstalt dem Verkauf der Deutschen Waggonbau AG an das amerikanische Investmenthaus Advent zugestimmt hat. Nach ungewöhnlich vielen vergeblichen Privatisierungsanläufen, die die laufenden Sanierungsanstrengungen des Unternehmens immer wieder belastet haben, rechnet zu diesem Zeitpunkt niemand mit einem Erfolg. Diese überraschende „adventliche" Privatisierungsentscheidung der Treuhandanstalt benötigt dann aber doch noch eine ganze Menge Zeit, bevor sie Wirklichkeit wird. Notwendig werdende Nachverhandlungen sowie die erforderlichen Genehmigungen durch Bundesfinanzminister und EU-Kommission gestalten sich schwieriger und langwieriger als gedacht. Mehr als ein Jahr später, am 14. Februar 1996, übergibt BVS-Präsident Heinrich Hornef die DWA – einen der wichtigen industriellen Kerne Ostdeutschlands mit 3.800 Beschäftigten – schließlich an den Europachef von Advent, John Walker. Fast auf den Tag genau zwei erfolgreiche Jahre später reicht das Investmenthaus Advent die DWA dann weiter an Bombardier Inc., einen der echten Global Player des internationalen Schienenfahrzeugbaus.

Ende gut, alles gut? Heute, 18 Jahre später, bin ich nicht ganz so sicher, ob die Privatisierung an Advent und in deren Gefolge die Übernahme durch Bombardier aus der Sicht des Aufbaus Ost wirklich eine gute, weiterführende Idee mit nachhaltigen Ergebnissen war. Der Standort Halle-Ammendorf, aus meiner persönlichen

Sicht ein großes Werk mit vorteilhafter Kostenstruktur und guter Leistungsfähigkeit, noch dazu von hoher Bedeutung für die regionale Wirtschaftsentwicklung, wurde von Bombardier zugunsten des später von Adtranz übernommenen Werks in Hennigsdorf bei Berlin aufgegeben. Das Werk in Niesky wurde verkauft ebenso wie das Werk für Waggonausrüstung in Vetschau. Die heutige Situation erinnert durchaus an ein von der Unternehmensberatungsgesellschaft McKinsey 1994 vorgelegtes Konzept, das die Konzentration der Produktion an den zwei Standorten Görlitz und Bautzen vorsah – und damals gerade deswegen abgelehnt wurde. Gerade die sehr gute Erledigung des S-Bahn-Auftrags von 1993 hatte ja gezeigt, dass das Werk in Halle-Ammendorf deutlich mehr konnte als nur die Herstellung von Reisezugwagen für den russischen Markt. Für dieses Potenzial wurden offensichtlich keine Zukunftschancen gesehen.

Apropos Halle-Ammendorf und Reisezugwagen für den russischen Markt: Keine der Hermes-Kreditbürgschaften, zu denen es in Jahren 1991 bis 1993 so viele, teils sehr emotionale Diskussionen gegeben hat und die mit so vielen Spannungen und Verzögerungen verbunden waren, ist jemals in Anspruch genommen worden. Alle Lieferungen sind – trotz erheblicher gesamtwirtschaftlicher Probleme – von der sowjetischen und später der russischen Regierung vollständig und zuverlässig bezahlt worden!

Fazit: Immerhin konnte der Waggonbau als industrieller Kern gesichert und zukunftsfähig gemacht werden; dieses aus der Sicht der Bundesregierung wichtige industriepolitische Ziel wurde erreicht. Ob mehr möglich gewesen wäre, darüber darf weiter gestritten werden.

*

Was ist der gemeinsame Nenner all dieser Erfahrungen? Wie war es möglich, für diese gewaltigen Umbrüche in der ostdeutschen Wirtschaft trotz größter Schwierigkeiten und Herausforderungen in den meisten Fällen weiterführende Lösungen zu finden?

Ich denke, das Wichtigste war, alle Akteure – die betroffenen Arbeitnehmer und die sie vertretenden Betriebsräte allen voran – in den jeweils vor Ort notwendigen Neubeginn mit einzubeziehen.

Treuhandanstalt und Landesregierungen mussten aus ihrer Verantwortung heraus zu tragfähigen Umstrukturierungen und Privatisierungen beitragen, ebenso wie die großen Gewerkschaften und deren Vertreter vor Ort. Das war ja auch der Grund, warum die Bundesregierung allen Ost-Ministerpräsidenten sowie den Chefs der wichtigen Gewerkschaften bereits im Spätherbst 1990, also unmittelbar nach der Wiedervereinigung, Sitz und Stimme im Verwaltungsrat der Treuhandanstalt übertragen hat. Keine wichtige Privatisierung, keine größere Umstrukturierung, keine regional bedeutende Stilllegung konnte ins Werk gesetzt werden, ohne dass die Mitglieder des Verwaltungsrats der Treuhandanstalt oder später der Nachfolgeorganisation BVS beteiligt waren und Einfluss nehmen konnten. Auch wenn bei der naturgemäß unterschiedlichen Interessenlage der verschiedenen Beteiligten Entscheidungen dadurch schwieriger wurden, war das ausdrücklich so gewollt. Denn meine Vorstellung war von Anfang an, dass der Aufbau Ost nur gelingen kann, wenn er von allen Beteiligten tatsächlich als ein „Gemeinschaftswerk" verstanden wird, wenn also jeder wichtige Akteur seine Verantwortung wahrnimmt, statt der Versuchung zu erliegen, die eigene Verantwortung an andere weiterzureichen.

Interessant ist, dass es bei der Wahrnehmung dieser Verantwortung im Aufbau Ost – vielfach unbemerkt von der Öffentlichkeit – doch deutlich erkennbare Unterschiede gegeben hat, vor allen Dingen auf der Gewerkschaftsseite. Die Strategien, die von den beiden maßgeblichen Industriegewerkschaften IG Chemie und IG Metall verfolgt wurden, hätten unterschiedlicher nicht sein können. Bei der IG Chemie war die Vorgabe, die ihr Vorsitzender, Hermann Rappe, sehr früh allem anderen voranstellte, Sicherung und Erhalt der Chemiestandorte in Ostdeutschland zu gewährleisten. An dieser Zielsetzung hatte sich alles auszurichten. Das galt für Rappes Milliardenforderungen an Bundesregierung und Treuhandanstalt; es galt aber auch für die eigene Organisation, insbesondere für die sensible Frage der Lohnentwicklung. Für ihn ebenso wie für seinen Nachfolger Hubertus Schmoldt und für die gesamte IG Chemie standen Sicherung und Erneuerung der industriellen Chemiekerne ganz oben auf der Tagesordnung – eine klare Priorität, die sich wie ein roter Faden durch alle Diskussionen und Auseinandersetzungen hindurchzog. Mehrfach hat Hermann Rappe auch mir gegenüber betont: Wenn dieses Ziel mit Vorrang verfolgt werde, dann könnten auch für die tarifliche Gestaltung von Löhnen und Gehältern Lösungen gefunden werden, die dieses Ziel unterstützen und nicht etwa konterkarieren. Diese klare Prioritätenbildung hat dann über die 1990er Jahre hin weg Eingang gefunden in die Wirklichkeit des Aufbaus Ost – mit einem bemerkenswerten Ergebnis: Kein einziger Chemiestandort in Ostdeutschland ist verloren gegangen! An allen Standorten, an denen zu DDR-Zeiten Chemie gemacht wurde, findet auch heute Chemie statt. Wer hätte das 1990, als der Aufbau Ost mit nahezu hoffnungslos veralteten und in hohem Maße umweltschädigenden Chemieanlagen begann, für möglich gehalten? Das unmissverständliche Bekenntnis des Bundeskanzlers zur Zukunft der Chemie in Ostdeutschland und die ebenso klare Haltung der IG-Chemie-Chefs Hermann Rappe und später Hubertus Schmoldt und ihrer Gewerkschaft zur Sicherung der Chemiestandorte haben es möglich gemacht.

Und in der Metall- und Elektroindustrie, also dort, wo die IG Metall in der Verantwortung stand? Kaum jemand wird bestreiten, dass in der Frankfurter IG-Metall-Zentrale von einer konsequenten Strategie mit Priorität für die Standortsicherung vor Ort keine Rede sein konnte. Im Gegenteil. Für Franz Steinkühler und seine IG Metall stand offensichtlich das Thema der Angleichung der Löhne in Ostdeutschland an diejenigen in Westdeutschland im Vordergrund. Der Stufentarifvertrag in der Metall- und Elektroindustrie von 1990 war der erste Schritt. Er sah die stufenweise Angleichung der Löhne im Osten bis 1994 vor – eine Entwicklung, die zunächst von vielen als durchaus realistisch angesehen wurde. Problematisch wurde dieses Konzept, als sich im Lauf des Jahres 1992 herausstellte, dass die ostdeutsche Wirtschaft in den DDR-Jahren vor 1990 viel stärker heruntergewirtschaftet worden war, als man dies zunächst allgemein angenommen hatte, dass also ihr Wiederaufbau dementsprechend mehr Zeit und Geld in Anspruch nehmen würde.

Aus dieser Erkenntnis im Zusammenwirken mit einer sich deutlich verschlechternden Konjunktur ergab sich die Notwendigkeit, den Stufentarifvertrag von 1990 anzupassen und auf einen deutlich längeren, realistischeren Zeitraum auszudehnen. Dies führte zu heftigen, von Streiks begleiteten Auseinandersetzungen zwischen Ost-Arbeitgebern und IG Metall – mit dem Minimalergebnis einer Verlängerung der Lohnangleichung Ost–West um zwei Jahre bis 1996 und der Einführung einer „Härteklausel", die betriebsbezogene Ausnahmen ermöglichen sollte, sich aber in der Praxis als kompliziert und aus der Sicht vieler Betriebe als nicht praxistauglich erwies. Viele kleine und mittlere Unternehmen kamen bei näherer Prüfung dieses Tarifabschlusses zum Ergebnis, dass Lohnniveau und Ausnahmeregeln mit ihrer eigenen Marktsituation und Wettbewerbsrealität nicht in Übereinstimmung zu bringen waren – mit der Konsequenz, dass eine in Deutschland bis dahin unbekannte „Tarifflucht" einsetzte. Ost-Unternehmen der Metall- und der Elektroindustrie verließen scharenweise ihre Ost-Arbeitgeberverbände, und dies in der Regel ohne Widerspruch oder sogar mit Zustimmung ihrer Betriebsräte. Diesen Arbeitnehmervertretern war mehr an der Existenzsicherung ihres Betriebes und am Erhalt der Arbeitsplätze gelegen als an den aus ihrer Sicht „unrealistischen" Vorgaben aus der IG-Metall-Zentrale in Frankfurt am Main. Die Kurz-Rückmeldung an die IG Metall lautete: „Erst kommen unsere Arbeitsplätze, um die Ideologie kümmern wir uns später!" Und als ob man daraus in Frankfurt nichts gelernt hätte, wurde sieben Jahre später, 2003, der erneute Versuch gestartet, Ideologie an die Stelle von betrieblicher Wirklichkeit vor Ort zu setzen, diesmal mit der Idee, in Ostdeutschland die 35-Stunden-Woche einzuführen. Die Antwort hätte nicht eindeutiger ausfallen können: Scheitern und Abbruch des Streiks durch die IG Metall wegen mangelnder Gefolgschaft in den eigenen Reihen und ohne jedes Ergebnis – ein bis heute einmaliger Vorgang in der Geschichte dieser großen Gewerkschaft.

Aus meiner Beobachtung kam noch etwas anderes hinzu. Im Gegensatz zu Hermann Rappe übernahm IG-Metall-Chef Franz Steinkühler als Person weder Verantwortung noch Führung. Das wurde schon Ende 1990 erkennbar, als bei den anderen Gewerkschaften im Treuhand-Verwaltungsrat die Chefs von DGB (Heinz-Werner Meyer), DAG (Roland Issen) und IG Chemie (Hermann Rappe) ohne Zögern selbst Sitz und Stimme übernahmen. Nur bei der IG Metall zog ihr Vorsitzender, Franz Steinkühler, es vor, lieber in der Deckung der Frankfurter Zentrale zu verbleiben, und so schickte er stattdessen Horst Klaus aus dem IG-Metall-Vorstand an die Treuhand-Front. Er selbst wollte ganz offensichtlich freie Hand behalten, auf der Welle der jetzt zutage tretenden Umstellungsprobleme der ostdeutschen Industriebetriebe mitzureiten und, wann immer es opportun war, draußen auf den Straßen Stimmung gegen die Treuhand zu machen, was dann seit Jahresbeginn 1991 auch mit zunehmender Aggressivität geschah. Erst die Ermordung Detlev Rohwedders am 1. April und die dadurch ausgelöste Schockstarre bis tief in die Reihen der Gewerkschaften hinein setzte dieser ebenso gefährlichen wie opportunistischen Eskalation ein Ende. Auch später war von Franz Steinkühler wenig zu sehen und zu hören, wann immer klare, schnelle Entscheidungen der IG Metall im Sinne der Übernahme von Mitverantwortung in schwierigen Situationen gebraucht wurden, was zum Beispiel bei SKET in Magdeburg mehrfach der Fall war. Ich hatte zunehmend den Eindruck, dass es bei ihm Methode hatte abzuwarten, bis klar wurde, in welche Richtung die Entwicklung laufen würde, um dann gerade noch rechtzeitig aufzuspringen. Dieses Aufspringen hat dann aber doch nicht immer gut funktioniert. Als die Treuhandanstalt entschied, Qualifizierungsprogramme in ihren Unternehmen mit Milliardenbeträgen zu unterstützen, war Hermann Rappe sofort zur Stelle, um den Löwenanteil dieser Gelder in seine Chemiebetriebe zu lenken. Für Franz Steinkühler, für den die Treuhand ein Fremdkörper geblieben war, und seine IG Metall blieben überschaubare Restbeträge.

Diese IG-Metall-spezifische Diskrepanz zwischen Verbalradikalität im Grundsätzlichen und der Bereitschaft zur Verantwortungsübernahme im Konkreten vor Ort in den Betrieben, wenn es um Existenz oder Nicht-Existenz ging, blieb den Akteuren an der Basis nicht verborgen. Immer wieder haben mir IG-Metall-Betriebsräte und selbst hauptamtliche IG-Metall-Funktionäre vor Ort versichert: „Die Erklärungen aus Frankfurt am Main kommen doch aus einer großen, sicheren Entfernung. Hier aber geht es um konkrete betriebliche Dinge, und da kommt für uns das Überleben unseres Unternehmens an erster Stelle. Für alles andere, einschließlich Löhnen und Arbeitszeit, wird man dann schon Lösungen finden."

Diese Haltung der ganz großen Mehrheit der Betriebsräte in den ostdeutschen Industrieunternehmen, die die Weiterexistenz und das Überleben ihres Unternehmens mit großer Entschiedenheit in den Mittelpunkt stellte, ist für den Erfolg des Aufbaus Ost, gerade auch der Sicherung vieler großer und kleiner industrieller Kerne, von ausschlaggebender Bedeutung gewesen. Quer durch alle Industriebereiche und Gewerkschaften erkannten die Betriebsräte in der Regel sehr schnell, dass ein Überleben ihres Betriebes die Herstellung international vergleichbarer Produktivitätsstandards voraussetzte. Sie waren in der großen Mehrzahl der Fälle bereit, den damit verbundenen Abbau von Arbeitsplätzen mitzutragen – unter der Voraussetzung, dass ihr Unternehmen durch die Bereitstellung von Kapital und Zeit eine reale Chance bekam, sich so zu sanieren und zu modernisieren, dass ihr Betrieb eine echte Zukunftschance hatte.

So ist mir – als einer von vielen selbst erlebten Fällen – mein Besuch bei den Glaswerken Döbern am 16. September 1994 im Gedächtnis geblieben. Als ich auf Einladung des Betriebsrats zu meinem Besuch vor Ort eintreffe, begrüßt mich noch vor dem Werkstor die Vorsitzende des Betriebsrats, Helga Baumgart. Sie fragt, ob sie mich vor Beginn des offiziellen Besuchsprogramms kurz unter vier Augen sprechen könne, was ich selbstverständlich bejahe. Sie bittet mich in einen kleinen Raum und eröffnet mir: „In diesem Betrieb arbeiten etwa 200 Kolleginnen und Kollegen. Ich sage Ihnen gleich, die Hälfte davon wird dann nicht mehr benötigt, wenn Sie bei der Treuhand für die Finanzierung der notwendigen Modernisierungsinvestitionen sorgen, damit es hier auch in Zukunft weitergehen kann. Wenn Sie das für uns hier erreichen, machen Sie sich über den damit verbundenen Belegschaftsabbau keine Sorgen." Als ich später auf dem Heimweg bin, überlege ich, ob ich in Westdeutschland in einer vergleichbaren Situation jemals etwas Vergleichbares gehört und erlebt habe. Mir ist nichts eingefallen.

Deswegen ist es so wichtig festzuhalten, dass der Aufbau Ost und das, was mit ihm erreicht wurde, auf zwei gleich bedeutenden Säulen ruht: zum einen auf der Solidarität der Westdeutschen, die in den Jahren nach der Wiedervereinigung unvorstellbare, hohe Milliardenbeträge zur Finanzierung des Um-, Auf- und Neubaus in Ostdeutschland bereitstellten. Mir ist in den sieben Jahren, in denen ich Verantwortung für den Aufbau Ost getragen habe, nicht eine einzige interne oder öffentliche Sitzung bekanntgeworden, in der diese Finanzierungssolidarität irgendwo im Westen oder innerhalb der Bundesregierung ernsthaft in Frage gestellt worden wäre.

Zum anderen ruht der Aufbau Ost entscheidend auf den Schultern der ostdeutschen Industrie-Betriebsräte. Sie und die von ihnen vertretenen Belegschaften hatten die mit Abstand größte Last des wirtschaftlichen Strukturumbruchs zu tragen. Denn ihre Unternehmen standen von Anfang an in der Zugluft des internationalen Wettbewerbs. In nahezu allen Industriebetrieben mussten veraltete Maschinen und Anlagen sowie die dazugehörenden Organisationsabläufe vollständig umgekrempelt und erneuert werden – und dies in der Regel nicht in einem schrittweisen, über Jahre laufenden Veränderungsprozess, sondern bruchartig, oft in wenigen Monaten. Das Schwierigste war dabei, dass Veränderung und Erneuerung fast ausnahmslos mit einer drastischen Reduzierung der Belegschaft einhergingen. Verluste von mehr als 50 % der Arbeitsplätze waren nicht die Ausnahme, sondern die Regel. Nur so konnten in den allermeisten Unternehmen international übliche Produktivitätsstandards erreicht werden, die ihrerseits die Voraussetzung für wettbewerbsfähige Preise und Angebote und damit für die Zukunftsfähigkeit des Unternehmens waren. Wer einmal solche tiefgreifenden Veränderungsprozesse zumindest ein Stück weit begleitet hat, wer selbst an Verhandlungen über zukunftssichernde und gleichzeitig auch über abzubauende Arbeitsplätze teilgenommen hat, der kann erahnen, was Belegschaften und Betriebsräte in Ostdeutschland geleistet haben, was ihnen abverlangt wurde – Zumutungen, die in Westdeutschland unbekannt, nicht vorstellbar, eben *unzumutbar* waren.

Das eigentlich Unglaubliche aber ist, dass diese Industrie-Betriebsräte, die bis vor kurzem nie mit Strukturumbrüchen und Arbeitslosigkeit zu tun gehabt hatten, einen erstaunlichen, für mich oft überraschenden Sinn für Realitäten an den Tag legten – verbunden mit einem allem anderen übergeordneten Ziel: der Sicherung der Existenz und des Überlebens des eigenen Unternehmens. Wenn dieses Ziel durch neue Investoren oder durch Bereitstellung von

Treuhand-Geld für Modernisierung und Qualifizierung erreichbar war, dann waren ostdeutsche Betriebsräte fast ohne Ausnahme kooperationsbereit, auch wenn in der erneuerten Firma nur noch für einen Teil der Arbeitskollegen Platz war. Sie übernahmen Verantwortung für ihr Unternehmen, und sie ließen sich davon auch nicht abbringen, weder von politischen Stimmungsmachern noch von übergeordneten oder ideologischen Interessen der eigenen Gewerkschaft.

Mein Fazit: Ohne diese Industrie-Betriebsräte hätte der Aufbau Ost nicht stattgefunden. Denn was nützen Millionen oder Milliarden auf einem Treuhand- oder Regierungskonto, wenn keiner mitmacht? Die Ost-Industrie-Betriebsräte hatten diesen Mut mitzumachen, auch wenn das, was von ihnen zu leisten war, mehr war, als Menschen zugemutet werden darf. Die öffentliche Wahrnehmung und Würdigung dieser historischen Leistung steht noch aus.

9. Kapitel

1.000 Milliarden DM: Deutschland kann die Jahrhundertaufgabe finanzieren

Die Frage der Finanzierung neuer Herausforderungen im Gefolge einer deutsch-deutschen Währungs-, Wirtschafts- und Sozialunion und mit ihr einer immer schneller näher rückenden deutschen Wiedervereinigung kommt im Frühjahr 1990 eher beiläufig daher. Die ganze politische Aufmerksamkeit in Bonn, in Ost-Berlin und in den Medien gilt nach der DDR-Volkskammerwahl am 18. März 1990 den bevorstehenden Verhandlungen über eine Währungsunion. Hier wird der Schlüssel gesehen, um auf dem Weg zur Wiedervereinigung entscheidend voranzukommen, diesen Weg praktisch unumkehrbar zu machen.

Im Zuge dieser Verhandlungen, die am 25. April beginnen, wird zunächst einmal sehr schnell klar, wie schlecht es um die DDR-Wirtschaft bestellt ist. Das Gutachten des SED-Wirtschaftsfunktionärs Gerhard Schürer an das SED-Zentralkomitee und dessen Generalsekretär Egon Krenz vom 27. Oktober 1989 dokumentiert nüchtern und in bis dahin nicht gekannter Offenheit, dass die DDR – völlig unabhängig von der Frage einer Wiedervereinigung oder anderer politischer Zukunftsoptionen – im Herbst 1989 wirtschaftlich und finanziell am Ende ist. Schürers Fazit: „Die Zahlungsfähigkeit der DDR im Handel mit dem NSW [dem Nichtsozialistischen Wirtschaftsgebiet] ist dadurch gekennzeichnet, dass wir zur Einhaltung unserer Zahlungsverpflichtungen aus Krediten und Zinsen sowie zur

Durchführung jährlicher Importe bereits jetzt weitestgehend von kapitalistischen Kreditgebern abhängig sind." Deswegen muss man allen gelegentlich anzutreffenden DDR-Nostalgikern oder den Befürwortern eines „Dritten Weges" zwischen Sozialismus und Marktwirtschaft ins Gedächtnis rufen, dass es für die DDR im Herbst 1989 selbst nach Auskunft der SED-Wirtschaftsfunktionäre keinen Weg in die Zukunft aus eigener Kraft mehr gab. Diese eigene Kraft war – wirtschaftlich gesehen – in vierzig Jahren Sozialismus systematisch erschöpft, ihre Grundlagen zerstört worden.

Doch – und das ist allen Fachleuten sehr bewusst – setzt eine deutsch-deutsche Währungsunion grundsätzlich eine vergleichbare, das heißt ähnlich wettbewerbs- und leistungsfähige Wirtschaft voraus. Wenn diese Vergleichbarkeit nach vierzigjährigem sozialistischen Irrweg ins ökonomische Abseits naturgemäß nicht in wenigen Monaten hergestellt werden kann, dann bedeutet dies, dass mit Inkrafttreten der Währungsunion ein gigantischer Umbau der ostdeutschen Wirtschaft beginnen muss, insbesondere ihrer Industrie. Denn sie spürt vom ersten Tag an – viel stärker als regionaler Handel und örtliches Handwerk – die neue Konkurrenz weltoffener Märkte und den besonders schmerzlichen Verlust ihrer alten Stammkunden aus den sozialistischen Ländern: Auch die kaufen jetzt dort, wo das, was sie brauchen, mit bestmöglicher Qualität zu günstigsten Preisen angeboten wird. Und dieser Umbau einer ganzen Volkswirtschaft kostet Geld, ebenso wie die sozialen Sicherungsnetze, die Erneuerung von Infrastruktur und Bausubstanz und die Beseitigung der fast flächendeckenden ökologischen Schäden – um nur einiges zu nennen. Wie kann all dies finanziert werden?

Um diese Frage zu beantworten, treffen sich am 14. Mai 1990, drei Tage vor Unterzeichnung des Vertrags über die Währungs-, Wirtschafts- und Sozialunion, die Finanzminister von Bund und Ländern in Bonn. Man hat eine allenfalls ungefähre Vorstellung von dem, was finanziert werden muss: Fehlbeträge im DDR-Haushalt nach der Währungsunion, Anschubfinanzierungen für Arbeitslosen- und Rentenversicherung, Infrastruktursanierung, Förderung dringend notwendiger Unternehmensinvestitionen. Man einigt sich nach einigem Hin und Her für die Jahre bis einschließlich 1994 auf eine Summe von 115 Milliarden DM. Nach der Festschreibung des Finanzvolumens ist die spannendste Frage natürlich, wie sich Bund und westdeutsche Länder diese Lasten teilen. Und wie immer, wenn sich in der alten Bundesrepublik eine gesamtstaatliche Herausforderung auftut, ist die Bereitschaft der Länder, sich dabei auf Augenhöhe, das heißt gleichberechtigt auch im Sinne von „mitfinanzieren", zu beteiligen, praktisch null. Wenn es um das „Auszahlen" von Geld oder um neue Zuständigkeiten geht, kann aus der Sicht der Bundesländer die Gleichberechtigung gar nicht groß genug sein. Wenn es sich aber um das „Einzahlen" handelt, dann übt man sich in Bescheidenheit und Zurückhaltung. Daran ändert auch die zum Greifen nahe gerückte Wiedervereinigung nichts – eine Tatsache, die nicht nur ich in der Bundesregierung doch mit einigem Erstaunen zur Kenntnis nehme. Tätige Freude über ein unerwartetes historisches Geschenk sieht anders aus.

Es kommt, wie es kommen muss. Die Bundesregierung muss handeln, wenn sie Währungsunion und Wiedervereinigung nicht fahrlässig aufs Spiel setzen will. Die Länder können sich zurücklehnen und abwarten, denn sie sitzen nicht im „driver's seat" des historischen Augenblicks. Sie übernehmen lediglich 10 % der Belastung, während der Bund das Dreifache trägt. Gut die Hälfte wird über die Kreditaufnahme des neu geschaffenen „Fonds Deutsche Einheit" finanziert, die entsprechenden Kreditkosten teilen sich Bund, westdeutsche Länder und Kommunen. Eng mit dem Fonds Deutsche Einheit hängt das wichtigste Ziel der westdeutschen Länder zusammen: Sie wollen auf keinen Fall, dass die ostdeutschen Länder kurzfristig in den bisherigen Länderfinanzausgleich einbezogen werden. Wäre das der Fall, würden – aufgrund der im Vergleich voraussehbar schlechteren Finanzlage in Ostdeutschland – aus vielen westdeutschen Profiteuren dieser Milliarden-Umverteilungsmaschinerie auf einmal Einzahlerländer, sie müssten also geben statt nehmen – in den betroffenen Bundesländern eine Horrorvorstellung. Deswegen auch die Angst vor einem plötzlichen Beitritt der DDR nach Artikel 23 des Grundgesetzes ohne vorherige Regelung dieser Bund-Länder-Finanzmechanismen in einem vereinten Deutschland. Denn dann würden die Länder Ostdeutschlands automatisch in den Länderfinanzausgleich einbezogen – womit der westdeutsche Finanz-Alptraum umgehend Wirklichkeit würde.

Und ganz am Ende setzen die West-Länder noch eins drauf: Sie schreiben fest, dass mit dieser Vereinbarung über den Fonds Deutsche Einheit für sie alle Belastungen im Zusammenhang mit der kommenden Währungsunion abschließend abgegolten sind. Anders ausgedrückt: Alle finanziellen Risiken, die sich aus der Währungs-, Wirtschafts- und Sozialunion ergeben könnten, trägt allein der Bund – aus meiner Sicht ein einmaliger Ausdruck nicht vorhandener bundesstaatlicher Solidarität in einer wahrhaft historischen Stunde! Dennoch, die Bundesregierung steht wenige Tage vor Unterzeichnung des Währungsunion-Vertrages, sie braucht eine Finanzverständigung mit den westdeutschen Ländern. Am 16. Mai wird das aus der Sicht der Bundesregierung mehr als unbefriedigende Verhandlungsergebnis der Finanzminister vom Bundeskanzler und von den Ministerpräsidenten-West im Bundeskanzleramt abgesegnet.

Diese eher deprimierende Sondervorstellung in Sachen deutscher Föderalismus findet nur drei Monate später bei den Verhandlungen über den Einigungsvertrag ihre Fortsetzung. Aber zunächst die positive Nachricht: Da die aktuellen Informationen zu den Problemen in der DDR-Wirtschaft einen höheren Finanzierungsbedarf erkennen lassen, wird bei diesen Verhandlungen das Volumen des Fonds Deutsche Einheit von 115 auf 146 Milliarden erhöht. Dann aber geht es unter anderem um die künftige Finanzverfassung eines vereinten Deutschlands. Wieder setzen die westdeutschen Länder alles daran, ihren Beitrag so gering wie möglich zu halten und insbesondere die volle Einbeziehung der ostdeutschen Länder in die innerdeutsche Steuereinnahmenverteilung so lange wie möglich hinauszuzögern. Gestritten wird insbesondere darüber, wie die zukünftigen ostdeutschen Länder in den Länderanteil an der Umsatzsteuer (35 %) mit einbezogen werden sollen. Dabei geht es um erhebliche Milliardenbeträge, denn das Gesamtaufkommen aus der Umsatz-, genauer gesagt Mehrwertsteuer beläuft sich 1990 auf knapp 160 Milliarden DM. Wie soll also der Länderanteil von etwa 55 Milliarden DM unter den Ländern aufgeteilt werden?

Bisher war die jeweilige Einwohnerzahl maßgeblich für den Verteilungsschlüssel. Käme dieser Schlüssel auch in Zukunft zur Anwendung, würde dies Nachteile für die westdeutschen Länder mit sich bringen, weil geringere Einkommen und damit auch eine geringere Kaufkraft im Osten einen vergleichsweise niedrigeren Beitrag der ostdeutschen Länder zu ebendiesem Mehrwertsteueraufkommen erwarten ließen, sie aber gleichwohl entsprechend ihrer Einwohnerzahl daran beteiligt würden. Dementsprechend zielt die Strategie der West-Länder darauf ab, ihre Ost-Partner möglichst langsam und möglichst spät in vollem Umfang – das heißt entsprechend ihrer Einwohnerzahl – am Mehrwertsteuer-Kuchen teilhaben zu lassen. Und wieder bleiben diese Finanzfragen wegen fehlender Kompromissbereitschaft auf der West-Länder-Seite ungelöst bis ganz ans Ende der Verhandlungen zum Einigungsvertrag. Selbst ein so versierter und erfahrener Verhandlungsführer wie Wolfgang Schäuble muss den Interessen der West-Länder Rechnung tragen, immer wissend, dass der Einigungsvertrag am Ende im Bundesrat, der Vertretung der Länder, eine Zweidrittelmehrheit finden muss. So gelingt es der West-Länder-Seite erneut, sich mehr oder weniger ultimativ mit ihrer Forderung durchzusetzen: Erst 1995 gibt es für die Ost-Länder eine tatsächlich „gleichberechtigte", an der Einwohnerzahl orientierte Beteiligung am Mehrwertsteueraufkommen, während sich in den Jahren bis dahin ihr Anteil zunächst auf 55 % und 1994 schließlich auf 70 % dessen beläuft, was nach der üblichen Verteilung auf sie entfallen wäre. Der Vorteil West in Zeiten des Aufbaus Ost ist unübersehbar.

Und wer sorgt dafür, dass die Schieflage Ost, die sich aus diesem Vorteil West ergibt, wieder geradegerückt wird? Natürlich der Bund. Wolfgang Schäuble gelingt es, Bundesfinanzminister Theo Waigel dazu zu bewegen, auf Milliarden aus dem Fonds Deutsche Einheit zu verzichten, obwohl der Bundesregierung für ihre Aufbauinvestitionen in Infrastruktur und Unternehmenssanierung eigentlich die Hälfte der Fondsmittel zur Verfügung stehen sollte; die andere Hälfte ist für die ostdeutschen Länder zur Finanzierung ihrer Aufbauaktivitäten vorgesehen. Stattdessen überlässt die Bundesregierung jetzt 85 % der Fondsgelder den neuen Bundesländern, um überhaupt eine Lösung des west-östlichen Mehrwertsteuer-Verteilungskampfes zu ermöglichen und damit den Weg für den Einigungsvertrag frei zu machen. Wieder einmal hat der in der alten Bundesrepublik „bekannt-bewährte" Erpressungsmechanismus funktioniert: Die Bundesregierung muss handeln, in diesem Fall, um das Ziel der Wiedervereinigung nicht zu gefährden. Die Länder können sich gelassen zurücklehnen und abwarten – und lassen sich ihr Mittun am Ende bezahlen. An diesem real-stattfindenden Föderal-Egoismus ändert offenbar auch die Hochstimmung der greifbar nahen Wiedervereinigung nichts!

Für die Bundesregierung ist die Finanzierung der Stabilisierung und Erneuerung Ostdeutschlands nicht das einzige Thema. Hinzu kommen diverse Hilfsmaßnahmen zur Unterstützung der Sowjetunion beziehungsweise Gorbatschows, zum Beispiel die Staatsgarantie für den 5-Milliarden-Kredit vom Mai 1990 sowie Finanzzusagen in Höhe von 15 Milliarden DM im Zusammenhang mit der abschließenden Vereinbarung zum Abzug der 370.000 auf deutschem Boden stationierten sowjetischen Soldaten im September 1990. Weitere Belastungen zeichnen sich durch den im August 1990 ausgebrochenen Irak-Konflikt ab. Die Vorbereitungen zur Befreiung des von den Truppen Saddam Husseins besetzten Kuweit durch ein internationales Bündnis unter Führung der USA haben begonnen. Deutschland wird sich an Militäreinsätzen zwar nicht beteiligen, umso größer sind aber die Erwartungen der internationalen Gemeinschaft, dass Deutschland einen angemessenen Anteil an den finanziellen Lasten des unmittelbar bevorstehenden Krieges übernimmt. Dabei wird es ebenfalls um Beiträge in Milliarden-Größenordnung gehen.

Am Nachmittag des 15. November 1990 spreche ich mit dem Bundeskanzler über die finanzielle Gesamtsituation. Am Vormittag hat der Sachverständigenrat zur Begutachtung der gesamtwirtschaftlichen Entwicklung (die sogenannten fünf Wirtschaftsweisen) sein Jahresgutachten übergeben – mit dem Titel „Auf dem Weg zur wirtschaftlichen Einheit Deutschlands". Beim anschließenden Mittagessen des Bundeskanzlers mit den Ratsmitgliedern, an dem auch Bundesfinanzminister Theo Waigel, Bundeswirtschaftsminister Helmut Haussmann und ich teilnehmen, wird über die anstehenden Finanz- und Wirtschaftsfragen gesprochen, vor allem natürlich im Blick auf die besonderen Herausforderungen der Wiedervereinigung. Alle anstehenden Finanzbelastungen werden erörtert. Der Vorsitzende des Sachverständigenrats, Professor Hans Karl Schneider aus Köln, unterstreicht dabei noch einmal die historische Herausforderung auf dem Weg zur Herstellung der wirtschaftlichen Einheit. Er stellt die momentan guten unterstützenden wirtschaftlichen Bedingungen in Westdeutschland heraus – günstige Konjunktur, starkes Wirtschaftswachstum, hohe Preisstabilität und zunehmende Beschäftigung –, die eine tragfähige Voraussetzung dafür bieten, dieses Ziel durch konsequentes wirtschaftspolitisches Handeln jetzt in Angriff zu nehmen.

Zum Thema Finanzierung der absehbaren Belastungen verweisen die Wirtschaftsweisen auf die klaren Aussagen in ihrem Gutachten: „Dagegen sollte darauf verzichtet werden, Steuertarife zu erhöhen und neue Steuern einzuführen." Sie machen aber auch die Voraussetzungen hierfür klar: „Freilich: Wenn die Konsolidierungsanstrengungen auf der Ausgabenseite nicht mit aller Energie angegangen werden oder wenn die Entwicklung ungünstiger verlaufen sollte, als wir angenommen haben, sind Steuerhöhungen unvermeidlich." Nach einem lebhaften zweistündigen Gedankenaustausch beschließt der Bundeskanzler die Aussprache mit der Feststellung: „Die Bundesregierung wird alles daransetzen, Ihre Empfehlungen umzusetzen. Herr Ludewig wird den Kontakt zu Ihnen aufrechterhalten, denn ich möchte mit Ihnen im Gespräch bleiben. Für den Weg, den wir jetzt gehen wollen, um die wirtschaftliche Einheit Deutschlands herzustellen, gibt es kein Vorbild und keine Blaupause. Neue Probleme werden kommen, neue Fragen werden sich stellen. Dabei brauchen wir Ihren Rat."

Der Bundeskanzler lässt danach das Gespräch mit den Wirtschaftsweisen in seinem Dienstzimmer noch einmal Revue passieren. Ich unterstütze die Einschätzung der Professoren, dass der Verzicht auf Steuererhöhungen wahrscheinlich eine Gratwanderung werden wird. Richtig ist aber auch, dass die Bundesregierung gerade mit ihrer Politik der Begrenzung der Steuerlast in den letzten Jahren sehr erfolgreich war: starkes Wachstum, dynamische Investitionen, zunehmende Beschäftigung, hohe Preisstabilität und erheblich verbesserte Staatsfinanzen sprechen eine deutliche Sprache. Diese Politik hat die Voraussetzungen geschaffen, dass wir nun den Wiederaufbau im Osten mit erheblichen Mitteln in Angriff nehmen können. Gerade jetzt brauchen wir zusätzliche Unternehmensinvestitionen. Sehr viel, wenn nicht alles, wird davon abhängen, ob es in den Wochen und Monaten nach der Bundestagswahl Anfang Dezember für wenig populäre Einsparungen und Subventionsreduzierungen im höheren zweistelligen Milliardenbereich Mehrheiten gibt – und zwar in den eigenen Koalitionsreihen, aber nicht zuletzt auch im Bundesrat. Ähnlichen Versuchen des früheren Finanzministers Gerhard Stoltenberg in den 1980er Jahren bei der Vorbereitung seiner Steuerreform war nur wenig Erfolg beschieden. Der Bundeskanzler nickt. „Wir brauchen jetzt mehr denn je die Bereitschaft der Unternehmen zu investieren, gerade auch zur Erneuerung der ostdeutschen Wirtschaft und Industrie. Mit Steuererhöhungen in dieser kritischen Situation würden wir genau das gegenteilige Signal geben, da haben die Sachverständigen schon Recht. Wir müssen alles daransetzen, dass dies vermieden werden kann. Das wird kein einfacher Weg. Sprechen Sie mit den Kollegen im Bundesfinanzministerium, dass die notwendigen Einspar- und Streichlisten rechtzeitig vorliegen."

Ich gehe vom „Kanzlerbau" zum „Abteilungsbau" des Kanzleramtes zurück, um mit meinen Mitstreitern in der Abteilung „Wirtschaft und Finanzen" darüber zu sprechen, was jetzt konkret zu tun ist. Mit dabei sind Bernd Pfaffenbach, Jochen Homann, Uwe Corsepius, Johannes Kindler, Wolfgang Vogel, Rudolf Scheidt, Johannes Scheube, Detlev Hammann, Manfred Hilgen und Wolfgang Suhr. Wir diskutieren die breite Palette der Einsparmöglichkeiten: ein einziges Minenfeld aller möglichen Ansprüche der verschiedensten Interessengruppen innerhalb und außerhalb der Politik, und viele sitzen schon in den Startlöchern, um gegen jedes Antasten ihrer Privilegien mit allen verfügbaren Mitteln öffentlicher Angriffe und verdeckter Einflussnahme zu Felde zu ziehen. Dabei kommen wir auch noch einmal auf die „Stoltenberg'schen Reformen" der 1980er Jahre zurück. Je länger wir darüber sprechen, desto klarer wird uns, welch denkwürdige Veränderungen unter Stoltenbergs Regie erreicht worden sind: Damals gelang es ihm als Finanzminister mit der Unterstützung des Bundeskanzlers, die katastrophale, außer Kontrolle geratene Haushaltslage, die der „Weltökonom" Helmut Schmidt bei seinem Abtritt 1982 hinterlassen hatte, zügig wieder in geordnete Bundeshaushalts-Verhältnisse zurückzuführen. Immerhin hatte Stoltenberg 1982 im Bundeshaushalt ein Defizit von 37 Milliarden DM vorgefunden, was nicht weniger als 18 % aller Bundesausgaben entsprach. 1989, im Jahr vor der Wiedervereinigung, belief sich das Defizit dann lediglich auf knapp 14 Milliarden DM, und damit nur noch auf knapp 5 % der Bundesausgabe. Gleichzeitig gelang es dem Mann aus Kiel, die sogenannte Staatsquote (das heißt den Anteil aller in Deutschland erzeugten Güter und Leistungen, der als staatliche Ausgaben durch die Staats- und Sozialkassen läuft und damit durch die Politik bestimmt wird) von fast 47,5 % auf 43 % zu senken. Beim Saldo der öffentlichen Einnahmen und Ausgaben insgesamt ergab sich 1989, am Vorabend der Wiedervereinigung, – dank ebenfalls wieder in Ordnung gebrachter Sozialkassen – sogar ein leichter Überschuss von 2 Milliarden DM, der erste Überschuss überhaupt seit 1973. Damit war Deutschland 1989 zugleich weltweit das einzige der großen Industrieländer, dessen Schulden nicht zu-, sondern abnahmen.

Darüber hinaus war es dem damaligen Bundesfinanzminister zudem gelungen, in mühsamer Überzeugungsarbeit und mit beeindruckender Beharrlichkeit gegen vielfältige Widerstände in den eigenen Reihen ebenso wie beim politischen Gegner den Weg für eine dreistufige Steuerreform ab 1986 frei zu machen. Der „Große Klare aus dem Norden" war eben mehr als nur ein „Sparkommissar". Er war ein großer Architekt mit einer Gesamtsicht für Wirtschaft und Staatsfinanzen, jemand, der das Sparen bei den Staatsausgaben ebenso im Blick hatte wie die für Wachstum und Beschäftigung wichtigen politischen und wirtschaftlichen Rahmenbedingungen. Dabei machten ihm seine Erfolge bei der Verbesserung der Staatsfinanzen die Durchsetzung weiterführender Reformen, vor allem bei den sozialen Sicherungssystemen, bemerkenswerterweise nicht leichter, sondern schwieriger: Jetzt, wo es doch insgesamt aufwärts ging, fühlte sich niemand mehr berufen, schmerzhafte Strukturreformen und notwendige Kürzungen mitzutragen. Im Gegenteil, die

Neigung, neue, ausgabenwirksame „Wohltaten" zu beschließen, erhielt nun auch in den eigenen Reihen wieder spürbaren Auftrieb.

Dennoch konnte Gerhard Stoltenberg, über die erreichte Konsolidierung der Staatsfinanzen hinaus, mit einer nachhaltigen, schrittweisen Verringerung der Steuerbelastung der Unternehmen ein wirtschaftliches Schwungrad in Gang setzen, das am Ende der 1980er Jahre für mehr als eine halbe Million zusätzlicher Arbeitsplätze pro Jahr sorgte – die stärkste Zunahme seit den 1960er Jahren. Dass diese politisch-strategische Veränderung auch von einem lang anhaltenden Aufschwung des Welthandels, sozusagen von einer ersten Welle der Globalisierung, unterstützt wurde, darf man mit Blick auf Gerhard Stoltenberg getrost als das Glück des Tüchtigen bezeichnen.

Dieser mehr zufällige Rückblick auf die Zeitspanne 1982 bis 1989 hinterlässt bei meinen Mitarbeitern und mir einen irgendwie seltsamen Eindruck. Obwohl die handelnden Akteure es weder gewusst noch geahnt haben können, ist die Entwicklung der zurückliegenden Jahre im Ergebnis so gestaltet worden, als ob man erkannt hätte, dass vor Deutschland eine große Herausforderung liege, für die wir uns stark machen müssten. Bei allem politischen Klein-Klein, das es natürlich in dieser Zeit ebenso wie vorher und nachher auch gegeben hat, kann man doch einen roten Faden oder vielmehr eine rote Linie erkennen. Entlang dieser Linie hat Deutschland seine wirtschaftliche und finanzielle Position Schritt für Schritt konsequent und mit Ausdauer verbessert, bis hin zu dem Punkt, dass eine neue, noch dazu unerwartete Jahrhundertaufgabe mit Aussicht auf Erfolg angenommen und ins Werk gesetzt werden konnte. Und dass diese Jahre diesen Weg genommen haben, hat entscheidend mit einem Mann zu tun: Gerhard Stoltenberg. Und auch das frühe Wort des Bundeskanzlers von der „geistig-moralischen Erneuerung", von vielen belächelt, erhält aus diesem Betrachtungswinkel gesehen eine ganz neue aktuelle Bedeutung. Wenn in Zukunft immer wieder mit Erstaunen festgestellt wird, mit welch starken finanziellen Ressourcen Deutschland die Herstellung der wirtschaftlichen Einheit bewerkstelligen kann, dann sitzt derjenige immer unsichtbar mit am Tisch, ohne den dies so nicht hätte geschehen können: der unvergessene große Mann aus dem Norden.

Dieses in den 1980er Jahren geschaffene Finanzfundament trägt, zusammen mit den zusätzlichen Mitteln des Fonds Deutsche Einheit und des Solidaritätszuschlags 1991/92, bis zur Jahreswende 1992/93. Im Frühjahr 1993 steht die Finanzherausforderung Ost erneut auf der politischen Tagesordnung. Der Fonds Deutsche Einheit läuft Ende 1994 aus – frühzeitig muss eine Anschlussregelung gefunden werden, damit die ostdeutschen Länder Planungssicherheit für die nächsten zehn Jahre haben. Gleichzeitig muss für 1993 und 1994 nachgesteuert werden, weil die inzwischen deutlich verschlechterte Konjunktur die Wiederbelebung der ostdeutschen Wirtschaft erschwert und weil trotzdem ausreichend öffentliche Mittel für die Förderprogramme Ost zur Verfügung stehen müssen.

Um Antworten auf diese Fragen zu finden, treffen sich der Bundeskanzler, die Ministerpräsidenten der Länder sowie die Partei- und Fraktionsvorsitzenden am 11. und 12. März 1993 zu einer Klausurtagung im Bonner Kanzleramt. Verhandlungsführer der Länder ist der rheinland-pfälzische Ministerpräsident und SPD-Parteivorsitzende Rudolf Scharping, für die Bundesseite verhandelt Bundesfinanzminister und CSU-Chef Theo Waigel. Bei dieser Gelegenheit treffe ich auch einen alten Bekannten: Thilo Sarrazin. Inzwischen Staatssekretär im Finanzministerium Rheinland-Pfalz, ist er bei diesen Finanzgesprächen so etwas wie die rechte Hand seines Ministerpräsidenten. Da ich sein außergewöhnliches Gedächtnis und Verständnis für Zahlen und finanzielle Zusammenhänge aus unserer Zusammenarbeit bei der Vorbereitung der deutsch-deutschen Währungsunion gut kenne, gehe ich davon aus, dass – bedingt durch die unterschiedliche, in vielen Punkten sogar gegensätzliche Interessenlage – die Gespräche des Bundesfinanzministers mit Ministerpräsident Scharping nicht einfach werden.

Und darin habe ich mich nicht getäuscht. Relativ einfach ist es noch, sich für die Jahre 1993 und 1994 auf eine nochmalige Erhöhung des Fonds Deutsche Einheit auf 160 Milliarden DM zu verständigen, um in diesen beiden Jahren die vor allem konjunkturbedingten Lücken bei der Finanzierung des Aufbaus Ost zu schließen. Zur Finanzierung dieser Mehraufwendungen stellen Bund und Länder für 1993 zusätzlich 3,7 Milliarden DM bereit. Für 1994 gibt der Bund gut 5 Milliarden

DM, die Länder prüfen noch, inwieweit sie in ähnlicher Größenordnung beitragen können. Zur Stärkung des schwachen Wohnungsbaus in Ostdeutschland werden die aus sozialistischen Zeiten stammenden Altschulden der Wohnungswirtschaft in den Erblastentilgungsfonds übernommen, der auch die Schulden der Treuhandanstalt aufnimmt. Dieser Erblastentilgungsfonds startet mit einem Anfangsschuldenstand von 336 Milliarden DM und wird allein vom Bund verzinst und getilgt, wird also damit faktisch Bestandteil der Bundesschulden. Dem steht gegenüber, dass das Aufkommen aus dem ab 1. Januar 1995 erhobenen Solidaritätszuschlag von 7,5 % der Einkommensteuer dem Bund zusteht, für 1995 etwa 28 Milliarden DM. Einvernehmen wird auch erreicht über Ausgabenkürzungen und den Abbau von Steuersubventionen in einer Größenordnung von 9 Milliarden DM.

Der wichtigste Punkt ist zweifellos, dass mit dem Auslaufen des Fonds Deutsche Einheit die ostdeutschen Länder ab Anfang 1995 gleichberechtigt in den Länderfinanzausgleich einbezogen werden. Dies soll nach Auffassung der Länder jedoch nicht etwa durch ein Zurückstecken der alten Bundesländer erreicht werden, sondern schlicht durch die Anhebung des Anteils der Bundesländer an der Umsatzsteuer von 37 auf 44 %. Damit würde für 1995 ein Finanzvolumen von etwa 17 Milliarden DM kurzerhand vom Bund an die Länder herübergereicht. Der Kuchen des Umsatzsteueranteils der Länder soll dieser Länder-Philosophie zufolge also nicht etwa in kleinere Stücke aufgeteilt werden, damit auch die neuen Kollegen aus dem Osten beteiligt werden können. Nein, der Länder-Umsatzsteuerkuchen soll einfach größer gemacht werden – selbstverständlich auf Kosten des Bundes –, damit die neuen Länder beteiligt werden können, ohne dass die alten etwas aufgeben müssen. Das wäre für die Länder das „Ei des Kolumbus", für den Bund wegen der dauerhaften Wirkung einer solchen Maßnahme jedoch eine größere Katastrophe. Denn das Interesse der Bundesregierung war es ja gerade, die Übernahme zusätzlicher Belastungen – wenn diese schon unvermeidbar sind – an die schrittweise Verbesserung der wirtschaftlichen und damit auch finanziellen Leistungsfähigkeit der Ost-Länder zu knüpfen, die Zusatzbelastungen also, je nach Geschwindigkeit des Aufholprozesses Ost, langfristig wieder zurücknehmen zu können. Eine auf

Dauer festgeschriebene Übertragung von Umsatzsteueranteilen auf die Länder würde diesem Ziel diametral widersprechen.

Am Abend des 11. März 1993 telefoniere ich mit Karl Schiller, dem ehemaligen Bundeswirtschafts- und -finanzminister. Er ist auch mit fast 82 Jahren immer noch stark an wirtschafts- und finanzpolitischen Themen interessiert, woraus sich in den letzten Jahren ein lockerer persönlicher Kontakt ergeben hat. Ich schildere ihm den Stand der Verhandlungen. Er regt sich über die ihm aus früheren Zeiten nicht unbekannte „Spitzen-Kombination von Unverschämtheit und Egoismus" der Länder auf und empfiehlt, dass der Bund hart bleiben müsse. Eine so „krasse, vor allem dauerhafte Zumutung" dürfe die Bundesregierung im Blick auf ihre eigene schwierige Finanzlage nicht akzeptieren. Später am Abend berichte ich dem Bundeskanzler über die laufenden Solidarpakt-Gespräche und erwähne in diesem Zusammenhang auch das Telefonat mit Karl Schiller. Zum Inhalt der Verhandlungen kommt bei Helmut Kohl keine rechte Freude auf: Wieder einmal wird der Bund aufgrund der Erpressungsmanöver der Länder dafür bezahlen, dass überhaupt eine Verständigung erreicht werden kann. Denn eine Nicht-Verständigung würde mit Sicherheit der Bundesregierung mehr schaden als den Ländern. Einmal mehr können sie warten, was dagegen der Bund mit Blick auf seine unmittelbare Verantwortung für die drängenden Probleme in Ostdeutschland eben nicht kann; das wiederum wissen die Länder. Zu den Anmerkungen von Karl Schiller lächelt der Bundeskanzler. Er freut sich über das persönliche Mit-Hineinfühlen, die Anteilnahme eines ehemaligen Bundesministers an der Sache des Bundes, zumal dessen SPD-Parteifreunde auf der anderen Seite des Tisches sitzen. „Endlich mal ein Bundesminister, der sich auch noch zwanzig Jahre später darüber aufregt, wenn der Bund von den Ländern miserabel behandelt wird!" Er trägt mir auf, Karl Schiller beim nächsten Telefonat seine Grüße zu übermitteln.

Am folgenden Morgen trifft sich die Schlussrunde der Solidarpakt-Klausurtagung unter Vorsitz des Bundeskanzlers im Großen Kabinettsaal des Kanzleramtes. Ministerpräsident Scharping und Bundesfinanzminister Waigel tragen die einzelnen Punkte des Solidarpakts vor. Die gestern noch kontrovers diskutierte nachhaltige

Verschiebung der Mehrwertsteueranteile zugunsten der Länder gehört auch dazu. Es gibt keine Diskussion mehr, alle akzeptieren das Ergebnis, die Bundesvertreter eher mit Zähneknirschen und in der Tasche geballter Faust, die Länder mit gelassener Genugtuung. Als die Teilnehmer der Schlussrunde den Kabinettsaal verlassen, strebt neben mir der bayerische Ministerpräsident Max Streibl dem Ausgang zu. „Das ist doch ein gutes Ergebnis", lässt er mich wissen und klopft mir aufmunternd auf die Schulter. „Eigentlich müsste die Bundesregierung jetzt nach Karlsruhe gehen", ist meine Antwort, „denn mit dieser Finanzausstattung kann der Bund meiner Meinung nach seine Aufgaben nicht mehr erfüllen." Er stutzt, zieht die Augenbrauen hoch. „Na, na, Herr Ludewig, nehmen Sie es nicht so tragisch, das wird schon werden", versucht er noch einmal, mich aufzuheitern, und entschwindet. Ich gehe zurück in mein Büro; am morgigen Samstag geht der Aufbau Ost mit einem Treffen der Töpfer-Kommission zu Umweltfragen in Ostdeutschland weiter. Dieser Freitag war kein guter Tag. Solidarität, wie ich sie empfinde, wird anders geschrieben.

Dennoch, wenn man die Frage der Finanzsolidarität zwischen Bund und Ländern – so wichtig sie auch ist und so eklatant sich die Ungleichgewichte in der Aufbau-Ost-Lastenverteilung entwickelt haben – für einen Augenblick in den Hintergrund treten lässt und Deutschland als Ganzes betrachtet, dann dominiert etwas anderes: der nachhaltige Eindruck, dass eine wirksame Unterstützung in ungewöhnlicher, geradezu historischer Größenordnung über mehr als zwanzig Jahre hinweg auf die Beine gestellt werden konnte, um die wirtschaftliche Einheit Deutschlands Schritt für Schritt Realität werden zu lassen.

Wenn man unmittelbare Unterstützungsmaßnahmen wie den Fonds Deutsche Einheit, den Solidarpakt I, den 2004 folgenden Solidarpakt II, die besonderen Finanzzuweisungen des Bundes an die ostdeutschen Länder, die direkte Investitionsförderung, Zuwendungen an den Erblastentilgungsfonds sowie die Mittel aus verschiedenen Fonds der EU in einen Gesamtzusammenhang stellt, ergeben sich Anstrengungen für den Aufbaus Ost in einer Größenordnung von deutlich mehr als 500 Milliarden DM – Geld, das direkt dem physisch-realen Aufbau Ostdeutschlands zugutekommt. Hinzu kommen in ähnlicher Größenordnung die ebenfalls enormen Leistungen der sozialen Sicherungssysteme, vor allem der Renten- und der Arbeitslosenversicherung.

Mit Hilfe dieser sozialen Leistungen – Vorruhestand mit 55 Jahren sowie Umschulungs- und Qualifizierungsmaßnahmen in noch nie dagewesenem Umfang seien als Beispiele genannt – ist es gelungen, die strukturellen Umbrüche zwischen Ostsee und Erzgebirge zumindest ein Stück weit abzufedern, damit die mit ihnen verbundenen Zumutungen für die betroffenen Menschen überhaupt erträglich wurden. Um es noch einmal in Erinnerung zu rufen: Rund 2,5 Millionen Arbeitsplätze sind in den ersten drei Jahren nach der Wiedervereinigung verloren gegangen – in der Industrie weit über die Hälfte aller Arbeitsplätze. Untersuchungen zu Berufsverläufen zeigen, dass zwischen 1989 und 1996 etwa 40 % der Erwerbstätigen in Ostdeutschland mindestens einmal arbeitslos waren, zwei Drittel mussten die Firma verlassen, in der sie 1989 gearbeitet hatten, und mehr als die Hälfte hatte bis 1996 einen weiteren Arbeitsplatzwechsel. Vergleichbar dramatische Ein-, Um- und „Zerbrüche" von Wirtschaftsstrukturen, von Unternehmen, Arbeitsplätzen und Lebensläufen hat es in der alten Bundesrepublik zu keinem Zeitpunkt gegeben.

Bei all den Zahlen, die mit der Finanzierung des Aufbaus Ost sowie den Leistungen der Renten- und Arbeitslosenversicherung zu tun haben, muss man sich immer darüber im Klaren sein, dass diese Zahlen lediglich Orientierungsgrößen sind. Wenn zum Beispiel in den Jahren bis 2007 per Saldo rund eine Million Menschen ihren Wohnsitz von Ostdeutschland nach Westdeutschland verlegt haben, dann haben sie dort, wo die Arbeitskräfte 1990 sehr knapp geworden waren, spürbar zu Wirtschaftswachstum und Finanzkraft, zu Steuern und Abgaben beigetragen – ein Beitrag Ost im Westen, der ohne die Wiedervereinigung gar nicht möglich gewesen wäre. Wie wäre dies in einer West-Ost-Betrachtung zu bilanzieren? Ähnliches gilt für Rentner im Osten, deren Kinder im Westen arbeiten. Die im Westen gezahlten Rentenversicherungsbeiträge der Kinder gehen mit ein in den Rententransfer von West nach Ost, obwohl sie doch entsprechend dem Sinn des Generationenvertrags den eigenen Eltern zugutekommen. Oder umgekehrt die Rentner, die in ihrer aktiven Berufszeit im

Westen gearbeitet haben, als Ruheständler aber wegen familiärer, regionaler Bindungen, wegen günstigerer Lebenshaltungskosten oder der in vielfacher Hinsicht besonderen Kulturlandschaft nach Ostdeutschland gezogen sind. Sie werden als Sozialtransferempfänger Ost erfasst, obwohl sie doch ihre Rentenbeiträge im Westen gezahlt haben. Wie immer bei Zahlen und Statistiken darf man die Grenzen ihrer Aussagefähigkeit nicht aus den Augen verlieren. Deswegen sind die fast regelmäßig wiederkehrenden West-Ost-Transferrechnungen mit äußerster Vorsicht zu betrachten.

Wichtig bleibt die Größenordnung der Unterstützungsleistungen ebenso wie der dazugehörenden Finanzierung: höhere Beitragssätze zur Sozialversicherung – zusätzliche 5 Prozentpunkte bis 1997 –, Solidaritätszuschlag zur Lohn- und Einkommensteuer sowie ein deutlicher Anstieg der Verschuldung als Investition in die Zukunft des größer gewordenen wiedervereinigten Landes. Mit einer großen Kraftanstrengung wurden über 1.000 Milliarden DM mobilisiert, als sich die historisch einmalige Chance bot: Deutschland konnte seine Wiedervereinigung finanzieren. Herausforderung und Leistungsfähigkeit passten zusammen, in West und Ost, welch ein Glücksfall!

Und haben sich diese außergewöhnlichen Anstrengungen ganz Deutschlands bei der Mobilisierung der notwendigen Finanzmittel ebenso wie bei Umbau und Neuausrichtung der ostdeutschen Wirtschaft als wirkungsvoll und nachhaltig erwiesen?

Zunächst muss noch einmal in Erinnerung gerufen werden, dass Deutschland mehr als 1.000 Milliarden DM mobilisieren konnte, ohne dass es zu irgendeinem Zeitpunkt Zweifel daran gegeben hätte, dass das Land auch die hierfür notwendige Wirtschafts- und Finanzkraft, Kreditwürdigkeit und Bonität besaß – weder in der internationalen Politik noch in der Weltwirtschaft noch auf den globalisierten Finanzmärkten. Wenn man sieht, wie empfindlich und heftig diese Märkte in der Finanzkrise nach 2008 auf zusätzliche, nicht fundierte Finanzierungswünsche anderer Länder reagiert haben, dann weiß man, dass das offensichtlich unerschütterliche Vertrauen in die historisch einmalige Kraftanstrengung Deutschlands nach der Wiedervereinigung alles andere als selbstverständlich war. Die Finanzpolitik der 1980er Jahre hatte ein tragfähiges, solides und belastbares Fundament geschaffen, auf dem die Jahrhundertaufgabe des Aufbaus Ost erfolgreich ins Werk gesetzt werden konnte.

Und Ostdeutschland? Am 28. Oktober 2014 sitze ich im Zug von Berlin nach Magdeburg. Ich habe mich mit Dirk Pollak verabredet, 1996 Assistent des damaligen Vorsitzenden der SKET-Geschäftsführung, heute Geschäftsführer der SKET-GmbH, der Nachfolgegesellschaft der SKET-Maschinen- und Anlagenbau. Der Zug nähert sich Magdeburg und durchfährt den Herrenkrugpark in der Nähe des gleichnamigen Hotels. Ich erinnere mich an die denkwürdige, erfolglose Aufsichtsratssitzung, die am 14. Oktober 1996 in ebendiesem Hotel stattgefunden hat, an die heftigen Auseinandersetzungen über die richtige Zukunftsstrategie für SKET, auch und gerade im Vorfeld dieser Aufsichtsratssitzung, und an die danach folgende Gesamtvollstreckung, als weiterführende Sanierungskonzepte am Widerstand von Arbeitnehmervertretern und IG Metall scheiterten. So richtig wusste damals niemand, wie es weitergehen sollte.

Mit einem Ruck kommt der Zug zum Stehen: Magdeburg Hauptbahnhof. Ein Taxi bringt mich zum SKET-Gelände. Dirk Pollak begrüßt mich freundlich und berichtet über das, was sich in der Zwischenzeit auf dem Werksgelände entwickelt hat: dass mit dem Investor Aloys Wobben 1998 die Firma Enercon gekommen ist, ein bedeutender Hersteller von Windenergieanlagen, und dass es seitdem aufwärtsgehe. Wir schreiten durch einige der vollständig modernisierten Hallen, in denen hier und an einem weiteren Standort in Magdeburg etwa 5.000 Arbeitsplätze entstanden sind. Wenn man andere Ausgründungen und kleinere Privatisierungen mit hinzunimmt, dann dürften es alles in allem etwa 6.000 Beschäftigte sein.

Man spürt: Dirk Pollak ist stolz auf das, was hier entstanden ist. Die Produktion hat über die Jahre deutlich zugelegt, das Werksgelände wurde beträchtlich erweitert, und heute gibt es hier mehr Arbeitsplätze als am Enercon-Stammsitz in Aurich. Neben den beeindruckend großen Komponenten für Windkrafträder sehen wir auch Maschinen und Ausrüstungsgegenstände, die hier – in Fortsetzung der alten SKET-Tradition – weiterhin hergestellt werden. Und im Rückblick auf 1990 und die damals vergleichbaren 12.000 Arbeitsplätzen mit ihrer deutlich geringeren Produktivität erweist sich die

25-Jahre-Bilanz der SKET-Nachfolge als durchaus vorzeigbar. Wenn ich an den deprimierenden Tiefpunkt der Gesamtvollstreckung im Herbst 1996 zurückdenke, als alle Beteiligten – BVS und Bundesregierung ebenso wie IG Metall und Betriebsrat – die völlige Ergebnislosigkeit ihres jahrelangen Gegeneinanders konstatieren mussten, dann ist diese späte, nachhaltige Aufwärtsentwicklung so etwas wie ein unverdientes Wunder. Dirk Pollak fährt mich zurück zum Bahnhof. Als wir das Werkstor passieren, schaue ich zurück. Die späte Herbstsonne taucht die wiederhergerichteten SKET-Gebäude in ein mildes, versöhnliches Licht: ein Stück blühende Landschaft, auf das zu hoffen ich bei meinem letzten Besuch vor 18 Jahren nicht gewagt hatte.

Auf unserem Weg zum Hauptbahnhof durchqueren wir andere Industriegebiete Magdeburgs. An vielen Stellen sieht man alte Gebäude, die zwar ihre ursprüngliche Funktion verloren, dafür aber offensichtlich neue Aktivitäten und Unternehmen aufgenommen haben. Ich frage Dirk Pollak, wie es denn in Magdeburg insgesamt bei Industrie und Gewerbe aussehe. Er nennt mir einige Zahlen, empfiehlt mir aber einen Fachmann in der Stadtverwaltung, der einen besseren Gesamtüberblick geben könne.

Mit ihm telefoniere ich am nächsten Tag, und er hat in der Tat interessante Zahlen. So hat sich die Anzahl der Betriebe in der Stadt Magdeburg seit 1989 von etwa 4.000 auf inzwischen 15.000 nahezu vervierfacht – ein klares Zeichen für eine tiefgreifende Rundumerneuerung der gesamten Wirtschaftsstruktur, weg von vergleichsweise wenigen schwerfälligen Großbetrieben hin zu einer großen Vielfalt von Industrie, Gewerbe, Handel und Dienstleistungen. In diesen Betrieben gibt es heute knapp 140.000 Arbeitsplätze und damit etwa 30.000 weniger als 1991 (Zahlen für 1989 und 1990 sind wegen anderer Abgrenzungs- und Erhebungsmethoden nicht verfügbar). Berücksichtigt man aber gleichzeitig die mit 235.000 um etwa 55.000 niedrigere Einwohnerzahl und vor allem die seitdem durch umfangreiche Neuinvestitionen mehr als verdoppelte Produktivität, dann wird sichtbar, dass Magdeburg inzwischen eine durchaus vorzeigbare Bilanz zu bieten hat. Dabei darf natürlich nicht aus dem Blickfeld geraten, dass die vielfältigen und tiefgreifenden Veränderungen, die hinter diesen Gesamtzahlen stehen, vor allem die deprimierende Entwicklung bei SKET bis 1998, den Einwohnern der traditionsreichen, im Zweiten Weltkrieg stark zerstörten Stadt Otto des Großen sehr viel abverlangt haben.

Auch das, was in Ostdeutschland in den letzten 25 Jahren insgesamt erreicht werden konnte, berechtigt – bei allen Fehlern und Defiziten – zur Zuversicht. Nimmt man die Wirtschaftsleistung je Einwohner als Ausgangspunkt, dann zeigt sich in der ersten Phase des Aufbaus Ost bis 1997 eine ebenso starke Wachstumsdynamik wie in den westdeutschen Wirtschaftswunderzeiten nach 1950. Die Kreditanstalt für Wiederaufbau hat ergänzend dazu kürzlich vorgerechnet, dass beide Teile Deutschlands ihre Wirtschaftsleistung – bei vergleichbarer Startbasis – innerhalb von 25 Jahren in etwa verdoppelt haben. Keines der anderen ehemals sozialistischen Länder Europas hat eine solche Wachstums-Performance erreicht. Gemessen an der Wirtschaftsleistung liegt Ostdeutschland heute pro Kopf im Mittelfeld Europas, deutlich vor den anderen ehemals sozialistischen Ländern. Stabile Beschäftigung und deutlich rückläufige Arbeitslosigkeit spiegeln diese Wachstumsbilanz.

Und dies zahlt sich nicht zuletzt bei den Einkommen aus. Wenn man die im Durchschnitt niedrigeren Lebenshaltungskosten in Ostdeutschland berücksichtigt, dann erreicht das verfügbare Einkommen dort heute knapp neun Zehntel des westdeutschen Vergleichswertes. Und dies kommt nicht von ungefähr: Seit 1991 haben Unternehmen, Kommunen und private Bauherren rund 1.600 Milliarden Euro in Ostdeutschland investiert. Auch die Politik zur Sicherung und Erneuerung industrieller Kerne hat Früchte getragen: Innerhalb der Gruppe der weltweit führenden sieben Industrieländer haben nur Japan und Westdeutschland einen höheren Industrieanteil, gleich dahinter folgt Ostdeutschland. Demgegenüber ist in der gleichen Zeitspanne der Industrieanteil in westlichen Ländern wie Frankreich, Großbritannien oder Italien rückläufig gewesen. Die Konzentration der staatlichen Förderung Ost auf Industrie und die dazugehörenden Dienstleistungen sowie auf Forschung und Entwicklung hat zu greifbaren Ergebnissen geführt. Die Produktivität der ostdeutschen Betriebe hat deutlich und nachhaltig zugenommen und inzwischen einen anerkannten internationalen Rang erreicht. Hier hat der mit Konsequenz und Ausdauer verfolgte industriepolitische Kurs der Bundesregierung offensichtlich die richtigen Akzente gesetzt.

Gibt es sie also, die „blühenden Landschaften", von denen Helmut Kohl 1990 gesprochen hat? Kein Zweifel, wenn man sich an die deprimierende, zum Exodus einladende Wirklichkeit des real existierenden Sozialismus erinnert, die am Beginn des „Unternehmens Wiedervereinigung" gestanden hat, und sich demgegenüber vor Augen hält, was in den folgenden zehn, zwanzig, fünfundzwanzig Jahren zwischen Elbe, Oder und Eichsfeld um-, auf- und neugebaut worden ist, dann beantwortet sich diese Frage für den, der diese Landschaften mit offenen Augen durchwandert, von selbst. Dass diese Vision des Aufbaus Ost – trotz der wiederholten Hinweise des Bundeskanzlers auf den damit verbundenen „schwierigen Weg" und die „sicherlich nicht einfache Zeit des Übergangs" – von manchen als Kurzfristprognose missverstanden worden ist und bei zu vielen nicht realisierbare Erwartungen geweckt hat, gehört ebenso zu den Erfahrungen des Neubeginns in Ostdeutschland. Aber vielleicht ist es in quasi revolutionären Zeiten auch so, dass die neu gewonnene Freiheit, der endlich mögliche Aufbruch zu neuen Ufern und die von Freiheit und Aufbruch beflügelten Hoffnungen – durch was auch immer im Einzelfall ausgelöst – den real erreichbaren Veränderungen wohl fast immer uneinholbar vorauseilen.

Wie dem auch sei, sehr konkret und real ist für die Menschen, dass die vielfältigen Zahlen und Indikatoren zu den Veränderungen der letzten fünfundzwanzig Jahre wie in einem Brennglas in einem Punkt zusammenlaufen: Die Lebenserwartung der Menschen zwischen Ostsee und Erzgebirge hat in den ersten zehn Jahren nach der Wiedervereinigung um knapp vier Jahre zugenommen. Sie hat damit nicht nur den Stand in Westdeutschland nahezu erreicht. Kein anderes Land, weder in der westlichen Welt noch in den Ländern des ehemaligen Ostblocks, kann in dieser Zeit eine vergleichbare Aufwartsentwicklung aufweisen. Es gibt also begründeten Anlass zu gesamtdeutscher Freude und Dankbarkeit!

10. Kapitel

Helmut Kohl:
im Zweifel für Ostdeutschland

Kein Zweifel: Bürger der DDR haben die friedliche Revolution mit großem Mut und hohem persönlichen Risiko zum Erfolg geführt. Der Wunsch nach Freiheit und Veränderungen war stärker geworden als die Furcht vor Gewalt und Ausgrenzung. Mit ihrem friedlichen Kampf gegen die SED-Diktatur und dem Fall der Mauer am 9. November 1989 haben Bürger und Bürgerrechtler der DDR in bewundernswerter Weise deutsche Geschichte geschrieben. Dann, als die historische Chance sich auftat, war Helmut Kohl der Mann der Stunde. Er war Architekt, Regisseur und Antreiber der politischen Vereinigung der beiden Teile Deutschlands und des Aufbaus Ost. Er war es, der für das „Unternehmen Wiedervereinigung" Weichen stellte, die Richtung vorgab und Entscheidungen traf. Was hat ihn dabei bewegt? Wie hat er es getan? Worauf hat er sich gestützt?

Dienstag, 19. Dezember 1989. Gegen 9.30 Uhr landet das Flugzeug des Bundeskanzlers auf dem Flughafen Dresden-Klotzsche. Auf dem Rollfeld wartet Hans Modrow, langjähriger Chef der SED-Bezirksleitung Dresden und seit dem 13. November Nachfolger Willi Stophs als Ministerpräsident der DDR. Als sich die Tür unseres Flugzeugs öffnet und wir auf dem Flugfeld stehen, sind wir völlig überrascht. Wohin man schaut, überall stehen und drängen sich Menschen, nicht nur vor den Flughafengebäuden, sondern auch auf den Dächern. Unwillkürlich hat man Angst, dass jemand herunterfallen könnte. Rufen und Winken von allen Seiten. Mit einem solchen Empfang hatte niemand gerechnet!

Die Begrüßung zwischen Regierungschef Ost und Regierungschef West fällt knapp und förmlich aus. Dann geht es in einer Autokolonne nach Dresden. Unterwegs das gleiche Bild. Dicht gedrängt stehende, winkende und rufende Menschen auf beiden Seiten der Straße. Es dürften Zehntausende sein. Wer vorn steht, beugt sich vor, um den Bundeskanzler im Auto zu sehen. Wieder beschleicht mich die Angst, der Druck aus den hinteren Reihen könnte so groß werden, dass vorn jemand auf die Straße und vor die vorbeifahrenden Autos fällt. Gott sei Dank, alles geht gut. Die freudig-erwartungsvolle Stimmung ringsum überträgt sich ein Stück weit auf die Mitglieder unserer Delegation. Niemand hat schon einmal so etwas erlebt. Natürlich spüre ich auch, dass dahinter ungeheure Erwartungen stehen, die sich an den Bundeskanzler und an das von ihm vertretene Westdeutschland richten. Wie können und sollen wir damit umgehen?

Vor dem Hotel Bellevue, auf der rechten Elbseite gegenüber dem weltberühmten Dresdner Stadtzentrum gelegen, warten wieder Tausende von Menschen. Die Wagen haben Mühe, den Hoteleingang zu erreichen. Als der Bundeskanzler aus dem Auto steigt, wird er mit Beifall und Willkommensrufen überschüttet. Er winkt, sichtlich beeindruckt von diesem überaus herzlichen Empfang, schüttelt Hände und betritt zusammen mit Hans Modrow das Hotel. Wir in den dahinter stehenden Autos haben Mühe, an den vielen begeisterten Menschen vorbei den Hoteleingang zu erreichen.

Im großzügigen Hotelzimmer des Bundeskanzlers treffen wir uns. Wir sprechen über das, was wir gerade erlebt haben – irgendwie unglaublich, unvorstellbar, aber doch Wirklichkeit. Alle haben das Gefühl, erst einmal durchatmen zu müssen. Und uns allen ist bewusst geworden, dass es in der Bevölkerung der DDR offenbar viel größere Erwartungen gibt, als wir bisher angenommen haben, wie immer diese auch im Einzelnen aussehen mögen. Der Bundeskanzler berichtet von einer Information Modrows, dass viele Menschen aus allen Teilen der DDR per Zug hierher nach Dresden unterwegs seien. Im Übrigen habe er zunächst ein Vier-Augen-Gespräch mit ihm verabredet, danach folge dann ein Treffen beider Delegationen.

Walter Neuer, Leiter des Kanzlerbüros, bekommt den Auftrag, mit den vor Ort in Dresden Verantwortlichen die notwendigen Vorbereitungen für eine öffentliche Rede des Bundeskanzlers zu treffen. Er hatte eine solche Rede zunächst nicht vorgesehen, mit Blick auf die vielen Menschen aber seine Meinung geändert. Der Dresdner Oberbürgermeister Wolfgang Berghofer hat den Platz vor der Ruine der Frauenkirche vorgeschlagen. Der Bundeskanzler äußert seine Befürchtung, dass am Ende seiner Rede irgendjemand auf die Idee kommen könne, die erste Strophe des Deutschlandlieds zu singen. Um dem vorzubeugen, soll ein Kantor bereitstehen, um – wenn die Situation es nahelegt – das Kirchenlied „Nun danke alle Gott" anzustimmen. Trotz kritischer Hinweise auf mögliche Miss- und Falschverständnisse gibt der Bundeskanzler Walter Neuer den Auftrag, dies vorzubereiten.

Das Delegationsgespräch beginnt mit längeren Ausführungen des DDR-Ministerpräsidenten. Er ist vor allem besorgt über die sich spürbar verschlechternde Wirtschaftslage und verlangt einen „Lastenausgleich" von 15 Milliarden DM für 1990 und 1991. Ansätze zu einem wirtschaftlichen Reformkonzept sind aus seinen Worten nicht erkennbar. Seine Bemerkungen zur Außenpolitik wiederholen Altbekanntes, ohne jeden Neuigkeitswert. Der Bundeskanzler verweist in seiner Erwiderung auf die Bedeutung des historischen Augenblicks und die großen Erwartungen der Menschen. Es gebe Punkte, bei denen elementare Unterschiede bestünden, bei anderen könne er sich durchaus Gemeinsamkeiten vorstellen. Ein „Lastenausgleich" komme schon deshalb nicht in Frage, weil es dafür keine Begründung gebe, der Begriff sei einfach falsch. Für Finanzhilfen in der angedeuteten Milliarden-Größenordnung müssten von DDR-Seite erst die notwendigen Voraussetzungen geschaffen werden, damit das Geld nicht einfach verschwinde, sondern die anvisierte Wirkung auch erreicht werden könne. Vereinbart werden ein gemeinsamer Reisedevisenfonds mit 2 Milliarden DM, die Ausweitung des Kreditrahmens für Lieferungen in die DDR auf 6 Milliarden DM und die Aufstockung der sogenannten ERP-Kredite für Investitionen in der DDR um 2 Milliarden DM. Dem stehen auf der DDR-Seite die Abschaffung von Visumspflicht und Zwangsumtausch gegenüber, auch die

Freilassung der politischen Häftlinge vor Weihnachten wird zugesagt. Von besonderer Bedeutung ist die Übereinkunft, das Brandenburger Tor am 22. Dezember, also drei Tage später, nach fast dreißig Jahren wieder für Fußgänger zu öffnen.

Am Nachmittag folgt dann die Pressekonferenz mit immerhin weit über tausend Journalisten. Die am Vormittag verabredeten Kreditrahmenerweiterungen sowie die Aufhebung von Visumszwang und Zwangsumtausch werden bekanntgegeben. Es gibt ferner eine Absichtserklärung zur Vorbereitung eines „Vertrags über Zusammenarbeit und gute Nachbarschaft" sowie eine Bestätigung zur Öffnung des Brandenburger Tors für einen Fußgängerübergang in drei Tagen. Bundeskanzler und DDR-Ministerpräsident äußern sich positiv über die Gespräche am Vormittag. Hans Modrow spricht auch über „revolutionäre Umgestaltungen in der DDR". Auf die Frage nach dem Zeitraum dieser Umgestaltungen in Verbindung mit der vorgesehenen Vertragsgemeinschaft nennt er zwei Jahre.

Von der Pressekonferenz gehe ich langsam hinüber zur Ruine der Frauenkirche. Von allen Seiten strömen immer mehr Menschen in die gleiche Richtung, viele von ihnen mit Fahnen in der Hand. Auf dem großen Platz vor der Ruine ist eine unübersehbare Menge von Menschen versammelt – ein Meer von schwarz-rot-goldenen und weiß-grünen Fahnen. Da ich letztere nicht kenne, frage ich einen Mann neben mir. Seine prägnant-überzeugende Antwort: „Sachsen!"

Inzwischen ist es dunkel geworden. Im Scheinwerferlicht sieht man die Holztribüne vor der Ruine der Frauenkirche. Als der Bundeskanzler erscheint, gibt es den ersten großen Beifall und „Helmut"-Rufe. Der Bundeskanzler kommt gleich nach seiner Begrüßung auf den gewaltlosen Umbruch in Ostdeutschland zu sprechen: „Das Zweite, was ich sagen möchte, ist ein Wort der Anerkennung und der Bewunderung für diese friedliche Revolution in der DDR. Wir erleben, dass eine solche Umwälzung sich zum ersten Mal in der deutschen Geschichte so gewaltlos, mit so großem Ernst und im Geist der Solidarität vollzieht. Dafür danke ich Ihnen allen sehr, sehr herzlich." Und er fährt fort: „Es ist eine Demonstration für Demokratie, für Frieden, für Freiheit und für die Selbstbestimmung unseres Volkes. Und, liebe Freunde, Selbstbestimmung heißt für uns – auch in der

Bundesrepublik –, dass wir Ihre Meinung respektieren. Wir wollen und wir werden niemanden bevormunden. Wir respektieren das, was Sie entscheiden für die Zukunft des Landes. … Wir lassen unsere Landsleute in der DDR nicht im Stich. Und wir wissen – und lassen Sie mich das auch hier, angesichts dieser Begeisterung, die mich so erfreut, sagen –, wie schwierig dieser Weg in die Zukunft ist. Aber ich rufe Ihnen auch zu: Gemeinsam werden wir diesen Weg in die deutsche Zukunft schaffen!"

Die Menschen auf dem großen Platz hören aufmerksam zu. Welche Gefühle sie bewegen, ist nicht ohne weiteres zu erkennen. Ich stehe mitten in der Menge, etwa hundert Meter von der Sprecherplattform entfernt. Hoffnung ist das, was sich auf den meisten Gesichtern widerspiegelt, kein überschäumender Enthusiasmus. Ich merke, dass der Bundeskanzler die Menschen mit seinen Worten erreicht, eine Mischung aus realistischer Situationsbeschreibung und begründeter Zuversicht, aus Unterstützungsversprechen, aber auch deutlichen Hinweisen auf den schwierigen Weg in die Zukunft. Immer wieder unterbricht Beifall seine Rede. Am Ende merkt jeder, dass der Bundeskanzler Mühe hat, seine Rede zu beenden, die Emotion dieses Augenblicks erreicht auch ihn. Er schließt mit den Worten: „Gott segne unser deutsches Vaterland!" Beifall, Winken, Fahnenschwenken, Helmut-Rufe – das alles scheint nicht enden zu wollen.

Am Abend folgt ein Treffen mit evangelischen Bischöfen, danach ein Abendessen mit bekannten Künstlern aus der DDR. Es ist nach Mitternacht, als wir zu Fuß zum Hotel zurückgehen. Der Bundeskanzler lädt die kleine Truppe von Mitarbeitern und Delegationsmitgliedern noch zu einem abschließenden Glas Wein ein. Das Gespräch dreht sich natürlich um das gerade Erlebte, die bewegenden Erfahrungen dieses Tages, die wir uns alle heute Morgen auf dem Flug hierher nicht hätten vorstellen können. „Die Fantasie ist von der Realität überholt worden", wie es einer unserer Gesprächsteilnehmer im Tagesverlauf treffend auf den Punkt gebracht hat. Auch der Bundeskanzler ist sichtlich berührt. Sein Fazit: „Das läuft. Ich glaube, das ist nicht mehr aufzuhalten, die Menschen wollen das. Das Regime ist definitiv am Ende."

Freitag, 30. November 1990, 11.30 Uhr. Der Bundeskanzler begrüßt die amerikanischen Ökonomieprofessoren George A. Akerlof und Janet Yellen von der University of California in Berkeley, einer der renommiertesten Hochschulen der USA. Sie sind miteinander verheiratet und haben sich in der letzten Zeit beide mit wirtschaftlichen Reformen und strukturellen Veränderungen in sogenannten „Transformationsländern", also Ländern auf dem Weg aus der Staats- in die Marktwirtschaft, beschäftigt und dazu Veröffentlichungen vorgelegt. Da wir in Ostdeutschland genau vor einem solchen Veränderungsprozess stehen, für den es keine „Blaupause" gibt, habe ich dem Bundeskanzler vorgeschlagen, beide nach Deutschland einzuladen, mit ihnen über ihre Einschätzung der ostdeutschen Wirtschaftslage zu reden und sich entsprechende wirtschaftspolitische Ratschläge geben zu lassen. Der Bundeskanzler hat dies unterstützt und seinerseits die Idee ergänzt, in das Besuchsprogramm der Professoren eine Reise durch die frühere DDR einzubauen, so dass sich beide ein eigenes Bild von den dortigen Verhältnissen machen können.

Jetzt sitzen wir zusammen: der Bundeskanzler, die beiden Professoren, mein Kollege Jürgen Stark und ich. Die Professoren berichten ausführlich über ihre Eindrücke und ihre vielen Gespräche vor Ort in den letzten Tagen. Sie bestätigen die enormen Anpassungsherausforderungen, die jetzt, nach der politischen Wiedervereinigung, auf die ostdeutsche Wirtschaft zukommen, und zwar insbesondere auf die Industrie, die die weltweite Konkurrenz unmittelbar zu spüren bekommen wird. Der Bundeskanzler und ich erläutern wesentliche Gründe für den schnellen Einigungsprozess, vor allem die dramatisch hohen Übersiedlerzahlen von Ost- nach Westdeutschland vor Ankündigung der Währungs-, Wirtschafts- und Sozialunion sowie die Präsenz von 370.000 sowjetischen Soldaten auf ostdeutschem Boden. Wir sprechen dann über das Konzept der Treuhandanstalt, den Dreiklang aus Sanierung, Privatisierung und – wenn beides nicht machbar ist – Stilllegung. Die amerikanischen Gäste unterstützen diesen Ansatz und bringen zeitlich befristete Lohnsubventionen ins Gespräch. Wir berichten über die wenig erfolgreichen Subventionen im westdeutschen Steinkohlebergbau und die eher entmutigende Erfahrung, dass es in der praktischen Politik hierzulande nahezu unmöglich ist, einmal eingeführte Subventionen wieder abzuschaffen.

Das Gespräch dreht sich dann um Fragen der effizienten Förderung von Investitionen und der Einbeziehung ausländischer Investoren, der Erneuerung und Finanzierung von Infrastruktur und Wohnungsbestand, der Ausgestaltung von Renten- und Arbeitslosenversicherung und insbesondere auch um die Sicherung der Akzeptanz tiefgreifender wirtschaftlicher, gesellschaftlicher und sozialer Veränderungen bei den betroffenen Menschen. Nach zweieinhalb Stunden sind alle erstaunt, als Juliane Weber, die Leiterin des persönlichen Büros des Bundeskanzlers, hereinschaut und daran erinnert, dass unsere Gäste sich auf den Weg zum Flughafen machen müssen. Das zwischendurch gereichte Mittagessen hat im Wettbewerb mit der Intensität des Gedankenaustauschs nicht die übliche Aufmerksamkeit gefunden, trotz des vorzüglichen Pfälzer Weins. Der Bundeskanzler erhebt noch einmal sein Glas – nicht ohne den Hinweis auf weitere Vorzüge seiner Heimatregion – und verabschiedet die Professoren mit dem Hinweis, dass er eine Menge dazugelernt habe und sich freuen würde, diesen Gedankenaustausch bei der nächsten Europareise der beiden fortzusetzen.

Vierundzwanzig Jahre später kann festgehalten werden, dass der Bundeskanzler ein gutes Gespür für die Zusammenstellung dieser ökonomischen Gesprächsrunde unter Beweis gestellt hat: Professor Akerlof erhielt 2001 den Wirtschaftsnobelpreis, seine Frau Janet Yellen leitet heute die amerikanische Notenbank FED, und Jürgen Stark war später Vizepräsident der Deutschen Bundesbank und Chefökonom der Europäischen Zentralbank. Anders ausgedrückt: Helmut Kohl wusste um die Bedeutung wirtschaftlicher Fragen. Er kümmerte sich darum, wenn auch ohne den Anspruch, für alles selbst die Antwort zu haben. Allerdings, eine von manchen Ökonomen häufig gebrauchte Vokabel rief bei ihm allergische Reaktionen hervor: „Humankapital". Er pflegte dann zu sagen: „Nur Ökonomen bringen es fertig, von Menschen als Humankapital zu sprechen."

*

Donnerstag, 28. Februar 1991, später Nachmittag. Die Konferenz des Bundeskanzlers mit den Ministerpräsidenten der Länder ist gerade zu Ende gegangen. Ich begleite den Bundeskanzler zurück in sein Arbeitszimmer, er will über die aktuelle Lage in Ostdeutschland sprechen. Ich schildere die Situation, die in der gesamten Wirtschaft, vor allem aber in der Industrie, durch zu geringe Produktivität, dementsprechend zu hohe Kosten sowie gleichzeitig wegbrechende traditionelle Absatzmärkte in Osteuropa und der Sowjetunion geprägt ist. In sehr vielen Betrieben können Löhne nur noch mit Hilfe staatlich garantierter Liquiditätskredite gezahlt werden. Die Kurzarbeiterzahl geht auf 2 Millionen zu, die der Arbeitslosen liegt irgendwo zwischen einer halben und einer Million, mit steigender Tendenz. Hinweise auf die konkrete Situation der großen Unternehmen in der Chemie, in der Stahlindustrie, im Maschinenbau sowie in der Elektro- und Elektronikindustrie vervollständigen das Bild.

Auf die Frage des Bundeskanzlers nach geeigneten Gegenmaßnahmen plädiere ich für ein breit angelegtes, öffentliches Investitionsprogramm in Kombination mit einem verstärkten Dialog mit Wirtschaft und Gewerkschaften. Wir müssen die Bedingungen für Investitionen generell weiter verbessern und gleichzeitig Hilfen für diejenigen bereitstellen, deren Arbeitsplätze durch die verbesserte Produktivität der Betriebe verloren gehen. In den Bundesministerien gibt es bereits konkrete Überlegungen zu einem solchen Programm. Wenn es Wirkung haben soll, wird es sicherlich einen zweistelligen Milliardenbetrag erfordern. Wir diskutieren das Für und Wider einzelner Punkte, auch die Einbeziehung von Wirtschaft und Gewerkschaften. Das Fazit des Bundeskanzlers: „Ich spreche mit Waigel über das Geld, Sie kümmern sich mit den zuständigen Ressorts um das Gesamtprogramm. Wir müssen ein klares, offensives Signal setzen, sonst kommt der Aufbau Ost nicht in Gang. Wir brauchen auch einen kurzfristigen Termin für ein Treffen mit den Chefs der Wirtschaftsverbände, des Handwerks und der großen Gewerkschaften. Wir müssen jetzt alles daransetzen, dass in der ostdeutschen Wirtschaft nicht nur das Alte verschwindet, sondern Neues, vor allem Arbeit und Beschäftigung mit Zukunft, entsteht." Eine halbe Stunde später geht die Einladung an die Ressortkollegen heraus. Wir müssen morgen über das Gesamtkonzept sprechen und die Einzelheiten klären. Am nächsten Tag treffen wir uns um 14.30 Uhr im Bundeskanzleramt. Die Kollegen aus Wirtschafts-, Finanz-, Arbeits-, Verkehrs-, Bau- und Umweltministerium haben sehr gute Vorarbeit geleistet. Es gibt eine Fülle guter Ideen und schnell umsetzbarer praktischer Vorschläge. Wir sprechen uber Investitionszulagen und Entlastungen des Arbeitsmarktes, über die Modernisierung von Wohnungen und Verkehrsinfrastruktur, über die Qualifizierung von Arbeitnehmern und die Förderung regionaler Wirtschaftskonzepte und nicht zuletzt über die Frage, wie alle diese Initiativen einschließlich der Sanierungsaktivitäten der Treuhandanstalt mit und in den Ländern und Regionen so koordiniert werden können, dass sie vor Ort wirklich etwas Sinnvolles bewirken und sich nicht gegenseitig konterkarieren. Das Einzige, was offenbleibt, ist die Finanzierung. Es geht zweifellos um zusätzliche Anstrengungen im Milliardenbereich. Alle Kollegen um den Tisch herum, mich eingeschlossen, sind erleichtert, dass nicht wir, sondern Bundeskanzler und Finanzminister die Geld- und Finanzierungsfrage in den nächsten Tagen klären werden – angesichts ohnehin schon erheblicher Milliarden-Zusatzausgaben im Gefolge von Wiedervereinigung, Abzug der sowjetischen Truppen und Irakkrieg keine leichte Aufgabe.

Am Montag, dem 4. März 1991, höre ich im Büro morgens gegen 8.30 Uhr den Hubschrauber, der den Bundeskanzler wie üblich aus Ludwigshafen-Oggersheim zurück ins Kanzleramt bringt. Gleichzeitig klingelt das Telefon, Juliane Weber ist am Apparat: „Komm doch mal rüber, der Kanzler will gleich mit dir sprechen." Ich mache mich auf den Weg, in wenigen Minuten bin ich da, zusammen mit mir Eduard Ackermann, der Kommunikationschef im Kanzleramt; einige Minuten später trifft auch der Bundeskanzler ein. „Ich habe mit Waigel gesprochen, wir machen dieses Programm. Stimmen Sie die Einzelheiten der Finanzierung mit seinen Leuten ab. Jetzt zum Termin für das Gespräch mit Wirtschaft und Gewerkschaften. Die Sache eilt. Ich habe in den Kalender gesehen, es geht eigentlich nur am kommenden Donnerstag, 7. März, so gegen 16.30 Uhr für zwei Stunden, kleiner Kreis. Juliane, bitte jetzt gleich mit den Büros telefonieren, diese Sache muss jetzt Vorrang haben, ich bitte um persönliche Teilnahme. Am Tag danach, also am Freitag, will ich das Programm bekanntgeben, und zwar mit einem Brief an die Ministerpräsidenten in Ostdeutschland und entsprechender Kommunikation an die Medien. Ackermann, Sie nehmen das in die Hand. So, jetzt können Sie sich an die Arbeit machen! Offene Punkte können wir später im Laufe des Tages besprechen"

Draußen, im Büro von Juliane Weber, besprechen wir zu dritt die Einzelheiten. Wir sind uns, wie immer, schnell einig. Einmal mehr bestätigt sich meine inzwischen langjährige Erfahrung, dass die Arbeit im Kanzleramt ohne Juliane Weber und Eduard Ackermann kaum funktionieren könnte. Beide bewahren nicht nur immer die Ruhe, wenn unser Chef sich wieder einmal über dieses und jenes aufregt und dies mitunter lautstark kundtut, was keineswegs Seltenheitswert hat. Bei ihnen kommt auch menschliche Zuverlässigkeit und eine immer spürbare Freundlichkeit hinzu. Ohne diesen persönlichen Rückhalt zu jeder Tages- und Nachtzeit, im Büro ebenso wie unterwegs auf Reisen, wäre die alltägliche Kombination von hoher Arbeitsbelastung und stetig spürbarer Terminhektik nicht zu bewältigen. Dass es mir Spaß und Freude macht, im Kanzleramt zu arbeiten, hat ganz entscheidend auch mit Juliane Weber und Eduard Ackermann zu tun.

Gleiches gilt für Horst Teltschik, den außen- und sicherheitspolitischen Berater des Bundeskanzlers und Leiter der entsprechenden Abteilung im Kanzleramt, eine tragende Säule der Arbeit in der Regierungszentrale. Er besitzt nicht nur eine ungewöhnliche Fähigkeit zur Analyse politischer Vorgänge und Probleme sowie zur Entwicklung weiterführender politischer Konzepte, sondern er gehört darüber hinaus auch zu den ganz wenigen, die mit großer und gleichbleibender Ruhe der Meinung des Bundeskanzlers erforderlichenfalls ihre eigene entgegensetzen. Umgekehrt ist in allen Besprechungen und Gesprächen spürbar, dass seine Einschätzung und sein Rat für den Bundeskanzler erhebliches Gewicht haben. Die Zusammenarbeit mit Horst Teltschik hätte nicht besser sein können, ich verdanke ihm viel. Dieses vertrauensvolle, offene und effiziente Zusammenwirken bleibt auch unter Teltschiks Nachfolger, Peter Hartmann, unverändert.

Am Donnerstag, 7. März, 16.30, treffen sich die Spitzen von Wirtschaft und Gewerkschaften mit dem Bundeskanzler im Kleinen Kabinettsaal. Trotz der kurzfristigen Terminansage ist die Runde komplett: Die Gewerkschaftschefs Heinz-Werner Meyer (DGB), Roland Issen (DAG), Hermann Rappe (IG Chemie) und Franz Steinkühler (IG Metall) sind ebenso dabei wie die Wirtschaftspräsidenten Klaus Murmann (Bundesvereinigung der Deutschen Arbeitgeberverbände; BDA), Heinrich Weiss (Bundesverband der Deutschen Industrie; BDI), Hans Peter Stihl (Deutscher Industrie- und Handelskammertag; DIHT) und Heribert Späth (Zentralverband des Deutschen Handwerks; ZDH). Der Bundeskanzler erläutert den schwierigen Wirtschaftsumbruch in Ostdeutschland und unterstreicht seine Entschlossenheit, auf diese Herausforderung mit zusätzlichen Anstrengungen zu reagieren. Er könne heute mitteilen, dass für die Jahre 1991 und 1992 zusätzlich jeweils 12 Milliarden DM, also insgesamt 24 Milliarden DM, bereitgestellt werden. Damit werde ein breites Bündel von Maßnahmen in Gang gesetzt, von der Förderung privater und kommunaler Investitionen über zusätzliche Arbeitsbeschaffungs- und Qualifizierungsmaßnahmen bis hin zu Werfthilfen und weiteren Investitionen zur Erneuerung der Verkehrswege, der Hochschulen sowie zum Städte- und Wohnungsbau.

Wichtig sei aber, was der Name des Programms signalisiere: Es handele sich um ein „Gemeinschaftswerk Aufschwung Ost". Mit anderen Worten: Ohne das aktive Mittun von Wirtschaft und Gewerkschaften könne der Aufbau Ost nicht funktionieren. Dabei gehe es jetzt konkret erstens um eine Lehrstellenoffensive für eine ausreichende Zahl von Ausbildungsplätzen auch in Ostdeutschland – so wie dies in den achtziger Jahren in der alten Bundesrepublik gelungen sei. Zweitens würden dringend zusätzliche Kapazitäten zur Aus- und Weiterbildung in den ostdeutschen Unternehmen gebraucht. Der enorme Nachholbedarf an modernen Technologien könne – zusätzlich zu den notwendigen Investitionen – nur mit entsprechenden Qualifizierungsmaßnahmen auf breiter Front gedeckt werden. Und drittens müsse die Tarifpolitik mit der besonderen Situation und den besonderen Erfordernissen des ostdeutschen Arbeitsmarktes verzahnt werden. Die zunächst einmal wesentlich geringere und erst langsam wieder wachsende Leistungskraft der Betriebe müsse bei Tarifvereinbarungen berücksichtigt werden. Selbstverständlich werde die Tarifautonomie respektiert. Gleichzeitig sei aber unübersehbar, dass greifbare Fortschritte nur im Gleichklang zwischen den enormen staatlichen Milliardenprogrammen und einer auf die historische Sondersituation Ostdeutschlands ausgerichteten Tarifpolitik erreicht werden könnten.

In der sich anschließenden Aussprache begrüßen alle Teilnehmer die Initiative der Bundesregierung, deren Einzelheiten vorher vertraulich mitgeteilt worden waren. Hermann Rappe und Heinz-Werner Meyer bringen dies – wie so oft – als Erste klar zum Ausdruck. Es gibt auch die grundsätzliche Bereitschaft, sich für die vom Bundeskanzler eingeforderten Themen Lehrstellen und Qualifizierung zu engagieren. Tarifpolitische Festlegungen können in diesem Kreis naturgemäß nicht getroffen werden. Einigkeit besteht aber darin, dass die Sanierung von Betrieben und ihr schrittweiser Weg in die Wettbewerbsfähigkeit nicht an überhöhten Lohnkosten scheitern dürfen. Der Bundeskanzler schließt die Runde mit dem Hinweis, dass man sich in einem etwas größeren Kreis bereits am 20. März, also in weniger als vierzehn Tagen, wiedersehen werde. Er gehe davon aus, dass dann über konkrete Aktionen zugunsten von Lehrstellen und Qualifizierung gesprochen werden könne. Er bitte um entsprechende Vorbereitung.

Im Übrigen werde er bereits in der nächsten Woche bei einem Treffen mit der Spitze der Treuhandanstalt und den Ost-Ministerpräsidenten über die konkrete Umsetzung der Programmpunkte sprechen, die in deren Verantwortungsbereich fielen. Die Ergebnisse könnten ebenfalls am 20. März besprochen werden. Dann verabschiedet sich der Bundeskanzler von jedem Gesprächsteilnehmer einzeln.

Im Arbeitszimmer des Bundeskanzlers liegen die Briefe zum „Gemeinschaftswerk Aufschwung Ost" an die Ost-Ministerpräsidenten, fertig zur Unterschrift. Während er unterzeichnet, sagt er plötzlich: „Wir brauchen einen Termin vor Ort. Wir müssen in Ostdeutschland öffentlich klarmachen, dass die Bundesregierung den Zusammenbruch wichtiger Teile der ostdeutschen Wirtschaft, vor allem auch in der Industrie, nicht hinnehmen wird. Wir setzen auf den Erfolg des Aufbaus Ost. Suchen Sie nach einer geeigneten Gelegenheit."

Das erledige ich umgehend. Wir haben eine Anfrage der Buna AG in Schkopau, mitten im ostdeutschen Chemiedreieck, an den Bundeskanzler, das Unternehmen am 10. Mai zu besuchen und zur Belegschaft zu sprechen. Die Lage des Unternehmens ist – wie oben bereits dargestellt – mehr als schwierig: umfangreiche Umweltaltlasten, veraltete Produktionsanlagen, wegbrechende traditionelle Absatzmärkte, derzeit keine realistischen Privatisierungsperspektiven.

Der Bundeskanzler nimmt die Einladung an. Er spricht zu Unternehmensleitung und Belegschaft der Buna AG und erklärt unter anderem: „Ich werde alles tun, dass dieses Chemiedreieck erhalten bleibt und eine Zukunft hat. Dies ist eine Kernregion im wiedervereinigten Deutschland." Diese beiden Sätze werden zu Schlüsselsätzen für den Aufbau Ost. Sie machen den Betroffenen Mut, weit über die Chemie und den Standort Schkopau hinaus. Auf keine Äußerung des Bundeskanzlers bin ich in den folgenden sechs Jahren in Ostdeutschland so oft angesprochen worden wie auf diese. Das richtige Wort zur richtigen Zeit.

Der Bundeskanzler hat damit innerhalb von sechs Wochen das Grundkonzept des Aufbaus Ost auf eine veränderte, neue Grundlage gestellt. Ausgangspunkt ist die Erkenntnis, dass die Öffnung der ostdeutschen Wirtschaft zur Weltwirtschaft dramatische Umbrüche und Anpassungen nach sich zieht, deren Tempo und Intensität sich eher nach Monaten bemisst als nach Jahren – wie wir dies von langsameren früheren Strukturveränderungen zum Beispiel bei Stahl oder Textil in Westdeutschland kennen. Diese rasanten Ein- und Umbrüche bringen die Gefahr mit sich, dass wichtige Kernbereiche der ostdeutschen Wirtschaft sehr schnell zusammenbrechen können – Kernbereiche, die für den Aufbau einer lebensfähigen Wirtschaft dringend gebraucht werden. Dies gilt in allererster Linie für die Industrie, die mehr als alle anderen Teile der Wirtschaft seit dem 1. Juli 1990 über Nacht in der Zugluft des internationalen Wettbewerbs steht.

Der Bundeskanzler hat diese Gefahr erkannt und vier Monate nach der Wiedervereinigung mit dem Gemeinschaftswerk Aufschwung Ost und seiner Rede in Schkopau eine neue Richtung vorgegeben: Die ostdeutsche Industrie steht in ihren wichtigen Kernbereichen nicht zur Disposition. Aktive Industriepolitik ist ab sofort, wann und wo immer erforderlich, fester Bestandteil des Aufbaus Ost. Und der Aufbau Ost bleibt für Helmut Kohl Chefsache.

*

Mittwoch, 13. Oktober 1993, ein eher angenehmer Herbsttag. Endlich, gegen Mittag, geht eine mehrstündige Besprechung mit Vertretern der öffentlichen und der industriellen Stromerzeuger zu den zukünftig ein wenig reduzierten Kohlesubventionen zu Ende. Ich kann diesem Thema persönlich wenig abgewinnen, weil es mir schon immer absurd erschien, die deutsche Kohleförderung mit hohen Milliardensubventionen über Jahrzehnte hinweg am Leben zu erhalten, statt das Geld dafür einzusetzen, die Ansiedlung neuer, zukunftsträchtiger Industrien mit der dazugehörenden modernen Infrastruktur ernsthaft in Angriff zu nehmen. Immer wieder gelingt es einer unheiligen Allianz aus Kohlewirtschaft, Sozialpolitikern sowie den Kohleländern Nordrhein-Westfalen und Saarland, einen klaren, verbindlichen Zeitplan für ein Auslaufen der Kohlesubventionen und die Beendigung des deutschen Steinkohlebergbaus zu verhindern. Und dies alles unter der Vorspiegelung einer Sozialpolitik, die die Menschen vor möglichen Härten des Strukturwandels bewahren will, obwohl doch am Ende die betroffenen Bergleute und ihre Familien die Zeche bezahlen werden, nämlich dann, wenn der Niedergang der Kohle sich schließlich doch nicht mehr aufhalten lässt und das Geld einfach alle ist, auch für die Hilfe zum Aufbau neuer Industrien und Arbeitsplätze, gerade in den besonders betroffenen Regionen. Womit sich wieder einmal bestätigt: „Das Gegenteil von gut ist gut gemeint." Dass sich diese Kohlemilliarden-Sozialpolitik vor dem Hintergrund der seit 1990 ablaufenden radikalen Strukturumbrüche in Ostdeutschland noch grotesker, unwirklicher und ungerechter ausnimmt, als dies ohnehin schon der Fall war, empfindet nach meiner Beobachtung inzwischen glücklicherweise eine zunehmende Zahl politischer Entscheidungsträger.

Ich renne in mein Arbeitszimmer, packe schnell meine Unterlagen zusammen, kippe ein Glas Wasser hinunter und schnappe mir wenigstens noch ein Käsebrötchen. Im Park vor dem Kanzlerbungalow wartet nämlich der Hubschrauber, pünktlich um 13 Uhr geht es los in Richtung Flughafen. Ich bewältige die 300 Meter zum Startplatz im Laufschritt, schnell genug, um gerade noch gleichzeitig mit dem Bundeskanzler vor Ort einzutreffen. In knapp zehn Minuten bringt uns der Hubschrauber zum Flughafen Köln/Bonn, und wir steigen in den kleinen Challenger-Jet der Bundeswehr um, der uns nach Paris bringen wird. Dort will der Bundeskanzler – nach einem Besuch im Senat, der zweiten Kammer des französischen Parlaments – mit Premierminister Édouard Balladur und Präsident François Mitterrand sprechen. Es geht um die Frage, wo in Europa in Zukunft die mit der Einführung des Euro neu zu schaffende Europäische Zentralbank (EZB) beziehungsweise zunächst ihre Vorläufereinrichtung, das Europäische Währungsinstitut, ihren Sitz haben soll. Diese Frage ist heiß umstritten: Die Franzosen befürworten natürlich Paris, während sich die Bundesregierung nachdrücklich für Frankfurt am Main einsetzt. Am Ende des Monats soll der Europäische Rat der Staats- und Regierungschefs hierzu abschließend entscheiden. Die Zeit drängt also.

Der Flug vergeht schnell. Eine Vorbesprechung ist nicht notwendig, alle Argumente, die hier eine Rolle spielen, sind in den letzten Wochen und Monaten so oft erörtert und bei allen Europartnern immer wieder ins Feld geführt worden, dass ein nochmaliges „Durchdeklinieren" entbehrlich ist. Was wir allerdings wissen, ist, dass es bisher keinerlei Anzeichen dafür gibt, dass die französische Seite in irgendeiner Weise bereit sein könnte, von ihrer nachdrücklichen Festlegung auf Paris abzurücken. Genau das müssen wir aber erreichen, wenn Frankfurt eine Chance haben soll, was wiederum für die Akzeptanz des Euro in Deutschland unverzichtbar erscheint.

Der Bundeskanzler lässt kein Anzeichen von Anspannung erkennen. Er nimmt, wie auf solchen Flügen üblich, die Füße hoch, schließt die Augen und nutzt die Zeit für eine Ruhepause. Nach der Landung in Paris geht es in einer kleinen Wagenkolonne zum Sitz des Senats im Palais du Luxembourg, am Rande des Parks Jardin du Lu-

222

xembourg in der Mitte von Paris, nicht weit vom Quartier Latin. Die dortigen Gespräche mit dem Präsidenten des Senats, René Monory, und verschiedenen Senatsmitgliedern nehmen, einschließlich einer Rede vor Senatoren, etwa zwei Stunden in Anspruch. Dann geht es im Auto weiter zu dem nahe gelegenen Sitz des Premierministers, dem Hôtel Matignon.

Dort wird der Bundeskanzler von Édouard Balladur empfangen, dem konservativen Premierminister einer ebenso konservativen Regierung, mit der der direkt gewählte sozialistische Staatspräsident François Mitterrand seit dem Sieg der Konservativen bei der letzten Parlamentswahl in einer sogenannten „Kohabitation" zusammenarbeiten muss. Das Gespräch beginnt mit dem Austausch einiger Freundlichkeiten, kommt dann aber sehr schnell zum eigentlichen Thema. Dabei macht Balladur mit unüberhörbarer Deutlichkeit klar, dass er in der Frage des Sitzes der zukünftigen Europäischen Zentralbank keinen Spielraum sehe, wie Frankreich seine Position verändern könne. Hier gehe es schließlich um ein vitales nationales Interesse in einer außerordentlich wichtigen Zukunftsfrage.

Der Bundeskanzler erläutert die deutsche Sicht. Vor allem legt er dar, was in der Wahrnehmung der deutschen Bevölkerung der Verzicht auf die D-Mark, die führende, ja in vielerlei Hinsicht bestimmende Währung in Europa, zugunsten einer Gemeinschaftswährung bedeute. Hier sei ein klares Signal notwendig, dass der Euro ebenso stabil und verlässlich sein werde, wie dies bei der D-Mark der Fall gewesen sei. Und dabei spiele der Ort, an dem die neue Europäische Zentralbank ihre Aufgabe erfüllen werde, für die Wahrnehmung und Einschätzung durch die Bürger natürlich eine absolut zentrale Rolle. Nur mit einer entsprechenden Ortswahl sehe er eine Chance, die notwendige Unterstützung der deutschen Bevölkerung für die neue Gemeinschaftswährung zu gewinnen. Das Gespräch geht noch eine Weile hin und her, ohne dass sich eine Annäherung abzeichnet. Man spürt, dass es zwischen diesen beiden Herren keine wirklich gemeinsame Wellenlänge gibt. Man ist sich in gegenseitigem Nicht-Verstehen verbunden. Das Treffen endet nach einer Dreiviertelstunde.

Der Bundeskanzler fährt mit seiner Begleitung vom Hôtel Matignon hinüber auf das rechte Seine-Ufer und erreicht nach wenigen

Minuten den eigentlichen Zielort dieser Reise: den Élysée-Palast, unweit der Avenue des Champs-Élysées und des Place de la Concorde im Zentrum von Paris. Dort empfängt ihn der französische Präsident François Mitterrand zu einem Abendessen. Ich erinnere mich noch sehr genau, dass der Speisesaal, in dem wir uns nach der Begrüßung wiederfinden, vollständig mit modernem Mobiliar eingerichtet ist – mitten in einem Palais aus der ersten Hälfte des 18. Jahrhunderts! Offensichtlich eine bleibende Erinnerung an einen der früheren Hausherrn, Präsident Georges Pompidou, dessen Präferenz für modernes Interieur bekannt war. Die hellen, kalten Farben verursachen bei mir ein Gefühl des Fröstelns, bei ansonsten angenehmen Herbsttemperaturen.

Das Tischgespräch beginnt mit dem Meinungsaustausch über aktuelle Ereignisse in Europa und einer Vorschau auf das Ende des Monats bevorstehende Sondertreffen des Europäischen Rates. Damit ist man auch gleich bei dem zentralen Thema, dem Sitz der zukünftigen Europäischen Zentralbank, über den auf diesem Treffen der EU-Staats- und Regierungschefs eine Entscheidung getroffen werden soll. François Mitterrand beschreibt die bekannte französische Position, die uns bereits Premierminister Balladur mit hinreichender Eindringlichkeit vermittelt hat. Diese Standortfrage sei so bedeutend, dass Frankreich an Paris als Sitz dieser in Zukunft so wichtigen europäischen Institution festhalten müsse.

Der Bundeskanzler nickt dem französischen Präsidenten zu, als ob er Verständnis für dessen Worte signalisieren wolle, und setzt hinzu, dass er die französische Position sehr gut nachvollziehen könne. Gleichzeitig gehe es aber für ihn als Bundeskanzler darum, die Akzeptanz der deutschen Bevölkerung für die gewaltige bevorstehende Veränderung zu gewinnen. Ein Aufgeben der D-Mark sei für die Deutschen eigentlich etwas Unvorstellbares, denn nach zwei verlorenen Kriegen, nach den damit verbundenen tiefgreifenden Zäsuren in der deutschen Geschichte dieses Jahrhunderts sei eigentlich nur die D-Mark als national-emotionales Symbol übrig geblieben. Sie symbolisiere mehr als alles andere den Wiederaufstieg Deutschlands in den letzten 45 Jahren und habe auch auf dem Weg zur Wiedervereinigung der beiden deutschen Staaten für die Menschen eine mehr als wichtige Rolle gespielt. Deswegen gehe es für seine Landsleute nicht nur um eine währungstechnische Frage, auch nicht um ein Prestigethema, sondern um etwas zutiefst Emotionales, etwas, was ganz entscheidend mit der eigenen Identität und der persönlichen Beziehung zum eigenen Land zu tun habe.

Der Bundeskanzler erläutert diesen Punkt mit weiteren Hinweisen auf historische Zusammenhänge und die Bedeutung von Symbolen in der Geschichte Deutschlands und Frankreichs. Und er macht deutlich, dass die Politik über diese Symbole nicht einfach verfügen könne, sondern dass sie bei Veränderungen, die dieses sensible Feld berührten, auf das Mitgehen der Menschen angewiesen sei. Er müsse also in der Lage sein, im Gegenzug etwas vorzuweisen. Er müsse zeigen können, dass Stabilität und Verlässlichkeit, die Markenzeichen der D-Mark, weiter Gültigkeit besäßen, dass sie in Zukunft ebenso ernst genommen würden wie bisher. Frankfurt sei Sitz der Deutschen Bundesbank, die in wenigen Jahren ihre Ankerfunktion für Geldwertstabilität in Deutschland und in mancherlei Hinsicht auch in anderen europäischen Ländern abgeben und auf die Europäische Zentralbank übertragen werde. Die Stadt Frankfurt als Sitz einer zukünftigen Europäischen Zentralbank könne diese Symbolfunktion, die die D-Mark und mit ihr die Deutsche Bundesbank für die ganz große Mehrheit der Deutschen bis heute habe, zumindest ein gutes Stück weit übernehmen. Wenn Frankfurt Sitz der neuen europäischen Stabilitätszentrale für den Euro werde, habe er eine reale Chance, die Deutschen zu überzeugen, dass der Aufbruch zur Währungsunion in Europa vertretbar und machbar sei.

François Mitterrand hat die ganze Zeit aufmerksam zugehört. Anders als bei Édouard Balladur hat man spüren können, dass er oft dafür ist, die Überlegungen Helmut Kohls mitzugehen, sie nachzuvollziehen, sie mit seinen eigenen politischen Erfahrungen und historischen Einblicken abzugleichen. Er stellt noch eine Reihe von Fragen, so zum Beispiel nach dem Verhältnis der ostdeutschen Bevölkerung zur D-Mark, gerade auch im Blick auf die deutsch-deutsche Währungsunion, die ja erst drei Jahre zurückliege. Als sich das Abendessen seinem Ende nähert und der Protokollbeamte an den Zeitplan für den Rückflug erinnert, faltet der französische Präsident seine Serviette zusammen und wendet sich noch einmal an den Bundeskanzler: „Helmut, ich habe die kritische Bedeutung dieser Frage für Deutschland jetzt besser verstanden. Frankreich wird den deutschen Wunsch, die zukünftige Europäische Zentralbank in Frankfurt zu haben, unterstützen. Ich wünsche dir eine gute Heimreise."

Wie vom Donner gerührt sitze ich auf meinem Stuhl. Habe ich richtig gehört? Das wäre ja, innerhalb der Zeitspanne eines Abendessens, in einer zentralen Frage eine Wendung der französischen Position um 180 Grad! Es bleibt keine Zeit für weitere Gedanken. Präsident und Bundeskanzler sind aufgestanden, stoßen noch einmal mit ihren Weingläsern an und verlassen den Speisesaal. Draußen auf der Treppe zum Innenhof gibt es eine kurze, herzliche Verabschiedung, dann setzen sich die Wagen in Bewegung. Der Bundeskanzler sitzt wie üblich vorn neben dem Fahrer, ich sitze hinten. Ich spüre, dass auf dem Sitz vor mir keine Gesprächsneigung besteht, wie meistens nach besonders wichtigen Treffen und Ereignissen. So hänge auch ich meinen Gedanken nach.

Wie ist es möglich gewesen, dass in einer zentralen und zugleich heftig umstrittenen Frage der deutsch-französischen und zugleich europäischen Beziehungen in gerade einmal eineinhalb Stunden eine völlig neue Situation entstanden ist? Was ist geschehen, dass der französische Präsident der Position des deutschen Bundeskanzlers, die er zu Beginn des Gesprächs höflich, aber klar abgelehnt hat, am Ende ohne jede erkennbare Einschränkung zustimmt? Ich finde keine schlüssige Antwort.

Die Wagen halten vor der wartenden Maschine der Luftwaffe. Wir steigen ein, die Türen werden geschlossen, und sofort setzt sich das Flugzeug in Bewegung. Als wir die Reiseflughöhe erreicht haben, kann ich meine Frage nicht länger zurückhalten: „Herr Bundeskanzler, warum hat der französische Präsident so schnell und so vollständig seine Position revidiert und Ihrem Vorschlag Frankfurt zugestimmt?" Ich erhalte keine erhellende Antwort. Stattdessen kommt die eher rhetorische Gegenfrage: „Gibt es noch etwas Wichtiges für morgen?" Ohne die Antwort abzuwarten, hat der Bundeskanzler seine Füße auf dem gegenüberliegenden Sitz platziert und die Augen geschlossen – ein untrügliches Zeichen, dass weitere Nachfragen ebenfalls unbeantwortet bleiben würden.

Mich lassen die Gedanken an den Ausgang des heutigen Abendessens nicht los. Was hat die gerade erlebte Totalumkehrung herbeigeführt? Ich lasse die deutsch-französischen Beziehungen der letzten Jahre Revue passieren. Auch die Zusammenarbeit des Bundeskanzlers mit den Staats- und Regierungschefs anderer Länder in den Monaten vor der deutschen Wiedervereinigung geht mir durch den Kopf. Dabei spielte ein Faktor, ein Wort immer wieder eine zentrale Rolle: Vertrauen. Die ganze Art und Weise Helmut Kohls, internationale Politik, Politik überhaupt zu betreiben, war und ist nach meinem Eindruck aus inzwischen zehn Jahren Kanzleramt darauf ausgerichtet, Vertrauensverhältnisse zu den anderen wichtigen Chefakteuren aufzubauen mit dem Ziel, Deutschland und ihn selbst als einen „verlässlichen und berechenbaren Partner" wahrnehmen zu lassen. Dieses durch erfahrene Politik begründete Vertrauen, diese gegenseitige Verlässlichkeit und Berechenbarkeit, sie sind das Fundament für alles andere. Und dieses über Jahre hinweg aufgebaute Vertrauenskapital spielte offensichtlich heute Abend eine Schlüsselrolle. François Mitterrand war sich sicher, dass er in einer vergleichbaren Lage in gleicher Weise mit dem Entgegenkommen des Bundeskanzlers würde rechnen können, auch ohne förmliche Vereinbarungen über wie auch immer geartete Gegenleistungen. Und er hatte den Bundeskanzler, den er ja von zahllosen früheren Treffen sehr gut kannte, wohl dahingehend verstanden, dass die D-Mark für Deutschland in der Tat eine andere Rolle spielt als andere Landeswährungen für andere Länder. Frankfurt war wohl doch so etwas wie der Schlüssel, um für die Deutschen den Weg für das Mitgehen in einen gemeinsamen Währungsraum begehbar zu machen.

Mit einem Ruck setzt unser Flugzeug kurz vor Mitternacht auf der Landebahn in Köln auf. Ich habe miterlebt, dass begründetes Vertrauen Politik verändern kann – es vermag Veränderungen zu bewirken, an die vorher niemand zu glauben gewagt hat. Ich habe miterlebt, warum Helmut Kohl mehr als andere erreichen konnte. Diesen Ausflug nach Paris werde ich nicht vergessen.

*

Donnerstag, 15. September 1994, 13 Uhr. Die wöchentliche Kabinettssitzung, vier Wochen vor der Bundestagswahl. Alles verläuft in den üblichen Bahnen, keine Besonderheiten – bis zum Punkt „Verschiedenes". Der Bundeskanzler kommt auf dass Thema Wahlkampf zu sprechen, speziell in Ostdeutschland. Ich habe ihn am Vorabend darauf angesprochen. Mir war aufgefallen, dass die westdeutschen Minister erstaunlich wenige Termine östlich von Elbe, Harz und Thüringer Wald in ihren Programmen haben, und so hatte ich Juliane Weber angerufen, sie gefragt, ob der Kanzler im Büro sei, und mich auf ihre bejahende Antwort hin auf den Weg zum „Kanzlerbau" gemacht. In Julianes Büro angekommen schaute ich um die Ecke durch die geöffnete Tür des Kanzlerbüros: Der Bundeskanzler saß an seinem Schreibtisch und war allein. Juliane Weber nickte mir freundlich zu – ein klares Zeichen, dass ich durchgehen konnte. Ich erläuterte dem Bundeskanzler meinen Befund, reichte ihm ein Blatt Papier mit den entsprechenden Daten und ergänzte, dass diese etwas einseitige Verteilung von Wahlkampfauftritten vielleicht doch nicht ganz im Sinn eines gesamtdeutschen Wahlkampfs sei. Er studierte die Liste, und es war auch ohne Worte zu erkennen, dass er „not amused" war. „Wir besprechen das morgen im Kabinett", war der kurze Kommentar gewesen.

Jetzt, einen Tag später, setzt der Bundeskanzler die anwesenden Minister über den offensichtlich auch aus seiner Sicht ziemlich westlastigen Planungsstand der Wahlkampfauftritte der Ressortchefs ins Bild. Ich merke, dass ein etwas unruhiges Hin-und-her-Rutschen auf den Stühlen am Kabinettstisch einsetzt, zumindest bei den westdeutschen Stuhlinhabern. Niemand meldet sich zu Wort. Der Bundeskanzler schaut in die Runde und beschließt diesen Tagesordnungspunkt mit der Feststellung: „Jeder Bundesminister meldet ab sofort seine Wahlkampftermine in Ostdeutschland bei Herrn Ludewig, und er meldet ebenfalls am Tag danach, dass diese Veranstaltung stattgefunden hat. Herr Ludewig legt mir wöchentlich dazu eine Übersicht vor. Gibt es noch Fragen?" Es gibt keine Fragen.

Am bald darauf folgenden Ende der Kabinettssitzung streben die Minister dem Ausgang zu, an meinem Platz in der zweiten Reihe kommt, anders als sonst, niemand vorbei. Irgendwie habe ich das Gefühl, dass mein Beliebtheitsgrad an diesem Tag nicht gerade zugenommen hat. Wie auch immer, ich bin froh, dass der Bundeskanzler die Ost-West-Balance wieder geradegerückt hat. Er hat einmal mehr unüberhörbar deutlich gemacht: im Zweifel für Ostdeutschland!

*

Helmut Kohl ist ein ungewöhnlicher Mensch, in vielerlei Hinsicht. In zahllosen Gesprächsrunden ist mir aufgefallen, dass der protokollarische oder dienstliche Rang eines Teilnehmers für ihn nicht im Vordergrund steht. Was für ihn wichtig ist, sind Originalität und Qualität des vorgetragenen Gedankens. Seine Aufmerksamkeit gilt erst in zweiter Linie der Funktion, die jemand ausübt – ohne deren Wichtigkeit zu unterschätzen. Sein Hauptinteresse gilt der Person, gilt Menschen, die irgendetwas Besonderes anzubieten haben. Ich erinnere mich, dass er einmal in einer abendlichen Runde gefragt wurde, warum er nach zehn Jahren in dem kräftezehrenden Amt des Bundeskanzlers nicht eine andere, weniger aufreibende Aufgabe vorziehe, zumal sein Platz in der Geschichte ja gesichert sei. Seine Antwort: „Als Bundeskanzler kann ich jeden Menschen in der Welt, den ich interessant finde, anrufen und kennenlernen."

Neben dieser Neugier für Menschen spielt Vertrauen für ihn eine Schlüsselrolle. Helmut Kohl denkt immer in Personen, nicht in Zuständigkeiten. Bis zum Ende meiner Zeit im Bundeskanzleramt hatte ich Zweifel, ob er sich wohl jemals für den Organisationsplan des Amtes interessiert hat. Schon auf den Vorlagen, Briefen, Dokumenten, die er gesehen und bearbeitet hatte und dann mit der Bitte um Prüfung, Erledigung oder Stellungnahme ins Haus weitergab, stand als Adressat nie – wie in jedem anderen Ministerium – eine Organisations- oder Funktionsbezeichnung wie etwa „Chef BK" (Chef des Bundeskanzleramtes) oder „AL 1" (Leiter der Abteilung 1). Auf Schriftstücken, die von Helmut Kohl kamen, standen immer nur die Namen derer, die sich jetzt aus seiner Sicht um den weiteren Gang der Dinge kümmern sollten, egal wo deren Platz in der Organisation oder Hierarchie war. Und umgekehrt war er für diese Mitarbeiter –

wenn er im Kanzleramt war und nicht gerade mehr oder weniger hochgestellte Besucher hatte – praktisch jederzeit ansprechbar. Voranmeldungen für Rücksprachen waren eher ungewöhnlich.

Dies wiederum hatte zur Folge, dass im Kanzleramt schneller gearbeitet werden konnte als in jedem Ministerium. Wenn notwendig, konnte eine Entscheidung des Bundeskanzlers innerhalb einer Stunde herbeigeführt werden, indem der Mitarbeiter, der sein Vertrauen besaß, schlicht zu ihm ging, die Angelegenheit vortrug, die Eilbedürftigkeit begründete und um sein Votum bat, das er in aller Regel dann auch bekam. Allerdings empfahl es sich, dabei auf die Tageszeit zu achten. Wenn man eine Ablehnung herbeiführen wollte, war es naheliegend, den Bundeskanzler möglichst früh am Morgen auf diese Angelegenheit anzusprechen. Wollte man einen positiven Bescheid erreichen, war der günstigste Moment am Freitagnachmittag, bevor der Bundeskanzler sich mit dem Hubschrauber in Richtung Ludwigshafen-Oggersheim auf den Weg zu seiner Familie ins Wochenende machte.

Apropos Familie: Sie spielte in meiner Wahrnehmung für Helmut Kohl eine mehr als wichtige Rolle. Wann immer einer seiner beiden Söhne ein Examen, einen erfolgreichen Abschluss oder etwas Ähnliches absolviert hatte, bekam es jeder in seiner Umgebung – auch ungefragt – von dem stolzen Vater zu hören, einschließlich der Mitglieder des Bundeskabinetts. Und seine Frau Hannelore war häufig in Bonn oder auf Reisen mit dabei – eine sehr besondere Persönlichkeit mit großer, gewinnender Ausstrahlung. Auch Schicksalsschläge wie der Autounfall seines Sohnes Peter in Italien sowie Krankheit und Tod seiner Frau haben deutlich erkennbare Spuren bei Helmut Kohl hinterlassen. Kein Zweifel, Familie war ein zentraler Teil in seinem Leben.

Es ist häufiger berichtet worden, dass der Bundeskanzler keinen Widerspruch dulde oder ertragen könne. Richtig ist, dass eine gewisse Herausforderung darin bestand, sich erst einmal in seinen häufig längeren Redestrom erfolgreich „einzuklinken". Für manche Besucher, denen solche Erfahrungen fehlten oder die eine gewisse Befangenheit gegenüber dem Bundeskanzler nicht ablegen konnten, war dies in der Tat eine beachtliche Hürde, um auch der eigenen Position

Gehör zu verschaffen. Möglich war dies aber durchaus, wenn man denn über genügend Entschlossenheit verfügte, tatsächlich zu Wort zu kommen. Ich habe nicht wenige „führende" Persönlichkeiten erlebt, denen es an diesem notwendigen Selbstbewusstsein ein wenig fehlte. Hatte man die Hürde aber überwunden, hörte der Bundeskanzler durchaus zu; auch dann, wenn man nicht nur ein „Ja", sondern ein „Ja, aber" vortrug. Wenn man gute, belastbare, originelle Argumente hatte, war dies oft der Anfang eines wirklichen Dialogs und Grund für nachfolgende Gespräche. Meine Erfahrung war, dass diejenigen, die mehr als ein „Ja" nicht zustande brachten, auf Dauer nicht mit seinem Respekt und seinem wirklichen Zuhören rechnen konnten, im eigenen Apparat ebenso wenig wie bei Persönlichkeiten aus „Wirtschaft, Gesellschaft und Politik".

Am wichtigsten in der Zusammenarbeit Helmut Kohls mit anderen war etwas, was er selbst gern mit „verlässlich und berechenbar" beschrieb. Dieses Leitmotiv galt für alle internationalen Beziehungen, sowohl auf persönlicher Ebene für die Verbindung zu der jeweiligen Nummer eins auf der anderen Seite wie auch für die Position Deutschlands zu dem jeweiligen Partnerland. Das Verhältnis zu Frankreich wie auch seine persönliche Beziehung zu François Mitterrand sind dafür ein Paradebeispiel. Gleiches gilt für sein Verhältnis zu US-Präsident George Bush (Vater), der Helmut Kohls Kurs auf die Wiedervereinigung Deutschlands vom ersten Moment an volle Rückendeckung gab. Auch Michail Gorbatschow konnte er vermitteln, dass Deutschland und er selbst genau das seien: verlässlich und berechenbar, und dass ebendies auch im wohlverstandenen Interesse der Sowjetunion liege. Nach schwierigem Beginn entstand eine tragfähige Beziehung, die schließlich die Tür zur Beendigung des Kalten Krieges und für einen Neubeginn in Deutschland und Europa öffnete.

„Verlässlichkeit und Berechenbarkeit" waren nach meiner Beobachtung aber auch die Grundlage für sein Verhältnis zu anderen Menschen, zu engen Mitarbeitern ebenso wie zu wichtigen Partnern in Politik und Gesellschaft. Fachliche Qualifikation war eine notwendige Voraussetzung; Verlässlichkeit und Berechenbarkeit mussten hinzukommen, sonst konnte eine wirkliche Zusammenarbeit nicht entstehen. Und umgekehrt, wenn diese Voraussetzungen Schaden nahmen oder in Frage gestellt wurden, konnten jahrelange Beziehungen ein jähes Ende nehmen. Der Bremer CDU-Bundesparteitag 1989, bei dem einige frühere Weggefährten ohne Erfolg seine Ablösung als CDU-Parteichef betrieben, ist dafür ein lehrreiches Beispiel – wie auch dafür, dass Helmut Kohl dann entschlossen handelte, das heißt dafür sorgte, dass diese „Weggefährten" Ähnliches nicht noch einmal versuchen konnten.

Verlässlichkeit war sicher ebenso zentrales Leitmotiv für das Handeln Helmut Kohls in und für Ostdeutschland. Er war und ist der „Kanzler der Einheit" – das aber nicht nur bis zum Tag der Wiedervereinigung am 3. Oktober 1990. Auch wenn es aus guten Gründen nie aktenkundig wurde, weiß ich aus zahllosen Gesprächen und Entscheidungssituationen, dass sich Helmut Kohl als verlässlichen Partner Ostdeutschlands sah, gerade in den dramatischen Umbrüchen und Einbrüchen der ostdeutschen Wirtschaft, mit denen für so viele zwischen Ostsee und Erzgebirge so große persönliche Belastungen einhergingen. Helmut Kohl wollte die Einheit nicht nur politisch, sondern auch vor Ort in der Lebenswirklichkeit der Menschen Realität werden lassen, auch wenn dies mehr Zeit und noch mehr Geld erforderte, als zunächst absehbar war. Wann immer sich Schwierigkeiten auftaten und neue Lösungen gefunden werden mussten, war bei Helmut Kohl auf eines Verlass: im Zweifel für Ostdeutschland.

11. Kapitel

Detlev Rohwedder und Alfred Herrhausen: Brückenbauer, die fehlten

Die Zeit der Wiedervereinigung Deutschlands gehört zweifellos zu den größten Herausforderungen unseres Landes seit Ende des Zweiten Weltkriegs. Wie solche Herausforderungen gemeistert werden, hängt wesentlich ab von den inneren und äußeren Bedingungen, unter denen sie sich stellen. Vielleicht noch wichtiger sind die Persönlichkeiten, die auf der nationalen Bühne stehen und zum Handeln berufen sind, wenn sich die Chance zur Neugestaltung bietet. Winston Churchill, Charles de Gaulle, Konrad Adenauer und Ludwig Erhard waren solche Weichensteller in kritischen Augenblicken der Geschichte ihrer Länder.

Die Erfahrung zeigt darüber hinaus, dass die Größe der Herausforderung auch die Größe der Kraftanstrengung bestimmen muss, die in Ausnahmesituationen erforderlich ist. Die Wiedervereinigung war und ist eine solche Herausforderung von historischer Dimension, die alle Bereiche unserer Gesellschaft im buchstäblichen Sinn herausforderte, Politiker und Wirtschaftslenker ebenso wie Beamte und Manager, Sozialpartner und Gewerkschaftler, um nur einige wenige zu nennen. Und in solchen Situationen ist es von zentraler Bedeutung, ob es gelingt, alle oder möglichst viele derjenigen, deren persönlicher und gesellschaftlicher Beitrag jetzt gebraucht wird, zu erreichen und davon zu überzeugen, dass Zuschauen zu wenig ist. Auf eine knappe Formel gebracht: Es geht darum, aus mehr oder weniger interessierten Beobachtern möglichst viele persönlich engagierte Mitspieler und Akteure zu machen, damit die gemeinsame Kraftanstrengung die kritische Größe und Intensität für einen Erfolg erreicht. Aus Führungspersonal für Normalzeiten muss eine Avantgarde für Aufbruchzeiten werden.

Um dies möglich zu machen, bedarf es eines neuen, ungewöhnlichen, breiten gesellschaftlichen Dialogs. Bundeskanzler und Bundesregierung haben dazu gleich zu Beginn die Initiative ergriffen. Seit dem Frühjahr 1990 treffen sich auf Einladung des Bundeskanzlers regelmäßig Spitzenrepräsentanten von Politik, Wirtschaft und Gewerkschaften, entweder im großen Kreis im sogenannten Nato-Saal des Kanzleramtes oder in kleiner Besetzung, meist in Verbindung mit einem Abendessen, im Kanzlerbungalow. Mit dabei sind neben dem Bundeskanzler, dem Chef des Kanzleramtes und dem Kanzleramtsverantwortlichen für Wirtschaft, Finanzen und Aufbau Ost in der Regel die Bundesminister für Finanzen, Wirtschaft und Arbeit sowie die Spitze der Treuhandanstalt; für Wirtschaft und Unternehmen nehmen die Präsidenten der Arbeitgeberverbände, der Industrie, des Industrie- und Handelskammertages sowie des Handwerks teil. Hinzu kommen die Chefs des Deutschen Gewerkschaftsbundes, der Deutschen Angestellten-Gewerkschaft, der IG Chemie, der IG Metall und – je nach Thema – auch anderer Gewerkschaften.

Diese größeren oder kleineren Diskussions- und Gesprächsrunden zum Aufbau Ost kommen mindestens einmal im Vierteljahr zusammen, manchmal, je nach aktueller Themen- und Problemlage, auch mehrmals. Hinzu gesellen sich die vielen bilateralen Gespräche, die der Bundeskanzler mit einzelnen oder mehreren dieser Teilnehmer geführt hat. Nicht zu vergessen sind auch die zahllosen Besuche und Termine vor Ort, sowohl an den Brennpunkten des Aufbaus Ost wie auch in Westdeutschland – Treffen mit Unternehmern und Unternehmensleitungen, Gewerkschaften und anderen gesellschaftlichen Gruppen, um Verständnis und Engagement für den Aufbau im Osten zu mobilisieren. Ich bin sicher, zu keinem Zeitpunkt hat es in Deutschland einen so regen gesellschaftlichen und zugleich gesellschaftspolitischen Dialog zwischen Politik, Wirtschaft und Gewerkschaften gegeben wie in den Jahren des Zusammenwachsens der beiden Teile Deutschlands.

Und dennoch, können die erzielten Ergebnisse gemessen an der Größe der Herausforderung befriedigen? Konnte die notwendige gesellschaftliche Mobilisierung für diese historische Kraftanstrengung erreicht werden?

Um darauf eine Antwort zu finden, kommt es natürlich auf den Blickwinkel an. Positiv war ohne Zweifel, dass dank dieser Dialogintensität der Gesprächsfaden zwischen allen Beteiligten zu keinem Zeitpunkt abgerissen ist, unabhängig davon, wie groß die Meinungsverschiedenheiten und Konflikte waren. Selbst auf dem Höhepunkt der Auseinandersetzung um die Streckung des auf vier Jahre angelegten Stufentarifvertrags der IG Metall für die Ost-West-Lohnangleichung in der ostdeutschen Metall- und Elektroindustrie 1993/94 liefen die Gespräche im Bundeskanzleramt weiter. Sie konnten und wollten die Tarifverhandlungen nicht ersetzen, aber sie trugen zumindest dazu bei, dass man die jeweils andere Seite und deren Sicht der Dinge nicht ganz aus dem Auge verlor.

Eine ganze Reihe von Initiativen sind in diesen oder durch diese Aufbau-Ost-Runden geboren oder gemeinsam auf den Schild gehoben worden. Ich denke zum Beispiel an die Einkaufsoffensive Ost der Einzelhandelsketten West, die vielen ostdeutschen Herstellern den Weg ebnete, „gelistet zu werden", also eine reale Chance zu bekommen, die hergestellten Produkte in die Regale der großen Einzelhandelsunternehmen zu bekommen. Oder die „Bankenmilliarde", die in der Verantwortung der Banken zusätzliches Geld für Investitionen in Ostdeutschland mobilisieren sollte, in ihrer Umsetzung dann allerdings bei Sparkassen und Genossenschaftsbanken erkennbar hinter Erwartungen und Zusagen zurückblieb. Erwähnenswert ist auch die Forschungsinitiative der deutschen Industrie zur Unterstützung der industrienahen Forschung in den ostdeutschen Betrieben ebenso wie die „Exportoffensive" mit Lieferantenforen in Frankreich, den Niederlanden, Österreich und der Schweiz. Sie wurde vom Bundeswirtschaftsministerium zusammen mit den Außenhandelskammern organisiert und eröffnete vielen ostdeutschen Unternehmen erste, wichtige Kontakte auf neuen Märkten jenseits der deutschen Grenzen.

Am weitreichendsten war sicher die „Gemeinsame Initiative für mehr Arbeitsplätze in Ostdeutschland" vom 22. Mai 1997. Neben der Bundesregierung wurde sie vom gesamten Spektrum der Gewerkschaften und der Wirtschaftsverbände getragen. Sie enthielt klare Verpflichtungen für die Wirtschaft im Blick auf Investitionen und Bezüge von Vorleistungen aus Ostdeutschland, zudem verpflichteten sich beide Tarifpartner, „die gesamtwirtschaftliche Lohn-Produktivitäts-Lücke gegenüber den alten Ländern so rasch wie möglich zu schließen", unter anderem auch mit „einer Reform des Flächentarifvertrags" mit dem Ziel, einen größeren Regelungsspielraum für die Partner in den Betrieben vor Ort zu schaffen.

Diese wichtige Vereinbarung mit ihrer klaren Priorität für den Aufbau Ost, mit konkreten Zusagen und Verpflichtungen sowohl aufseiten der Regierung wie auch bei Wirtschaft und Gewerkschaften, war so etwas wie ein „Beschäftigungspakt Ost". Als gemeinsamer Ansatz zum konzertierten Handeln und im Grad ihrer Verbindlichkeit war diese Vereinbarung in der Geschichte der Bundesrepublik zweifellos einzigartig. Leider – wie man heute verständlicherweise klarer sieht als damals – kam dieser Beschäftigungspakt Ost einfach Jahre zu spät. Er hätte am Anfang des wirtschaftlichen Zusammenwachsens stehen müssen – zu einem Zeitpunkt, als das Verständnis der tiefgreifenden Probleme bei zu vielen Akteuren leider noch zu gering war, als man noch nicht bereit war, über Jahrzehnte eingeübte Verhaltensmuster der alten Bundesrepublik hinter sich zu lassen und völlig neue Wege zu gehen. 1997 war die Entwicklung ein gutes Stück über die kritische Ausgangslage des Unternehmens Wiedervereinigung hinweggegangen, und die damalige Situation erinnert ein wenig an das berühmte Wort Gorbatschows von 1989. In etwas abgewandelter Form: „Wer zu spät kommt, der kann selten wieder von vorn beginnen."

Von daher können also die Ergebnisse der gemeinsamen Anstrengungen von Politik und Gesellschaft, von Wirtschaft und Gewerkschaften – immer gemessen an der Größe der Aufgabe – nicht vollständig überzeugen. Nach meinem Eindruck gab es in jeder Phase des Aufbaus Ost zu viele, die auf der Zuschauertribüne sitzen geblieben sind, und zu wenige, die gesagt haben: Dies ist auch meine

Aufgabe, was kann ich im Rahmen meiner Möglichkeiten tun? Trotz vieler positiver Beispiele fehlten immer wieder Menschen, die fähig waren, Brücken zu bauen, die es vermocht haben, diejenigen, die auf der Zuschauertribüne saßen, herunter auf das „Spielfeld Ostdeutschland" zu holen, wo sie als Pioniere, als Wegbereiter, als Schrittmacher, als Mutmacher auf unzähligen Baustellen dringend gebraucht wurden.

Detlev Rohwedder war so ein Pionier. Er konnte verschüttete Wege frei machen, Neues in Gang setzen, Zögernde mitnehmen und dort Mut machen, wo andere schon aufgegeben hatten. Ich erinnere mich noch an das letzte Treuhandtreffen vor Ostern 1991, am Samstag, dem 23. März. Mitglieder von Vorstand und Verwaltungsrat sitzen im Hotel Excelsior am Hauptbahnhof in Köln zusammen – direkt gegenüber dem immer wieder neu beeindruckenden Dom – und versuchen, sich gemeinsam mit den Gewerkschaftskollegen auf Eckpunkte für Sozialpläne für die bevorstehenden sehr schwierigen Sanierungen in einer Vielzahl von Ost-Betrieben zu verständigen.

Alle Beteiligten wissen, dass wegen der niedrigen, nicht konkurrenzfähigen Produktivität viele Arbeitsplätze nicht zu halten sein werden, wenn die Unternehmen in der jetzt auch für sie offenen Weltwirtschaft überleben sollen. Auf der anderen Seite müssen die Bedingungen für den Abbau von Arbeitsplätzen und Belegschaften so viel Akzeptanz sichern, dass die Chancen für Umstrukturierung und Neubeginn nicht grundsätzlich in Frage gestellt werden. Die Verhandlungen und Gespräche ziehen sich über den ganzen Tag hin, immer wieder liegt ihr Scheitern in der Luft. Detlev Rohwedder geht von einer Gruppe zur anderen, wirft neue Ideen in die Diskussion ein, bringt stockende Gespräche wieder in Gang, macht Mut, einen neuen Anlauf zu unternehmen. Und am Ende gelingt ihm der Durchbruch, unterstützt von Jens Odewald, dem Vorsitzenden des Verwaltungsrats der Treuhandanstalt, ebenso wie von Heinz-Werner Meyer und Hermann Rappe aufseiten der Gewerkschaften. Einmal mehr schafft er es, in seiner zielorientierten, schnörkellosen, aber zugleich charmant-werbenden Art die unterschiedlichen Lager irgendwie zusammenzubringen und über alle Gräben hinweg eine Brücke zu bauen.

Und so hat er sich einen Namen gemacht. Erst als junger, erfolgreicher Rechtsanwalt in einer Wirtschaftsprüfungsgesellschaft in Düsseldorf, den Karl Schiller 1969 als Staatssekretär ins Bundeswirtschaftsministerium holt und der später – als SPD-Mitglied – mit Schillers Nachfolgern Hans Friderichs und Otto Graf Lambsdorff (beide FDP) eng zusammenarbeitet. Dann der Wechsel zu Hoesch nach Dortmund, wo eine gewaltige Restrukturierungsaufgabe auf ihn wartet: tiefrote Zahlen und ein bedrohlicher Verlust an Wettbewerbsfähigkeit – Herausforderungen, die ihm gut zehn Jahre später wieder begegnen sollten. Mit Bravour stürzt er sich in diese Aufgabe und schafft schon nach wenigen Jahren den Turnaround. Trennung vom holländischen Partner Hoogovens, konsequentes Sanierungskonzept, Abschied von der veralteten Siemens-Martin-Technik, neue Investitionen wie die hochmoderne „Contidurchlaufglühe" – all das begleitet von vielen Demonstrationen und heftigen Auseinandersetzungen, in denen Rohwedder Flagge zeigt, in denen er ebenso wie der Betriebsratsvorsitzende zum Mikrofon greift, die Hand dabei lässig in der Manteltasche, und für seine Konzepte den Mitarbeitern Rede und Antwort steht. Und am Ende steht kein Zerwürfnis, sondern das Zusammenraufen, das Sich-gegenseitig-Zuhören, das Miteinander-Reden, und zwar auf Augenhöhe, mit tragfähigen Kompromissen und Verlässlichkeit auf beiden Seiten. Das Verhältnis zwischen Detlev Rohwedder und dem Betriebsratsvorsitzenden Kurt Schrade wie auch dessen Nachfolger Werner Nass steht ebenso für streitbare Auseinandersetzung wie für belastbare Partnerschaft – Dreh- und Angelpunkt für gestalteten Strukturwandel. Das bringt Erfolg und zusätzliche Schubkraft. Es geht aufwärts bei Hoesch.

Doch dabei belässt es Rohwedder nicht. Sein Blick endet nicht am Werkstor, sondern er schaut darüber hinaus in die Stadt, in die Region, in das Land. Er vermisst ein Klima zwischen Politik und Wirtschaft, das es erlaubt, das ganze Land Nordrhein-Westfalen wieder nach vorn zu bringen – eine Botschaft des Sozialdemokraten aus Dortmund, die in den Düsseldorfer Amtsstuben nicht nur freudig aufgenommen wird. In seiner bekannt gewordenen Rede im September 1988 anlässlich des fünfzigjährigen Bestehens der IBM-Niederlassung Dortmund sagt er mit mehr als klaren Worten, wo er gesellschaftspolitischen Handlungsbedarf sieht: „Wir können nur dann erfolgreich an der Modernisierung Nordrhein-Westfalens arbeiten, wenn die Wettbewerbsfähigkeit aller Branchen des Landes, aller Regionen des Landes und unserer Unternehmen jedweder Größe zur Richtschnur staatlichen und politischen Handelns gemacht wird." Und fast prophetisch liest sich seine Mahnung: „Das, was man ein wenig schönfärberisch Strukturwandel nennt, bleibt dann immer noch mühsam und konfliktträchtig genug. Mit Wandel im Sinne eines gemächlichen, harmonisch sich entwickelnden Voranschreitens hat das Wort doch wohl weniger zu tun. Strukturen wandeln sich in der Industrie oft abrupt, bruchartig und alternativloser, als dies das gesellschaftliche Bewusstsein realisiert und akzeptieren kann."

Dieser Mann weiß, wovon er redet. Und deshalb ist es eigentlich keine Überraschung, ja fast eine drängende Konsequenz seines Denkens und Handelns, dass er Ja sagt, als der Bundeskanzler ihn im Juni 1990 fragt, ob er bereit sei, die wohl schwierigste Aufgabe zu übernehmen, die die Republik zu vergeben habe. Als Patriot im besten Sinn des Wortes sagt Rohwedder zu, kommt nach Berlin und macht sich ohne Zögern an die Jahrhundertaufgabe, die ostdeutsche Wirtschaft mit ihren über 10.000 Planwirtschaftsbetrieben auf ein neues, weltoffenes, marktwirtschaftliches Fundament zu stellen. Und wieder zeigt er, was man in Dortmund schon kennt: klare Konzepte für Neu- und Umgestaltung, aber auch die Offenheit, jederzeit darüber zu sprechen, sich auseinanderzusetzen – nicht von oben oder aus der Deckung eines Büros mit gesichertem Zugang, nein, auf Augenhöhe, mit dem Mikrofon in der Hand, die andere Hand durchaus auch weiterhin in der Tasche, bereit zuzuhören und mit seinen Argumenten für eine tragfähige Lösung einzutreten, auch draußen vor Ort oder auf dem Alexanderplatz, um einen vertretbaren Kompromiss zu erreichen, Lösungen, die weiterführen.

Und noch etwas ist mir unvergesslich: Detlev Rohwedder hatte diesen jungenhaften, mitreißenden Schwung, der mich immer mitnahm, unabhängig davon, ob ich gerade darauf gewartet hatte oder eher nicht. Irgendwann im Juli 1990 ruft er mich an einem Freitagabend zu Haus in Alfter bei Bonn an und sagt, es gebe ein neues Problem, das wir unbedingt gleich morgen früh mit DDR-Ministerpräsident Lothar de Maizière in Ost-Berlin besprechen müssten. Ob wir nicht gleich am nächsten Morgen mit der ersten Maschine zusammen nach Berlin fliegen könnten, wo er selbst gerade herkäme. Genau genommen fragt er eigentlich nicht, sondern spricht so „selbstverständlich-einladend", dass ich – obwohl ich von dieser neuen Frage noch gar nichts gehört habe – am Samstag zu früher Stunde am Flughafen-Gate in Düsseldorf stehe, als er am Ende der Halle auftaucht. Er winkt mir zu und hat dieses jungenhafte, zuversichtliche Lächeln im Gesicht, das mir seine unvergleichliche Mischung aus Entschlossenheit und Gewissheit signalisiert: Heute kommen wir wieder einen wichtigen Schritt voran! Und so war es denn auch. Und es macht mir einfach Freude, mit ihm zu arbeiten, was immer heißt, Menschen und Dinge zu bewegen – mit weiterführenden Ideen, klaren Gedanken, nahezu unbegrenztem persönlichen Einsatz und im Dialog auf Augenhöhe, mit jedermann.

Im Frühjahr 1991 stehen die Zeichen auf Sturm. Mit wiederbelebten „Montagsdemonstrationen" werden über Wochen hinweg Tausende gegen die Bundesregierung, gegen die Treuhandanstalt und gegen die Person ihres Präsidenten mobilisiert. Sie werden von Agitatoren für das zusammenbrechende Erbe der alten sozialistischen Planwirtschaft verantwortlich gemacht, obwohl den abgewirtschaftet hinterlassenen Unternehmen gleichzeitig Milliarden DM zur Verfügung gestellt werden, um notwendige Veränderungen und soziale Übergänge überhaupt möglich zu machen. Auch wenn diese Angriffe nicht spurlos an Detlev Rohwedder vorübergehen, bleibt sein Blick nach vorn gerichtet. In einem Interview Ende Februar 1991 fasst er seine Sicht der Dinge zusammen: „Ich glaube, dass eine wesentliche Aufgabe darin besteht, den Belegschaften und den Menschen zu verdeutlichen, warum dieses Jahr so schwer ist. Wir dürfen nicht in eine Situation kommen, wo die Menschen es nicht mehr einsehen, warum sie gegenwärtig durch eine Krise durchmüssen. Es ist wichtig, dass Politik und Bürger in den neuen Bundesländern nicht das Vertrauen zueinander verlieren. Ich bin ganz sicher, dass der Bundeskanzler, der die Einheit zustande gebracht hat, nicht der Mann ist, der sich die Früchte dieses politischen Fundamentalschrittes in der deutschen Geschichte kaputtmachen lässt, weil die Wirtschaft hinterherhängt und die Menschen unglücklich macht. Kohl ist insofern ein Garant dafür, dass die Dimension des Problems erkannt wird und man daran arbeitet, dass die Menschen hier nicht unter die Räder kommen." Und an anderer Stelle fügt er hinzu: „Dabei hat die Treuhandanstalt die schwere Aufgabe, schmerzliche, aber unvermeidliche Umstellungen zu verantworten, die nötig sind, um das gemeinsame Ziel zu erreichen."

Am Ostermontag treffen ihn die Kugeln eines hinterhältigen Mörders.

Knapp eineinhalb Jahre vorher fällt ein anderer Brückenbauer einem Attentat zum Opfer: Alfred Herrhausen – ein Mann, der ebenfalls in vielerlei Hinsicht aus dem üblichen Rahmen fällt. Nicht nur seine intellektuelle, rednerische und unternehmerische Brillanz fallen auf. Auch seine Neigung, aus dem Durchdenken wichtiger gesellschaftlicher Fragen und seinen vielfältigen nationalen wie internationalen Erfahrungen auch in der Öffentlichkeit erforderlichenfalls unbequeme Schlussfolgerungen zu ziehen, macht diesen Quereinsteiger und späteren Vorstand sowie Vorstandssprecher der Deutschen Bank zu einem ungewöhnlichen, außerhalb der üblichen Muster stehenden Wirtschaftslenker. Im eigenen Haus betreibt er einen tiefgreifenden Umbau mit Schwerpunkten wie dem Ausbau weiterer Finanzdienstleistungen, einer konsequenten Internationalisierung sowie dem frühzeitigen Einstieg in das Investmentbanking mit der Übernahme der Londoner Investmentbank Morgan Grenfell. Die Deutsche Bank festigt ihre Stellung als unumstrittener Branchenprimus in Deutschland.

Schlagzeilen macht Alfred Herrhausen mit seinem Eintreten für einen teilweisen Schuldenerlass für Entwicklungsländer bei einer Tagung der Weltbank 1987 in Washington. Er sieht eine dauerhafte Zahlungsunfähigkeit vieler überschuldeter Entwicklungsländer und damit nicht nur die moralische Verpflichtung, durch teilweisen Erlass der aufgehäuften Schulden einen Neuanfang zu ermöglichen. Aus seiner Sicht liegt dieser Schuldenerlass auch im längerfristigen Interesse der Gläubiger, also der Banken, denn erst wenn die Zahlungsfähigkeit für diese Länder wieder erreichbar wird, können auch Schulden wieder bedient werden. Am 30. Juni 1989 bringt Alfred

Herrhausen das Thema im *Handelsblatt* unter der Überschrift „Die Zeit ist reif – Schuldenkrise am Wendepunkt" mit sehr konkreten Vorschlägen, wie dieser Schuldenerlass geschehen könne, noch einmal auf den Punkt. Sein Fazit: „Die Zeit ist reif für einen neuen Versuch. Für alle Beteiligten steht mehr auf dem Spiel als Kapital und Zinsen."

Damit übernimmt Alfred Herrhausen einmal mehr Führung in einer wichtigen Frage, die weit über Banken und Wirtschaft hinausreicht. International werden seine Überlegungen beachtet, finden auch Unterstützung. In Deutschland hält sich die Begeisterung in engen Grenzen. „Unsolidarisches Verhalten" gegenüber anderen Banken wird ihm von führenden Bankkollegen vorgeworfen, worauf Herrhausen kühl kontert, dass „Solidarität" ja wohl nicht bedeuten könne, „das Denken einzustellen". Selbst nach Herrhausens Tod wird sein Vorschlag eines teilweisen Schuldenerlasses von Repräsentanten des eigenen Hauses als „intellektuelle Bemerkung" abgetan. Dass die folgenden Jahre dann bei nahezu allen Beteiligten zu eben genau der Erkenntnis führen, dass ohne nennenswerten Schuldenerlass eine Lösung der weltweiten Schuldenprobleme der Dritten Welt nicht möglich sei, bestätigt noch einmal, wie weit Alfred Herrhausen in der richtigen Einschätzung dieses großen Problems nicht zuletzt seinen Bank-Zeitgenossen voraus gewesen ist.

Etwas anderes kommt hinzu: Anshu Jain, Co-Vorstandsvorsitzender der Deutschen Bank, hat es kürzlich mit der Formel „the banker as citizen" zutreffend auf den Punkt gebracht. Alfred Herrhausen sieht sich selbst als Bankier und zugleich als Bürger, mit Verantwortung für seine Bank, aber eben zugleich auch für sein Land, für die Gesellschaft, aus der er kommt und mit der er sich verbunden fühlt. So überrascht es nicht, dass er 1974 der Berufung durch den Bundesfinanzminister in die sogenannte „Bankenstrukturkommission" folgt, welche die Aufgabe hat, Verbesserungsvorschläge für die Struktur des deutschen Kreditwesens zu entwickeln. In gleicher Weise kommt er neun Jahre später der Bitte der Bundesregierung nach, als einer von drei „Stahlmoderatoren" ein Konzept zur Neuordnung der Stahlindustrie zu erarbeiten. 1989, im Jahr seiner Ermordung, gehört er zu den Mitbegründern des „Initiativkreises Ruhr" mit dem

Ziel, Wandel, Erneuerung und Wettbewerbsfähigkeit in seiner Heimatregion voranzutreiben.

Das Thema „Wandel und Erneuerung" bestimmt 1989 die politische Tagesordnung in ganz Europa. Die beginnenden politischen Veränderungen in den osteuropäischen Ländern und in der DDR beschäftigen auch Alfred Herrhausen. Seine Rede mit dem Titel „Um Freiheit und Offenheit", die er am 4. Dezember 1989 in New York vor dem American Council on Germany halten will, zeigt, wie zutreffend er – ganze zwei Wochen nach dem Fall der Mauer, noch vor dem Zehn-Punkte-Plan Bundeskanzler Kohls vom 28. November 1989 – die Perspektiven für die bevorstehenden Veränderungen, ihre Chancen und Notwendigkeiten, analysiert und bewertet. Mit Blick auf die DDR kommt er zu folgender Einschätzung: „Ich glaube, das wirtschaftliche Gefälle kann ohne Einführung einer Marktwirtschaft westlichen Stils, die auf freier Preisbildung und Privateigentum beruht, nicht beseitigt werden. Was die DDR braucht, ist eine Kombination aus drei Reformen, einer Preisreform, einer Währungsreform und einer Reform der Besitzverhältnisse, insbesondere die Wiedereinführung des Rechts auf privates Eigentum in wichtigen Wirtschaftsbereichen." Seine Schlussfolgerung: „Preis- und Währungsreform sowie eine Reform der Eigentumsrechte würden einschneidende, gesellschaftliche Umschichtungen in der DDR zur Folge haben. Viele Menschen im Osten, darunter führende Vertreter der Oppositionsgruppen, sind besorgt über die sozialen Kosten eines solchen Wandels, zumal wirtschaftlicher Erfolg mit Sicherheit nicht sogleich spürbar wäre. Ich bin jedoch davon überzeugt, dass, sofern im Osten die notwendigen wirtschaftlichen Rahmenbedingungen geschaffen werden und der Westen entsprechende Unterstützung gewährt, die DDR-Wirtschaft und auch die anderen östlichen Volkswirtschaften ein eindrucksvolles wirtschaftliches Wachstum erleben werden. Ich glaube, speziell die DDR könnte innerhalb von etwa zehn Jahren den westlichen Lebensstandard erreicht haben."

Noch ein weiteres Beispiel zeigt, wie genau dieser „realistische Visionär" zentrale Themen und Herausforderungen der kommenden Monate und Jahre erkannt und vorweg ins Blickfeld gerückt hat. Noch bevor er sich mit den wirtschaftlichen Fragen eines wiedervereinigten Deutschlands auseinandersetzt, thematisiert er – als politisch mitdenkender Wirtschaftslenker – die Mitgliedschaft ganz Deutschlands im westlichen Bündnis: „Nun wird in einigen Teilen der westlichen Welt befürchtet, Deutschland könne zugunsten seiner Wiedervereinigung die Nato verlassen und Neutralität anstreben. ... Meiner Ansicht nach wäre Gorbatschow jedoch nicht gut beraten, wenn er dies fordern sollte. Niemand, nicht einmal die Sowjets, könnten daran interessiert sein, ein isoliertes großes Land mit fast 80 Millionen Einwohnern mitten in Europa zu haben, das zwischen Ost und West hin und her schwankt. ... Es wäre mit Sicherheit unlogisch, wollten wir unsere Bindungen an die westliche Gemeinschaft lockern, just zu dem Zeitpunkt, da unsere östlichen Nachbarn für die westlichen Vorstellungen von Demokratie und für marktwirtschaftliche Systeme empfänglich geworden sind." Mit Argumenten entlang genau dieses Gedankengangs überzeugt Bundeskanzler Helmut Kohl den sowjetischen Präsidenten Michail Gorbatschow acht Monate später, im Sommer 1990, in Moskau und auf der sich anschließenden gemeinsamen Reise in den Kaukasus von der Richtigkeit der Nato-Mitgliedschaft des zukünftig vereinten Deutschlands.

Am 30. November 1989 wird Alfred Herrhausen in Bad Homburg auf dem Weg von seinem dortigen Haus in sein Frankfurter Büro in seinem Auto durch die Explosion einer Bombe getötet.

Monate, Jahre später stecken wir mitten in den keineswegs unerwarteten Um- und Einbrüchen des Aufbaus Ost, und in den Kanzlerrunden in Bonn kommt der Motor entschlossen Handelns bei den versammelten Akteuren wiederholt ins Stottern. Wenn dann die herbeigeeilten Vertreter von Unternehmen, Wirtschaft und Gewerkschaften weniger zu eigenen Beiträgen bereit, dafür aber umso mehr an weiteren staatlichen Zuwendungen interessiert sind, dann wünsche ich mir, Brückenbauer wie Detlev Rohwedder und Alfred Herrhausen säßen mit am Tisch und würden mit ihrer charismatischen Überzeugungskraft und mit starken, nicht interessengeleiteten Argumenten aus dieser unheilvollen Mischung von Bequemlichkeit, Risikoscheu und fehlender Mitverantwortung ausbrechen und durch entschlossenes Handeln die anderen in der Runde unter Zugzwang setzen.

Aufbau Ost ist eben mehr als eine Investitionsrechnung, die sich weniger als 10 % Rendite gar nicht vorstellen kann, und auch mehr als eine Lohnrunde, die einmal mehr die Leistungsfähigkeit der Betriebe überfordert und letztlich über Arbeitsbeschaffungsmaßnahmen und Arbeitslosengeld aus der Staatskasse refinanziert werden muss! Warum sagt das hier keiner der großen „Wirtschaftslenker und Sozial-Gutmenschen"? Warum haut keiner von ihnen auf den Tisch oder wirbt mit brückenbauend-charmanter, aber zugleich Widerspruch nicht duldender Autorität für das, was jetzt zu tun ist, was er selbst – ohne staatliche Hilfe und ohne Subventionen – im Osten auf die Beine stellen wird? Darf man das nicht erwarten von denen, die vierzig Jahre von mehr als günstigen Rahmenbedingungen und offenen Märkten profitiert haben und dabei – anders als ihre ebenso hart arbeitenden Landsleute im Osten – für ihre Arbeit mehr als angemessen honoriert worden sind? Das sind die Augenblicke, in denen die Brückenbauer fehlen, Augenblicke, in denen über Außergewöhnliches oder Mittelmaß entschieden wird.

Natürlich hat es Mitstreiter im Aufbau Ost gegeben, die sich der historischen Herausforderung sehr bewusst waren und mit allen ihren Kräften versucht haben, das ihnen Mögliche – uneigennützig und engagiert – in eigener Verantwortung zu leisten. Tyll Necker aus Bad Oldesloe, Unternehmer und für einige Jahre Industriepräsident, und Hermann Rappe aus Sarstedt, Chef der Chemiegewerkschaft, gehörten für mich in vorderster Front zu solchen Persönlichkeiten. Ihre Einsatzbereitschaft zu nahezu jeder Zeit, ihr Verständnis von Mitverantwortung für Staat und Gesellschaft und ihr Wille, dieser Sicht der Dinge auch in den eigenen Kreisen Gehör zu verschaffen, haben mich immer wieder in Bewunderung versetzt. Viele andere haben vor Ort in ähnlicher Weise gehandelt und den Auf- und Umbau Ostdeutschlands auf seinen ungezählten Baustellen mit Mühen und Ausdauer vorangebracht.

Aber ist es – im Blick zurück – gelungen, jene große Kraftanstrengung quer durch unsere ganze bundesdeutsche Gesellschaft auf die Beine zu stellen, die möglich gewesen wäre und die der Größe der historischen Herausforderung entsprochen hätte? Und wenn jeder genau hinsieht, wäre nicht mehr möglich gewesen? Was wäre die Antwort von Detlev Rohwedder und Alfred Herrhausen?

Eine geflügelte Redensart in Deutschland besagt, dass jeder ersetzbar ist. Meine Erfahrung ist eine andere. Im Aufbau Ost benötigten wir Brückenbauer zwischen Wirtschaft und Politik, zwischen Unternehmern und Gewerkschaften, zwischen Mutmachern und Ängstlichen, zwischen „Durchblickern" und Orientierungslosen, zwischen Zögernden und Handelnden, zwischen Unentschiedenen und Entschlossenen, zwischen Abseitsstehenden und Engagierten, zwischen Verantwortungsnahen und Verantwortungsfernen, zwischen Patrioten und denen, die über sich und ihr Land noch nie so richtig nachgedacht haben. Einige waren bereit, diese Brücken zu bauen, als sie benötigt wurden. Andere waren nicht bereit. Und wieder andere, die wir dringend benötigt hätten, sind ermordet worden. Auch diese Erfahrung ist Teil des Unternehmens Wiedervereinigung.

Blick nach vorn

Der Blick zurück wäre unvollständig ohne den Blick nach vorn, dorthin, wo das „Unternehmen Wiedervereinigung" seinen Auftrag erfüllt und sich erledigt. Was können wir also erkennen, wenn wir nach vorn schauen?

In einem wichtigen Punkt ist die Wirklichkeit überraschend schneller gewesen als die Erwartung: An der Spitze Deutschlands stehen heute zwei Persönlichkeiten, die beide aus Ostdeutschland kommen und dort zu Hause sind: Bundespräsident Joachim Gauck und Bundeskanzlerin Angela Merkel. Am 3. Oktober 1990 lag eine solche Vorstellung für die allermeisten sicher außerhalb der denkbaren Realität – und wenn, dann wäre derjenige wahrscheinlich selbst über seinen Mut, sich so etwas vorzustellen, erstaunt oder vielleicht sogar erschrocken gewesen. Heute ist es nichts, was Aufsehen erregt oder größere Emotionen hervorruft. Als diese Entscheidungen anstanden, hat das Thema Ost-West keine Rolle mehr gespielt. Das vereinte Deutschland ist alltägliche Realität geworden. Hier haben wir ganz offensichtlich irgendwie und irgendwann mit großer Selbstverständlichkeit die Ziellinie überquert.

Dies hat auch das allgemeine Bewusstsein geprägt. Früher häufiger anzutreffende Beschwerden über Benachteiligungen wegen der Herkunft aus Ostdeutschland gibt es nach meinen Erfahrungen kaum noch, auf jeden Fall nicht mehr in der jüngeren Generation. Das kann nicht vergessen machen, dass natürlich viele von denen, die die Einigung im aktiven Berufsalter erlebt haben, in Wirtschaft und Verwaltung oft erhebliche Karrierenachteile in Kauf nehmen mussten.

Beim Aufbau von Wirtschaft und Unternehmen können wir eine so rundherum erfreuliche Bilanz noch nicht ziehen. Kein Zweifel, mit erheblichen Anstrengungen ist es gelungen, den industriellen Kern der ostdeutschen Wirtschaft zu sichern, zu erneuern und ihn in weltoffene Märkte zu integrieren. Das ist viel, wenn man an die mehr als dramatischen 1990er-Umbruchjahre zurückdenkt. Solidarisches Handeln in Ost und West hat es möglich gemacht. Inzwischen gibt es wieder eine große Zahl sehr wettbewerbsfähiger Unternehmen mit interessanten Produkten und Dienstleistungen in allen wichtigen Branchen.

Was sich noch nicht entwickelt hat, ist die kreative, dynamische Mischung aus kleinen, großen und sehr großen Unternehmen – vor allem die beiden Letzteren sind noch zu wenig vertreten. Das liegt nicht zuletzt daran, dass außer der Deutschen Bahn kein deutsches Großunternehmen nach der Wiedervereinigung seine Konzernzentrale nach Berlin oder in die neuen Länder verlegt beziehungsweise zurückverlegt hat. Was wir brauchen, ist eine stärkere, konsequentere Wachstumsfinanzierung für die große Zahl vielversprechender Mittelständler Ost, denen es nicht an Wissen, Erfahrung oder „Entrepreneurship" mangelt, sondern schlicht an Geld, Kapital und Markterfahrung, um aus eigener Kraft mögliche Wachstumschancen in vollem Umfang wahrnehmen zu können. Dies würde auch eine größere Forschungsintensität in der ostdeutschen Wirtschaft begünstigen – ebenfalls ein für künftige Technologiestärke und Markterfolge zentraler Punkt, bei dem gegenwärtig noch Defizite bestehen. Die neuen Zahlen hierzu aus Berlin, aber auch aus Sachsen zeigen allerdings, dass hier ermutigende Veränderungen möglich sind, dass die Ausgaben für Forschung und Entwicklung auch im Osten durchaus konkurrenzfähige Größenordnungen erreichen können. Und: Wenn Unternehmensgröße und Forschungsaktivitäten weiter zunehmen, dann werden wir in Zukunft auch erkennbar mehr Unternehmenszentralen in Ostdeutschland sehen – ein weiterer Baustein, vielleicht der noch fehlende Schlussstein für den Aufbau Ost. Das Setzen dieses Schlusssteins könnte dabei spürbar beschleunigt werden, wenn Unternehmen in westlichen Wirtschaftszentren und ihre Organisationen die Beseitigung dieses verbliebenen Defizits auch als ihre Aufgabe erkennen. Denn jeder, der einmal mit unternehmerischen Fragen befasst war, weiß, dass auch hier das Aufholtempo nicht zuletzt von dem Willen, von der Entschlossenheit derer abhängt, die über Standorte von Forschung und Entwicklung, über Ausbau von Kapazitäten und über den Sitz von Entscheidungs- und Leitungsorganen von Unternehmen entscheiden können.

Wenn ich auf die zurückgelegte Wegstrecke des Aufbaus Ost schaue, dann bin ich für die kommenden Jahre guten Mutes. Die starke, dynamische, vielsprachige Gründerszene in Berlin zeigt, dass die hiesigen Bedingungen für Unternehmer und Unternehmensgründungen weit über die deutschen Grenzen hinaus Interesse finden, dass man hier auf dem Weg zu neuen Ufern ist. Bei zwei Vorträgen, die ich im Frühjahr 2014 an israelischen Universitäten gehalten habe, endeten die Diskussionen mit den Studenten – unabhängig vom Thema des Vortrags – stets mit der Frage: „Wie komme ich nach Berlin?" Berlin ist zu einem für Deutschland bisher ungewohnten Anziehungspunkt für junge ausländische Spitzenkräfte in allen Bereichen geworden – von Forschung und Innovation über die Kunst bis hin zu Unternehmensneugründungen. Auch Dresden und Leipzig sind heute attraktive Städte mit guten Universitäten, günstigen Wohnungen und einem vielfältigen Kulturleben. Dieser neu entstandene „Innovations- und Gründer-Kern Ost" kann und muss weiter wachsen, noch mehr Momentum gewinnen und ausstrahlen auf die anderen Regionen zwischen Elbe und Oder.

Und in diesen Regionen tut sich bereits Interessantes. Nehmen wir als Beispiel Bitterfeld-Wolfen, eines der bedeutenden Zentren nicht nur der DDR-Chemie, sondern der deutschen Chemie überhaupt. Hier wurde in den 1930er Jahren der erste moderne Farbfilm entwickelt, bahnbrechend für die weltweite Fotoentwicklung in den folgenden Jahrzehnten. Die früheren Groß-Chemieunternehmen der DDR an diesem Standort wie die Filmfabrik Wolfen und das Chemiekombinat Bitterfeld sind aber nicht einfach verschwunden. In einem großen Chemiepark ist aus alter Chemie bemerkenswert Neues entstanden. Eine Vielzahl aus- und neugegründeter Unternehmen arbeitet hier. So gründeten zum Beispiel Oliver Seidelmann und zwei Kollegen – alle drei frisch promovierte Chemie-Hochschulabsolventen – 1999 die Firma ChiroBlock GmbH. Sie entwickeln innovative Syntheseverfahren für neue, komplexe, kommerziell bisher nicht erhältliche chemische Verbindungen (Moleküle); Entwicklung und Ausbau ihrer „Synthese-F&E-Plattform" stehen im Vordergrund. Staatliche Förderinstrumente halfen bei der Gründung. Heute hat die Firma Kunden in allen Teilen der Welt und wächst mit Hilfe selbst erwirtschafteter Erträge und derzeit 17 Mitarbeitern kontinuierlich. Von 13 Geschäftsjahren waren 12 profitabel!

Als die Filmfabrik Wolfen nach 1990 ihre Arbeit Schritt für Schritt einstellen musste, entschied sich der Chemiker Heinz Mustroph, seine in der Filmfabrik erworbenen Kenntnisse und Erfahrungen als Experte der Farbstoffchemie selbst zu nutzen, und gründete die FEW Chemicals GmbH in Wolfen. Entwickelt und produziert werden dort funktionelle Hightech-Farbstoffe, etwa Absorber für Laserstrahlen, mit denen moderne Druckplatten sensibilisiert werden, so dass zum Beispiel Zeitungen und Zeitschriften in höchster Qualität gedruckt werden können. Mit 38 Mitarbeitern wird heute ein großer Kundenkreis im In- und Ausland bedient, ausschließlich mit selbst entwickelten Produkten – und mit guten Erträgen.

Nicht weit davon entfernt, in Dessau-Roßlau, produziert ein 1921 gegründetes Traditionsunternehmen, heute unter dem Namen IDT Biologika GmbH, Impfstoffe und Pharmazeutika sowie Produkte für die Tiergesundheit. 1993 privatisiert, wird inzwischen mit 1.150 Mitarbeitern ein Umsatz von 150 Millionen Euro erwirtschaftet, etwa 8 % davon werden Jahr für Jahr in die anwendungsorientierte Forschung investiert. Damit wird die jahrzehntelange Forschung und Entwicklung von Impfstoffen in diesem Unternehmen konsequent fortgesetzt, in enger Zusammenarbeit mit Hochschulen und anderen Forschungseinrichtungen – Grundlage für neue Produkte und die Gewinnung neuer Kunden im In- und Ausland.

Darum geht es auch dem erfolgreichen Aufbau-Ost-Unternehmen Kjellberg in Finsterwalde bei der Herstellung von Hochleistungs-CNC-Plasmaschneidemaschinen. Nach Verdoppelung der Belegschaft und Verzehnfachung des Umsatzes – davon 70 % auf internationalen Märkten – in den letzten fünfzehn Jahren will man auch in Zukunft bei dieser Spitzentechnologie ganz vorn mit dabei sein. Jeder achte Mitarbeiter arbeitet in der Forschung und entwickelt heute zukünftige Hightech-Produkte, und zwar in enger Zusammenarbeit mit Hochschulen und Universitäten in Cottbus, Dresden und Hannover. Um technologisch noch besser, stärker und schneller zu werden, wurde 2014 achtzig Kilometer entfernt, am Stadtrand von Dresden, die Forschungsgesellschaft OSCAR PLT GmbH gegründet – ein Standort, für den junge, ambitionierte Wissenschaftler und Hochschulabsolventen leichter zu begeistern sind als für die eher ländlich-schöne Niederlausitz. Zu diesen jugendlichen Wissenschaftsunternehmern gehört auch Geschäftsführer Michael Schnick, der hier mit seinen Mitstreitern das bisherige Lichtbogen- und Plasmaverfahren mit Lasertechnologien noch leistungsfähiger macht. Außerdem wird an neuen, sogenannten „generativen" Technologien gearbeitet, mit deren Hilfe große, komplexe metallische Bauteile in einer Art 3-D-Druck direkt aus digitalen Produktdaten hergestellt werden. Versucht wird auch, neue Hochgeschwindigkeits-Kameratechniken mit Prozesssimulation zu nutzen, um Potenziale wie auch Begrenzungen neuer Technologieentwicklungen zu visualisieren, aber auch verstehbar und vorhersagbar zu machen. Technik und Zukunft werden hier großgeschrieben.

Die Vorwärtsentwicklung in Berlin und an anderen Standorten in Ostdeutschland kommt allerdings nicht von allein. Es fehlt noch an Rahmenbedingungen, die besser geeignet sind, diese Mut machende Jungforscher- und Jungunternehmer-Dynamik zu unterstützen. An neuen Ideen und interessanten Geschäftsmodellen besteht kein Mangel, wohl aber an Entschlossenheit, immer wieder unnötige Bürokratie wegzuräumen. Notwendig wären auch bessere Möglichkeiten, Geld und Kapital zu mobilisieren, um innovative Konzepte in marktfähige Produkte und Dienstleistungen umzusetzen, die ihrerseits Geld generieren – Sprungbrett für das nächste, ambitioniertere Erfolgsprojekt. Wenn ich an meine Studienzeit und meine eigenen Projekterfahrungen an der Stanford University im Silicon Valley Anfang der 1970er Jahre zurückdenke, dann bin ich überzeugt, dass Vergleichbares auch 2015 in Deutschland möglich ist. Dies gilt umso mehr, als es neuerdings in deutschen Vorstandsetagen zum guten Ton gehört, selbst vor Ort in Kalifornien Erfahrungen zu sammeln, um zu verstehen, was dort funktioniert und was bei uns noch geschehen muss, damit sich auch hier die Erfolge noch viel öfter einstellen. Vielleicht könnten sich diesen Vorständen auch einige unserer Behörden-Verantwortlichen, Meinungsmacher und Politiker anschließen und für einige Wochen oder Monate ihren Job mit den amerikanischen Kollegen tauschen. Denn das Sein bestimmt am Ende eben doch das Bewusstsein. Es geht viel mehr, als man sich in deutschen Amtsstuben, Redaktionen und Parlamenten, aber auch in deutschen Großkonzernen, Mittelstandsbüros und hinter so manchem deutschen Bankschalter vielfach vorstellen kann. Und auf dieses „Mehr" kann, darf und will Deutschland nicht verzichten!

Wenn wir den Blick nach vorn richten, stoßen wir auch auf andere wichtige Veränderungen: etwa, dass Deutschland im Gefolge der Wiedervereinigung größer geworden ist, dass dieses größere Deutschland in Europa in eine ebenfalls größere, führende Rolle hineingewachsen ist. Unsere Nachbarn und Partnerländer sind für uns als Abnehmer unserer starken Exporte noch wichtiger geworden – und wir durch die Waren und Dienstleistungen, die wir von ihnen beziehen, natürlich auch für sie: ein Austausch, ohne den unser heutiger Wohlstand nicht denkbar wäre. Diese engen wirtschaftlichen Verbindungen schaffen eine noch engere wechselseitige Partnerschaft in Europa, wirtschaftlich wie politisch. Und in dieser Partnerschaft ist unsere Verantwortung als größtes Land in der Mitte Europas spürbar größer geworden. Es ist kein Zufall, dass aus anderen Teilen der Welt heute häufiger als früher in Berlin angerufen wird, wenn es um große internationale Aufgaben und Herausforderungen geht. Hier kommen neue Anfragen und Erwartungen auf uns zu, denen wir nicht ausweichen können. Es ist schön, im vereinigten Deutschland Wohlstand, Respekt und Anerkennung zu erfahren, sie bringen aber im Begleitgepäck etwas anderes unausweichlich mit sich: ein Mehr an Verantwortung, auch für das, was jenseits unserer Grenzen geschieht.

Wie auch immer wir die Dinge angehen, die vor uns liegen, wir können es mit großer Zuversicht tun. Eine neue, belastbare Umfrage hat im Herbst 2014 zum wiederholten Mal in Ostdeutschland wie in Westdeutschland die Frage gestellt, ob die Wiedervereinigung für die Deutschen eher Anlass zur Sorge oder zur Freude sei. Noch nie, selbst zum Zeitpunkt, als die deutsche Einheit 1990 Wirklichkeit wurde, waren die Antworten so zuversichtlich, noch nie hat die Freude die Sorgen so weit hinter sich gelassen wie jetzt, 25 Jahre nach unserem historischen Neubeginn. 67 % in Westdeutschland und 72 % der Ostdeutschen empfinden Anlass zur Freude, bei lediglich 5 beziehungsweise 8 % überwiegen die Sorgen. Können wir uns selbst ein schöneres Geschenk zu diesem Geburtstag machen?

Ein anderes Geschenk geht damit Hand in Hand: der gegenseitige Respekt, die Anerkennung und die Wertschätzung für das, was in den letzten fünfundzwanzig Jahren in Ostdeutschland wie auch in Westdeutschland für und mit dem Zusammenwachsen Deutschlands geleistet worden ist. Diese gemeinsame historische Kraftanstrengung – das Durchleben, Verkraften, Bewältigen noch nie dagewesener, bruchartiger Veränderungen hier, das Mobilisieren wirtschaftlicher und finanzieller Ressourcen in bis dahin unbekanntem Ausmaß dort – ist in der jüngeren Geschichte ohne Beispiel. Deutschland Ost und Deutschland West haben sich auf diesem schwierigen Weg zu keinem Zeitpunkt weder in ihrer großen Kraftanstrengung noch in ihrer verlässlichen Solidarität beirren oder auseinanderdividieren lassen, trotz Fehlern und Missverständnissen. Wir sind ab 1990 gemeinsam einen langen Weg gegangen, der uns immer mehr und immer stärker zusammengeführt hat. Wir haben allen Anlass, das Erreichte mit Stolz und Freude zu würdigen – mit bleibendem Respekt vor dem, was der andere, neben uns oder einige Hundert Kilometer entfernt, durchgestanden, geleistet und beigetragen hat. Und mit diesem guten Gefühl für eine große historische Leistung können wir mit Zuversicht nach vorn schauen – auch mit der Bereitschaft, jenseits unserer Grenzen, in Europa und darüber hinaus, unseren Beitrag zu leisten, den andere mit Recht von uns erwarten können

Danksagung

Dieses Buch wäre nicht entstanden ohne die Mithilfe vieler, die mich auf dem Weg zur Wiedervereinigung und in der Werkstatt des Aufbaus Ost unterstützt haben oder die für mich in diesen Jahren wichtige Verhandlungs- und Gesprächspartner waren.

Allen voran gilt meine Dankbarkeit dem Kanzler der Einheit, Helmut Kohl, für den ich elf Jahre im Bundeskanzleramt arbeiten und den ich in dieser Zeit in vielfältiger Weise unterstützen durfte. Sein großes Vertrauen, seine ungewöhnliche Offenheit, seine immer gegebene Dialogbereitschaft sowie sein verlässlicher Rückhalt waren die Grundlage meiner Arbeit in dieser besonderen Zeit.

Danken möchte ich in besonderer Weise Eike Röhling, Sighart Nehring und Klaus-Peter Schmid, die sich die Mühe gemacht haben, mein Manuskript kritisch durchzugehen, und mir wichtige Hinweise gegeben haben. Ferner danke ich all denen, mit denen ich hilfreiche Gespräche zur Klärung von Sachverhalten und historischen Situationen führen konnte, insbesondere Barbara Bischoff, Friedrich Bohl, Jörgen Bosse, Peter Breitenstein, Klaus von Dohnanyi, Karl Döring, Dieter Freund, Hans-Harald Gabbe, Detlev Hammann, Ingrid Häußler, Fritz Holzwarth, Michael Jürgs, Johannes Kindler, Klaus Kinkel, Horst Köhler, Günther Krause, Paul Krüger, Lothar de Maizière, Siegfried Möbius, Oswald Müller, Martin Murtfeld, Heinz Mustroph, Jens Odewald, Manfred Overhaus, Karl-Heinz Paqué, Ken-Peter Paulin, Norbert Pietsch, Dirk Pollak, Hermann Rappe, Thilo Sarrazin, Wolfgang Schäuble, Hubertus Schmoldt, Dieter Scholz, Richard Schröder, Dieter Schulte, Rudolf Seiters, Harald Slawik, Horst Teltschik, Hans Tietmeyer, Wolfgang Vogel, Ursel Wagner und Peter Witt.

An dieser Stelle möchte ich auch meinen Mitarbeitern danken, mit denen ich in diesen „revolutionären" Aufbaujahren im Bundeskanzleramt und danach im Bundeswirtschaftsministerium eng zusammengearbeitet habe. Ihr persönlicher Einsatz für die Sache der Wiedervereinigung und des Aufbaus Ost ging nahezu regelmäßig an die Grenze der Belastbarkeit, häufig auch darüber hinaus. Mit dabei waren im Bundeskanzleramt insbesondere Rüdiger Annecke, Eckart Biskup, Wilhelm Boucsein, Uwe Corsepius, Klaus Dornbusch, Heinz-Josef Friehe, Dieter Grimm, Alexander Groß, Detlev Hammann, Stephan Heimbach, Manfred Hilgen, Jochen Homann, Rolf Kaiser, Johannes Kindler, Gerhard Michels, Sighart Nehring, Ulrich Niemann, Wolfgang Nowak, Bernd Pfaffenbach, Maike Richter, Peter Sallandt, Rosemarie Saß, Heinz-Jürgen Scheid, Johannes Scheube, Andreas Schuseil, Gerhard Seidel, Jürgen Stark, Joachim Steffens, Ernst Günter Stern, Wolfgang Suhr, Rüdiger Thiele, Wolfgang Vogel, Walter Hugo Werner, Matthias Wittstock, Hans-Jürgen Wolff und Volkmar Zilch. Im Bundeswirtschaftsministerium waren es vor allem Lars Beneke, Werner Birner, Horst Claßen, Helmut Döring, Joachim Fried, Bernhard Heitzer, Rainer Jäkel, Gerhard Köpernik, Wolf-Dieter Plessing, Eike Röhling, Josef Ruland und Bernhard Veltrup.

Dank gebührt auch meinem Verleger, Wolf-Rüdiger Osburg, und meinem Lektor, Clemens Brunn, für die nachhaltige Unterstützung und freundlich-kritische Begleitung dieses Buchprojekts.

Weit mehr als Dank schulde ich meiner geliebten Frau Dorothea Ludewig, die in den Zeiten von Wiedervereinigung und Aufbau Ost Ideengeber und Berater, Dialogpartner und Kritiker, Rückhalt und Familienstabilisator, Tröster und Mutmacher war – alles in einer Person, zu jeder Tages- und Nachtzeit. Nur mit ihr wurde für mich in einer ungewöhnlichen Zeit Ungewöhnliches möglich.

Bundeskanzler Helmut Kohl und Ministerpräsident Lothar de Maizière bei der Unterzeichnung des Staatsvertrags über die Schaffung einer Währungs-, Wirtschafts- und Sozialunion am 18. Mai 1990 im Palais Schaumburg im Bonner Kanzleramt

Unterzeichnung des Staatsvertrags über die Schaffung einer Währungs-, Wirtschafts- und Sozialunion durch die Finanzminister Theo Waigel und Walter Romberg in Anwesenheit von Bundeskanzler Helmut Kohl und Ministerpräsident Lothar de Maizière am 18. Mai 1990 im Palais Schaumburg

Bundeskanzler Helmut Kohl und Ministerpräsident Lothar de Maizière anlässlich der Unterzeichnung des Währungsunions-Staatsvertrags im Park des Bonner Kanzleramts

Bundeskanzler Helmut Kohl, Ministerpräsident Lothar de Maizière und Staatssekretär Günther Krause nach der Unterzeichnung des Währungsunions-Staatsvertrags am 18. Mai 1990 auf der Terrasse des Bonner Palais Schaumburg

Bundesinnenminister Wolfgang Schäuble und Hans Tietmeyer, Mitglied des Direktoriums der Deutschen Bundesbank, vor Beginn der Kabinettssitzung am 18. Mai 1990 (unmittelbar vor Unterzeichnung des Währungsunions-Staatsvertrags) im Bonner Kanzleramt

Bundesinnenminister Wolfgang Schäuble und Staatssekretär Günther Krause unterzeichnen in Anwesenheit von Ministerpräsident Lothar de Maizière am 31. August 1990 im Kronprinzenpalais in Berlin den Einigungsvertrag

Bundesminister Gerhard Stoltenberg und Bundesbankpräsident Karl Otto Pöhl am Rande der Kabinettssitzung am 14. November 1990 im Bonner Kanzleramt

Der Bundeskanzler spricht am 10. Mai 1991 im Kulturhaus in Schkopau (Sachsen-Anhalt) zu Mitarbeitern der Buna AG, mit der Zusage, dass dieses Chemiedreieck, eine Kernregion im vereinten Deutschland, eine Zukunft hat

Der Bundeskanzler im Gespräch mit Vertretern von Bürgerinitiativen aus Schwarz-heide, Lauchhammer und Finsterwalde sowie BASF-Mitarbeitern am 19. Juni 1992 in Schwarzheide (Brandenburg)

Der Bundeskanzler und Treuhand-Präsidentin Birgit Breuel am 26. April 1993 im Bonner Kanzleramt

Klaus von Dohnanyi und Volkswagen-Chef Ferdinand Piëch am 14. Juni 1993 im Nato-Saal des Bonner Kanzleramtes

Bundeswirtschaftsminister Günther Rexrodt und Treuhand-Verwaltungsrats-vorsitzender Jens Odewald am 6. September 1993 im Bonner Kanzleramt

DGB-Chef Heinz-Werner Meyer, DAG-Chef Roland Issen und Staatssekretär Werner Tegtmeier am 6. September 1993 im Bonner Kanzleramt

Detlev Rohwedder (1932–1991) und Alfred Herrhausen (1930–1989)

Der Bundeskanzler mit DGB-Chef Dieter Schulte und den Präsidenten Hans Peter Stihl (DIHK) und Dieter Hundt (BDA) bei der Pressekonferenz anlässlich des Beschlusses der „Gemeinsamen Initiative für mehr Arbeitsplätze in Ostdeutschland" am 22. Mai 1997 in Berlin

Der Bundeskanzler und der Auszubildende Reiko Raute nehmen im Beisein von Ministerpräsident Manfred Stolpe und Unternehmenschef Hans-Joachim Krüger am 22. Juli 1997 bei der EKO-Stahl mit einem symbolischen Knopfdruck das neu errichtete Warmwalzwerk in Betrieb

Zeittafel

1989

August–September
Öffnung der ungarisch-österreichischen Grenze für DDR-Bürger

30. September
Außenminister Hans-Dietrich Genscher und der Chef des Bundeskanzleramtes, Bundesminister Rudolf Seiters, übermitteln den DDR-Bürgern in der bundesdeutschen Botschaft in Prag die Genehmigung ihrer Ausreise nach Westdeutschland

9. November
Fall der Berliner Mauer

13. November
Hans Modrow übernimmt von Willi Stoph das Amt des DDR-Ministerpräsidenten

28. November
Regierungserklärung (Zehn-Punkte-Plan) des Bundeskanzlers im Deutschen Bundestag; Angebot einer Vertragsgemeinschaft

30. November
Ermordung Alfred Herrhausens, Chef der Deutschen Bank, in Bad Homburg auf der Fahrt von seinem Haus ins Büro nach Frankfurt

6. Dezember
Egon Krenz tritt als DDR-Staatsratsvorsitzender zurück

19. Dezember
Treffen des Bundeskanzlers mit DDR-Ministerpräsident Hans Modrow in Dresden; Rede des Bundeskanzlers vor der Ruine der Frauenkirche

1990

19. Januar
Artikel von Ingrid Matthäus-Meier zum Thema „Währungsunion" in der Wochenzeitung *Die Zeit*

30. Januar
Klausurtagung im Bundesfinanzministerium zum Thema „Währungsunion"

3. Februar
Rede des Bundeskanzlers beim Weltwirtschaftsforum (World Economic Forum; WEF) in Davos; Treffen mit Ministerpräsident Modrow

5. Februar
Ministerpräsident Modrow bildet „Regierung der nationalen Verantwortung" mit acht „Ministern ohne Geschäftsbereich" aus oppositionellen Parteien/Gruppierungen

6. Februar
Öffentliches Angebot des Bundeskanzlers an die DDR-Regierung zu Verhandlungen über eine Wirtschafts- und Währungsunion

7. Februar
Beschluss des Bundeskabinetts über dieses Angebot in Anwesenheit von Bundesbankpräsident Karl Otto Pöhl

10. Februar
Treffen des Bundeskanzlers mit Michail Gorbatschow in Moskau; Gorbatschow stimmt erstmals zu: Die Deutschen sollen selbst die Frage der Einheit lösen!

13./14. Februar
Besuch von Ministerpräsident Modrow in Bonn

14. Februar
Sondergutachten des Sachverständigenrats zur Begutachtung der gesamtwirtschaftlichen Entwicklung mit kritischen Hinweisen zum Thema einer deutsch-deutschen Währungsunion

24./25. Februar
Bundeskanzler Helmut Kohl trifft Präsident Bush in Camp David

20. Februar, 5. und 13. März
Plenarsitzungen der deutsch-deutschen Expertenkommission zu Fragen einer Währungs- und Wirtschaftsunion; Verhandlungsführer: DDR-Finanzminister Walter Romberg und der westdeutsche Finanzstaatssekretär Horst Köhler

13. März
Unterzeichnung des Zwischenberichts der Expertenkommission in Ost-Berlin

14. März
Wahlkundgebung mit dem Bundeskanzler in Leipzig mit 320.000 Teilnehmern

18. März
Volkskammerwahl, CDU stärkste Partei (40,8 %)

22. März
Gespräch des Bundeskanzlers mit Bundesministern sowie der Bundesbank-Spitze Pöhl und Schlesinger im Kanzlerbungalow zur Frage der Umtauschmodalitäten DDR-Mark in D-Mark

29. März
Stellungnahme des Zentralbankrats der Bundesbank zu den Umtauschmodalitäten (geforderte Umstellung 2:1)

3. April
60. Geburtstag Helmut Kohls

9. April
Besuch von Hans Tietmeyer und Johannes Ludewig bei Kommissionspräsident Jacques Delors in Brüssel

12. April
Wahl Lothar de Maizières zum DDR-Ministerpräsidenten

14. April
Besuch von Hans Tietmeyer und Johannes Ludewig bei Ministerpräsident de Maizière in Ost-Berlin; anschließendes Treffen mit Günther Krause und Klaus Reichenbach

15. April
Ostersonntag

22. April (Sonntagabend)
Treffen des Bundeskanzlers mit Kabinettsmitgliedern sowie mit Hans Tietmeyer und Bundesbankpräsident Karl Otto Pöhl im Kleinen Kabinettsaal des Kanzleramts; 1:1-Umtauschkurs für laufende Zahlungen wird ins Auge gefasst

23. April
Besuch von Bundesminister Schäuble und Hans Tietmeyer bei Ministerpräsident de Maizière in Ost-Berlin

25. April
Beginn der Verhandlungen für eine Währungs-, Wirtschafts- und Sozialunion in Ost-Berlin; Verhandlungsführer: Hans Tietmeyer (Bundesrepublik) und Günther Krause (DDR)

Ende April
Bekanntwerden des sogenannten „Schürer-Gutachtens" vom 27. Oktober 1989, in dem der SED-Wirtschaftsfunktionär Gerhard Schürer dem SED-Zentralkomitee und seinem Generalsekretär Egon Krenz bescheinigt und dokumentiert, dass die DDR wirtschaftlich und finanziell am Ende ist, d. h. wirtschaftlich nicht mehr aus eigener Kraft handeln kann

27. April
Zweite Verhandlungsrunde für eine Währungs-, Wirtschafts- und Sozialunion in Ost-Berlin

30. April/1. Mai
Dritte Verhandlungsrunde in Bonn; in der Nacht Erarbeitung der Zwölf-Punkte-Erklärung zu den Umtauschmodalitäten DDR-Mark in D-Mark im kleinen Kreis

1. Mai, abends
Koalitionsrunde billigt Zwölf-Punkte-Erklärung zu den Umtauschmodalitäten

2. Mai
Öffentliche Bekanntmachung der Umtauschmodalitäten (Zwölf-Punkte-Erklärung) durch Kanzleramtsminister Rudolf Seiters und Verhandlungsführer Hans Tietmeyer in Bonn; parallel dazu Bekanntgabe durch
die DDR-Regierung in Ost-Berlin

2. Mai (abends)
Eröffnung der Industriemesse Hannover durch den Bundeskanzler

3./4. Mai
Vierte Verhandlungsrunde in Ost-Berlin (Einigung über Leitsätze-
Protokoll)

4. Mai
Der Bundeskanzler empfängt den sowjetischen Außenminister Scheward-
nadse in Bonn, der auch die Frage eines Finanzkredits an die Sowjetunion
anspricht

6. Mai
Kommunalwahl in der DDR, CDU stärkste Partei (34,4 %)

Freitag, 11. – Sonntag, 13. Mai
Fünfte und letzte Verhandlungsrunde für eine Währungs-, Wirtschafts-
und Sozialunion in Bonn (Ende in der Nacht von Samstag auf Sonntag
0.30 Uhr)

Sonntag, 13. Mai
Die CDU verliert die Landtagswahl in Niedersachsen und damit die
Mehrheit im Bundesrat

Montag, 14. Mai
Der Bundeskanzler im CDU-Bundesvorstand: „Niedersachsen ist für
uns eine bittere Niederlage"

Dienstag, 15. Mai
Koalitionsrunde; Einigung des Bundesfinanzministers mit den Finanz-
ministern der Länder über den „Fonds Deutsche Einheit" mit einem
Gesamtvolumen von 115 Milliarden DM für den Zeitraum bis 1994 (im
Rahmen der Verhandlungen zum Einigungsvertrag im August 1990
wird das Gesamtvolumen auf 146 Milliarden DM erhöht)

Mittwoch, 16. Mai
Treffen des Bundeskanzlers mit den Länder-Ministerpräsidenten;

*mittags Reise des Bundeskanzlers nach Straßburg, Teilnahme (mit Minis-
terpräsident de Maizière) an einer Sitzung des Europa-Parlaments;
abends Flug nach Washington*

Donnerstag, 17. Mai
Schlussberatung der Finanzminister Waigel und Romberg;

abends Telefonate zwischen Kanzleramtsminister Seiters und Ministerpräsident de Maizière (offene Vermögensfragen, Missbrauchsregelung
zur Vermeidung des illegalen Umtauschs von DDR-Mark in D-Mark)

*Donnerstag, 17. Mai
Der Bundeskanzler trifft Präsident Bush in Washington*

Freitag, 18. Mai
Vormittags: Bundeskabinett und DDR-Regierung stimmen dem aus-
gehandelten Vertrag zur Schaffung einer Währungs-, Wirtschafts- und
Sozialunion zu (Rückkehr des Bundeskanzlers aus Washington eine
Stunde vor Kabinettsbeginn)

**Freitag, 18. Mai
Nachmittags: Unterzeichnung des Vertrags zur Schaffung einer
Währungs-, Wirtschafts- und Sozialunion im Palais Schaumburg des
Bonner Kanzleramts durch die Finanzminister Waigel und Romberg
in Anwesenheit von Bundeskanzler Helmut Kohl, Ministerpräsident
Lothar de Maizière sowie der politischen Führung aus beiden Teilen
Deutschlands**

8. Juni
Gespräch in Ost-Berlin zu den offenen Vermögensfragen; Teilnehmer: Ministerpräsident de Maizière, Staatssekretär Krause, die Bundesminister Seiters und Schäuble, FDP-Chef Lambsdorff, Staatssekretär Kinkel, Ludewig

13. Juni
Koalitionsgespräch/Bundeskabinett: abschließende Klärung der Haltung der Bundesregierung zu den offenen Vermögensfragen

15. Juni
Bekanntgabe der „Gemeinsamen Erklärung beider Regierungen zur Regelung offener Vermögensfragen": keine Rückgängigmachung der Bodenreform 1945–49; für Enteignungen nach DDR-Gründung 1949 gilt „Rückgabe vor Entschädigung"

17. Juni
Verabschiedung des „Gesetzes zur Privatisierung und Reorganisation des volkseigenen Vermögens der DDR" (Treuhandgesetz) durch die Volkskammer

17. Juni
Antrag der DSU (Deutsche Soziale Union) in der Volkskammer zum sofortigen Beitritt der DDR zur Bundesrepublik Deutschland nach Artikel 23 Grundgesetz (kommt nicht zur Abstimmung)

21. Juni
Ratifizierung des Vertrags zur Wirtschafts-, Währungs- und Sozialunion durch Bundestag und Volkskammer

22. Juni
Ratifizierung durch den Bundesrat; Saarland (Ministerpräsident Lafontaine) und Niedersachsen (Ministerpräsident Schröder) stimmen dagegen

22. Juni
Bekanntgabe einer Bürgschaft der Bundesregierung für einen ungebundenen 5-Milliarden-DM-Finanzkredit an die Sowjetunion durch ein deutsches Bankenkonsortium unter Führung von Deutscher Bank und Dresdner Bank

1. Juli
Die Währungsunion zwischen der Bundesrepublik Deutschland und der DDR tritt in Kraft

4. Juli
Ernennung Detlev Rohwedders zum Vorsitzenden des Verwaltungsrats der Treuhandanstalt durch die DDR-Regierung

6. Juli
Beginn der Verhandlungen über den Einigungsvertrag; Verhandlungsführer: Bundesinnenminister Wolfgang Schäuble (Bundesrepublik) und Staatssekretär Günther Krause (DDR)

8. Juli (Sonntag)
Erhöhung des Treuhand-Bürgschaftsrahmens für Kredite an ostdeutsche Betriebe auf 10 Milliarden DM

8. Juli
Endspiel Fußballweltmeisterschaft Deutschland–Argentinien in Rom (1:0)

9.–11. Juli
Weltwirtschaftsgipfel (G 7) in Houston, Texas

14.-16. Juli
Bundeskanzler Helmut Kohl und Hans-Dietrich Genscher treffen Michail Gorbatschow und Eduard Schewardnadse in Moskau und im Kaukasus; Zustimmung der Sowjetunion zur vollen Souveränität des vereinten Deutschlands und damit auch zur Mitgliedschaft eines vereinten Deutschlands in der Nato

15. Juli
Reiner Maria Gohlke übernimmt das Amt des Präsidenten der Treuhandanstalt

24. Juli
Die Ost-Liberalen verlassen die De-Maizière-Regierung

2. August
Überfall des Irak auf Kuwait

8. August
Spitzengespräch des Bundeskanzlers und von Bundesministern mit den
Chefs der Banken zur Verbesserung der Kreditvergabe an DDR- bzw.
Treuhandunternehmen

15. August
Ministerpräsident de Maizière entlässt den Minister Romberg (SPD),
dem in den nächsten Tagen die Minister Pohl (CDU), Pollack (parteilos, für SPD) und Wünsche (parteilos) folgen;
am gleichen Tag Großdemonstration aufgebrachter Bauern auf dem
Alexanderplatz in Ost-Berlin

16. August
Parteipräsidium und Fraktionsvorstand der Ost-SPD sprechen sich für
ein Verlassen der Koalition in Ost-Berlin aus

19. August (Sonntag)
Die SPD-Fraktion in der Volkskammer beschließt den Austritt der SPD
aus der die DDR-Regierung tragenden Koalition (ohne Aussprache)

20. August
Rücktritt von Reiner Maria Gohlke als Präsident der Treuhandanstalt;
Detlev Rohwedder übernimmt auf Bitten des DDR-Ministerpräsidenten und des Bundeskanzlers die Nachfolge; am 29. August folgt ihm
wiederum Jens Odewald als Vorsitzender des Verwaltungsrats der Treuhandanstalt

21. August
Ministerpräsident de Maizière spricht mit den Fraktionsvorsitzenden in
der Volkskammer über einen Beitrittstermin nach Artikel 23 Grundgesetz;

Richard Schröder tritt als Vorsitzender der SPD-Fraktion in der Volkskammer zurück

23. August
Beschluss der Volkskammer zum Beitritt zur Bundesrepublik Deutschland nach Artikel 23 Grundgesetz zum 3. 10. 1990

31. August
**Unterzeichnung des Einigungsvertrages in Ost-Berlin (Kronprin-
zenpalais) durch die Verhandlungsführer Bundesinnenminister**

Wolfgang Schäuble und Staatssekretär Günther Krause in Anwesenheit von Ministerpräsident Lothar de Maizière

6. September
Fortsetzung des Spitzengesprächs des Bundeskanzlers und von Bundesministern mit den Chefs der Banken vom 8. August

10. September
Telefonat des Bundeskanzlers mit Präsident Gorbatschow zum Abzug der sowjetischen Truppen aus Deutschland bis Ende 1994 (später: August 1994); Vereinbarung der Zahlung von 15 Milliarden DM an die Sowjetunion als Ausgleich für die mit dem Truppenabzug verbundenen Kosten

12. September
Einigung der Außenminister über den Zwei-plus-vier-Vertrag: „Vertrag über die abschließende Regelung in Bezug auf Deutschland"; Vertragsschließende: Bundesrepublik Deutschland und die DDR sowie die vier Siegermächte des Zweiten Weltkriegs – USA, Sowjetunion, Großbritannien und Frankreich

Brief der beiden deutschen Außenminister an die vier Außenminister der Siegermächte (USA, Sowjetunion, Großbritannien, Frankreich) zu den offenen Vermögensfragen (Information über die deutsch-deutsche Erklärung hierzu vom 15. Juni 1990)

20./21. September
Ratifizierung des Einigungsvertrags durch Bundestag (20. 9.), Volkskammer (20. 9.) und Bundesrat (21. 9.)

26. September
Gründung des Volkswagenwerks in Zwickau, Stadtteil Mosel

1./2. Oktober
Bundesparteitag der CDU (Vereinigungsparteitag) in Hamburg; Helmut Kohl wird mit 98,5 % zum Parteivorsitzenden, Lothar de Maizière mit 97,4 % zu seinem ersten Stellvertreter gewählt

2. Oktober
Festakt und Konzert im Schauspielhaus am Gendarmenmarkt in Berlin mit einer Ansprache von Ministerpräsident de Maizière sowie der 9. Symphonie von Ludwig van Beethoven; anschließend:

3. Oktober, 0 Uhr
Vollzug der Wiedervereinigung um Mitternacht mit dem Aufziehen der deutschen Flagge vor der Westseite des Reichstagsgebäudes in Berlin

3. Oktober
Tag der Deutschen Einheit
Staatsakt in Berlin

5. Oktober
Hermann Rappe, Chef der IG Chemie, wird Mitglied des Verwaltungsrats der Treuhandanstalt; ihm folgen am 28. November Heinz-Werner Meyer, DGB-Vorsitzender, und Roland Issen, DAG-Vorsitzender; Franz Steinkühler, Chef der IG Metall, lehnt die Mitgliedschaft im Treuhand-Verwaltungsrat ab und entsendet an seiner Stelle Horst Klaus, Mitglied des IG-Metall-Vorstands

25. Oktober
Die BASF übernimmt von der Treuhandanstalt das Synthesewerk Schwarzheide (Brandenburg)

9. November
Staatsbesuch Michail Gorbatschows in Deutschland

30. November
Der Bundeskanzler diskutiert mit den amerikanischen Ökonomieprofessoren aus Berkeley, Kalifornien, George A. Akerlof (Nobelpreisträger für Wirtschaftswissenschaften 2001) und Janet Yellen (heute Chefin der US-Notenbank) Wirtschaftsfragen des deutschen Einigungsprozesses

2. Dezember
Bundestagswahlen (CDU/CSU 43,8 %, FDP 11 %, SPD 33,5 %)

15./16. Dezember
Die Staats- und Regierungschefs der Europäischen Gemeinschaft beschließen in Rom die Weiterentwicklung der EG zu einer politischen Union (EU) mit gemeinsamer Außen- und Sicherheitspolitik

18. Dezember
Die Ministerpräsidenten der sechs ostdeutschen Länder (einschließlich Berlin) werden Mitglieder des Treuhand-Verwaltungsrats

1991

17. Januar
Beginn der Luftangriffe auf den Irak

7. Februar
Grundsteinlegung für das neue Opel-Werk in Eisenach

24. Februar
Beginn des Landkriegs gegen den Irak

28. Februar
Pilotabschluss in der Metall- und Elektroindustrie in Mecklenburg-
Vorpommern für eine stufenweise Angleichung von Löhnen und
Gehältern an das Niveau in Schleswig-Holstein mit 100 % zum 1. April
1994; die Grundsätze dieses Tarifabschlusses werden für die anderen
Tarifgebiete in Ostdeutschland übernommen

1. März
Ende der Kämpfe im Irak

8. März
Die Bundesregierung beschließt das „Gemeinschaftswerk Aufbau Ost";
gleichzeitig werden zeitlich befristete Steuererhöhungen angekündigt
(Solidaritätszuschlag 1. 7. 91 – 30. 6. 92), um die zusätzlichen Belas-
tungen durch den Irakkrieg, die Finanzhilfen für die Sowjetunion und
Osteuropa sowie den Aufbau Ost abzudecken

14. März
Treffen des Bundeskanzlers mit Kabinettsmitgliedern, den Ministerpräsidenten der sechs ostdeutschen Länder sowie der Treuhand-Spitze. Vereinbart werden schnellere und effizientere Verfahren der Zusammenarbeit zwischen Bundesregierung, Ost-Ländern und Treuhandanstalt

22. März
Gesetz zur Beseitigung von Hemmnissen bei der Privatisierung von
Unternehmen und zur Förderung von Investitionen – mit dem Ziel,
Privatisierungen und Investitionen durch die Auflockerung des starren
Grundsatzes „Rückgabe vor Entschädigung" zu erleichtern

23. März
Treffen der Treuhand-Spitze (Detlev Rohwedder, Jens Odewald) mit
Treuhand-Verwaltungsratsmitgliedern der Gewerkschaften, Staats-
sekretären der Bundesregierung und dem Bundeskanzleramt zur
Festlegung von Kernpunkten für künftige Sozialpläne von Treuhand-
Unternehmen; diese Festlegung bildet die Grundlage für den Sozialpakt
zwischen Treuhandanstalt, DGB und DAG am 18. April

31. März
Ostersonntag

1. April (Ostermontag)
Ermordung Detlev Rohwedders in seinem Haus in Düsseldorf

12. April
Ende des Irakkriegs

13. April
Birgit Breuel übernimmt die Nachfolge Detlev Rohwedders und wird
Präsidentin der Treuhandanstalt

April
Der letzte Trabant und der letzte Wartburg laufen vom Band; Interflug
stellt den Betrieb ein

23. April
Das Bundesverfassungsgericht entscheidet: Die Nicht-Rückgängigmachung der Bodenreform (1945–49) ist verfassungsgemäß

10. Mai
Der Bundeskanzler erklärt im Kulturhaus in Schkopau (Sachsen-Anhalt), er werde alles tun für den Erhalt der Chemiestandorte in Mittel-
deutschland

14. Mai
Der Bundestag beschließt eine Solidaritätsabgabe von 7,5 % auf Lohn- und
Einkommensteuer für den Zeitraum vom 1. 7. 1991 bis zum 30. 6. 1992

20. Juni
Der Bundestag entscheidet sich für Berlin als künftigem Sitz von Regierung und Bundestag

25. Juni
Grundsatzvereinbarung zwischen der Treuhandanstalt und dem Land
Thüringen zur Übertragung der Anteile an Zeiss Jena an Thüringen;
Lothar Späth übernimmt die Leitung der Jenoptik AG, die 1998 an die
Börse geht

6. Juli
Treffen des Bundeskanzlers mit Präsident Gorbatschow in Meschigorje bei
Kiew; Gorbatschow sagt zu, dass die Sowjetunion 1991 für 25 Milliarden
DM Waren von traditionellen Lieferanten aus Ostdeutschland beziehen wird

15.–17. Juli
Weltwirtschaftsgipfel in London

19. August
Putsch führender Akteure in Armee und kommunistischer Partei gegen
Präsident Gorbatschow

22. November
Verkauf der Interhotels durch die Treuhandanstalt für 2,1 Milliarden DM

31. Dezember
Auflösung der Sowjetunion; die noch verbliebenen Lieferbeziehungen
mit ostdeutschen Unternehmen brechen nahezu vollständig ab

1992

Januar
Dramatische Lage auf dem ostdeutschen Arbeitsmarkt: 1,3 Millionen
Arbeitslose, 500.000 Kurzarbeiter, 800.000 im vorgezogenen Ruhestand,
400.000 in Arbeitsbeschaffungs-, 500.000 in Qualifikationsprogrammen

Aber auch erste Lichtblicke: 5.000 Unternehmen sind privatisiert, 22.000
Läden, Kinos und Buchhandlungen habe neue Eigentümer gefunden,
und erste Auswertungen der DM-Eröffnungsbilanzen der ostdeutschen
Unternehmen vermitteln den Eindruck, dass 7 von 10 Betrieben sanierungsfähig sein könnten

16. Januar
Die Zentrale der Treuhandanstalt in der Berliner Wilhelmstraße (das heutige Bundesfinanzministerium) erhält durch den Bundeskanzler den Namen „Detlev-Rohwedder-Haus"

7. Februar
Unterzeichnung des Maastricht-Vertrags

April–August
Privatisierung wichtiger Werften in Mecklenburg-Vorpommern vor allem an den Bremer Vulkan (neben dem norwegischen Kværner-Konzern und dem Bremer Unternehmer Hegemann); ein Jahr später übernimmt ein Konsortium unter Führung der Bremer Vulkan AG die noch verbliebene Volkswerft in Stralsund

1. Mai
Das italienische Stahlunternehmen Riva übernimmt von der Treuhand-anstalt das Stahlwerk Hennigsdorf; im März war bereits das Stahlwerk in Brandenburg an Riva privatisiert worden

17. Mai
Hans-Dietrich Genscher tritt als Außenminister zurück, Nachfolger wird der bisherige Bundesjustizminister Klaus Kinkel

19. Juni
Der Bundeskanzler besucht das BASF-Werk in Schwarzheide (Bran-denburg) und unterstützt einen Dialog von Politik, Wirtschaft und Gewerkschaften in der Region zur Lösung der besonderen Probleme in der Lausitz

6.–8. Juli
Weltwirtschaftsgipfel in München

14. Juli
Gesetz über den Vorrang für Investitionen bei Rückübertragungsan-sprüchen nach dem Vermögensgesetz (Investitionsvorranggesetz) – zur weiteren Erleichterung dringend benötigter Unternehmensinvestitionen

23. Juli
Abschluss des Leuna-Minol-Vertrags zwischen der Treuhandanstalt so-wie dem Konsortium Elf Aquitaine/Thyssen mit der Verpflichtung zum Neubau einer Raffinerie am Standort Leuna (Sachsen-Anhalt)

1. Oktober
Helmut Kohl ist zehn Jahre Bundeskanzler

8. Oktober
Willy Brandt stirbt im Alter von 78 Jahren

15. Oktober
Auf Basis der DM-Eröffnungsbilanzen der Treuhand-Unternehmen
wird ein voraussichtliches Defizit von 250 Milliarden DM erwartet

3. November
Gespräch des Bundeskanzlers und einiger Bundesminister (Finanzen,
Wirtschaft, Arbeit) mit den Chefs der Gewerkschaften im kleinen Kreis
zur weiteren Strategie des Aufbaus Ost; Fortsetzung am 16. November,
10. Dezember und 12. Januar 1993

23. November
Gespräch des Bundeskanzlers und einiger Bundesminister mit Un-
ternehmern zur Weiterführung des Aufbaus Ost; Fortsetzung am 25.
Januar 1993

1993

1. Januar
Der europäische Binnenmarkt tritt in Kraft (350 Millionen Menschen)

11. Januar
Das deutsche Kreditgewerbe verpflichtet sich, eine Milliarde DM für
Sanierung und Übernahme von Treuhand-Betrieben bereitzustellen

11. Februar
Die Bundesregierung beschließt den Jahreswirtschaftsbericht 1993; An
kündigung verstärkter Sanierungsanstrengungen für sanierungsfähige
Unternehmen in Ostdeutschland

13. März
Einigung zwischen Bundesregierung und Ländern über die nochmalige
Erhöhung des „Fonds Deutsche Einheit" für die Jahre 1993 und 1994
auf ein Gesamtvolumen von 161 Milliarden DM und über den Solidarpakt I zur Fortführung der Finanzierung der deutschen Einheit bis

2004 (u. a. Einbeziehung der Ost-Länder in den Länderfinanzausgleich, Schaffung des Erblastentilgungsfonds, jährliche Transferzahlungen des Bundes an die ostdeutschen Länder für den Aufbau Ost, Ausgabenkürzungen, Subventionsabbau, Solidaritätszuschlag ab 1. 1. 1995)

26. März
Großdemonstration der IG Metall in Bonn

29. März
IG-Chemie-Chef Hermann Rappe verhandelt und erreicht einen „innovativen" Interessenausgleich mit der Treuhandanstalt, der die Notwendigkeit der Reduzierung von Personalkosten im Rahmen von Re- und Neustrukturierungsmaßnahmen grundsätzlich anerkennt, der aber gleichzeitig das „Qualifizierungswerk Chemie" ins Leben ruft – eine Verabredung, die für 12 000 arbeitslose bzw. von Arbeitslosigkeit bedrohte Chemiearbeiter des mitteldeutschen Chemiedreiecks Plätze in Beschäftigungsgesellschaften und Qualifizierungsmaßnahmen zur Verfügung stellt

31. März
Nach erfolglosen Gesprächen über die Arbeitgeberforderung nach einer Revision der bestehenden Stufentarifverträge in der Ost-Metall- und Elektroindustrie kündigen die Arbeitgeber die Tarifverträge in allen Tarifgebieten Ostdeutschlands

April
Besetzung des Kalibergwerks Bischofferode in Thüringen

26. April
Gespräch von Bundeskanzler und Bundesministern mit den Ost-Ministerpräsidenten sowie den Spitzen von Treuhand, Wirtschaft und Gewerkschaften; Fortsetzung am 14. Juni

Mai
Zweiwöchige Streiks in der Metall- und Elektroindustrie in Mecklenburg-Vorpommern und Sachsen gegen die Neuverhandlung des Stufentarifvertrags

14. Mai
Einigung der Tarifpartner in der ostdeutschen Metall- und Elektroindustrie unter Vermittlung des sächsischen Ministerpräsidenten Kurt

Biedenkopf auf eine Streckung des Stufentarifvertrags (100 % West) bis
zum 1. Juli 1996 (statt bisher 1. April 1994) mit einer „Härtefallklausel"
für von Insolvenz bedrohte Unternehmen; viele Unternehmen kündigen in der Folgezeit wegen der aus ihrer Sicht bestehenden Diskrepanz
zwischen dem Tarifvertrag und der wirtschaftlichen Lage ihrer Betriebe
ihre Mitgliedschaft in den Arbeitgeberverbänden, mit dem Ergebnis,
dass die Tarifbindung in Ostdeutschland deutlich schwächer wird als in
Westdeutschland

7. Juli
Weltwirtschaftsgipfel in Tokio

10./11. Juli
Treffen des Bundeskanzlers mit Präsident Jelzin am Baikalsee

21. Juni
Die Bundesregierung beschließt mit der „Neuakzentuierung der
Sanierungspolitik der THA zur Sicherung und Erhaltung industrieller
Kerne" ein Konzept zur Sicherung und Erneuerung industrieller Kerne
in den neuen Bundesländern durch die Treuhandanstalt

August
Die Deutsche Waggonbau (DWA) „gewinnt" einen Auftrag im Wert
von 2,1 Milliarden DM für neue Berliner S-Bahn-Wagen; die DWA
sieht sich später veranlasst, diesen Auftrag auf Druck von Wettbewer-
bern und auf „Empfehlung" der Landesregierung Brandenburg mit der
AEG in Hennigsdorf zu teilen

13. Oktober
Bundeskanzler Helmut Kohl erreicht bei einem Treffen mit Präsident
François Mitterrand in Paris, dass Frankreich den deutschen Vorschlag
für Frankfurt als Sitz der Europäischen Zentralbank unterstützt

29. Oktober
Die EG-Staats- und Regierungschefs bestimmen in Brüssel Frankfurt am
Main als Sitz des Europäischen Währungsinstituts, Vorläufer der EZB

Dezember
Beendigung der Besetzung des Kalibergwerks in Bischofferode, das
stillgelegt wird

1994

9./10. Juli
Weltwirtschaftsgipfel in Neapel

31. August
Verabschiedung der letzten russischen Truppen in Berlin

8. September
Verabschiedung der westalliierten Streitkräfte in Berlin

28. September
Absichtserklärung des amerikanischen Chemieunternehmens DOW Chemical zur Übernahme wesentlicher Bestandteile der Buna AG, Schkopau, in Form der „Buna Sow Leuna Olefinverbund GmbH" (BSL)

16. Oktober
Bundestagswahl: Die CDU/CSU–FDP-Koalition kann ihre Mehrheit im Bundestag knapp behaupten

26. Oktober
Die Investoren Carsten Oestmann und Helmut Borchert übernehmen von der Treuhandanstalt 51 % der Anteile und damit die unternehmerische Führung von SKET in Magdeburg

14. Dezember
Absichtserklärung der Treuhandanstalt und des amerikanischen Investmenthauses Advent zur Privatisierung der Deutschen Waggonbau AG

22. Dezember
Unterzeichnung des Vertrags zwischen der Treuhandanstalt und dem belgischen Stahlunternehmen Coquerill-Sambre zur Privatisierung der EKO Stahl GmbH

31. Dezember
Auflösung der Treuhandanstalt; die mit deutlich weniger Befugnissen ausgestattete BVS (Bundesanstalt für Vereinigungsbedingte Sonderaufgaben) übernimmt die noch nicht erledigten Aufgaben

1995

8. März
Der Aufsichtsrat der Deutschen Waggonbau AG verabschiedet das
„Strategiekonzept DWA 2000" mit der Aufgabe des Standorts Dessau
und der Neuausrichtung der Standorte Halle-Ammendorf, Görlitz,
Bautzen, Niesky, Vetschau und Berlin

2. April (Sonntag)
Am Sitz der IG Chemie in Hannover verständigen sich unter Vermitt-
lung des Beauftragten der Bundesregierung für die neuen Länder Dow
Chemical, IG Chemie, Buna-Betriebsrat und Treuhandanstalt über die
Sicherung der Arbeitsplätze (Formel 3000 Plus) für den zukünftigen
Olefinverbund an den Standorten Schkopau, Böhlen und Leuna

1. Juni
DOW Chemical übernimmt 80 % der Anteile der BSL

November
Genehmigung der 9,5-Milliarden-DM-Beihilfe für DOW Chemical
durch die EU-Kommission

1996

Januar
Scheitern der Investoren Carsten Oestmann und Helmut Borchard
bei SKET in Magdeburg; Übernahme der Unternehmensleitung durch
Werner Kirchgässer

14. Februar
Das amerikanische Investmenthaus Advent übernimmt die Deutsche
Waggonbau AG; zwei Jahre später wird die DWA von Advent weiter-
verkauft an Bombardier

21. Februar
Die Bremer Vulkan AG meldet Insolvenz an; dies führt zu Insolvenzen
bei den zum Bremer Vulkan gehörenden Werften in Wismar, Rostock
und Stralsund; Bundesregierung, Landesregierung und BVS sorgen für

Auffanglösungen, aus denen heraus Zweitprivatisierungen gelingen: 1997 übernimmt die Meyer-Werft in Papenburg die Neptun-Reparaturwerft in Rostock; 1998 wird der dänische Møller-Mærsk-Konzern Eigentümer der Volkswerft in Stralsund, der norwegische Aker-Konzern übernimmt die MTW-Werft in Wismar

14. Oktober
Entscheidende Aufsichtsratssitzung bei SKET in Magdeburg: Die Arbeitnehmervertreter wollen das von der BVS finanzierte Sanierungskonzept des Vorstands wegen des damit verbundenen Arbeitsplatzabbaus am Ende nicht mittragen. Dies führt zur Insolvenz des Unternehmens bzw. zu von der BVS finanzierten Auffanglösungen von Teilgesellschaften. Zwei Jahre später übernimmt die Firma Enercon (Windkraftanlagen) die Teilgesellschaft SKET Maschinen- und Anlagenbau GmbH und schafft sukzessive 5.000 Arbeitsplätze in Magdeburg

1997

22. Mai
Verabschiedung der „Gemeinsamen Initiative für mehr Arbeitsplätze in Ostdeutschland" durch Bundesregierung, DGB, DAG, BDA, BDI, DIHT, ZDH und Kreditgewerbe – eine bis dahin einzigartige gemeinsame Verpflichtung von Politik, Wirtschaft und Gewerkschaften zur Schaffung von Arbeitsplätzen in Ostdeutschland

3. Juni
Verabschiedung des Beauftragten der Bundesregierung für die neuen Länder, Staatssekretär Johannes Ludewig, durch den Bundeskanzler in Anwesenheit der Ministerpräsidenten der neuen Länder und Übernahme dieser Aufgabe durch Staatssekretär Rudi Geil im Roten Rathaus in Berlin

22. Juli
Bei EKO-Stahl/Coquerill-Sambre in Eisenhüttenstadt nimmt der Bundeskanzler gemeinsam mit dem Auszubildenden Reiko Raute das neue Warmwalzwerk in Betrieb

Namensregister